Karl Barth

寺園喜基

カール・バルト《教会教義学》の世界

新教出版社

装丁　今垣知沙子

まえがき

「わたしが神学者としてまた政治家として語るべき最後の言葉は、『恵み』という概念ではありません。そうではなく、イエス・キリストという名です。彼が恵みなのです」。

これはカール・バルトが晩年に語った言葉である。(1) この言葉が示しているキリスト論的集中。これがバルトの神学的思考の魅力であり、時を経ても古びることのない新しさである。なぜなら、「知解ヲ求メル信仰」が神学的思考の出発点なら、神学的思考は信仰の内容であるイエス・キリストに基づいて展開されるのが最もふさわしいからである。そしてバルトはこれを行っているのであって、神、人間・世界の創造、罪、和解などについて神学的に論じるのに、キリスト論を基盤において論じる。そしてこの「狭い門」から多様なテーマへと、広い神学の世界へ進むのである。その集大成が『教会教義学』である。全体で十三巻、九千百余頁からなり、邦語訳は三十六冊からなるが、内容の豊富さと議論の緻密さに圧倒されつつ、読みながらつい傍線を引くエンピツが止まらないほどである。

筆者はこの『教会教義学』を一冊にまとめるという冒険を犯そうとしている。たしかにこの著作を読む楽しさは、細部にわたって展開されるバルトの論述を追うことにある。しかしそれらの根底においては非常に単純なもの、端的なものがあるのである。それを示す言葉を引用しよう。「例えば子どもに、『なぜ、きみはたくさんいる女の人たちの中でまさしくこの人を自分のお母さんと呼ぶんだい?』と質問してみよう。そのときその子どもがこれに対して答えることのできることと言えば、自分がまさにその理由をこそ質問されている当の発言を、ただ反復するだけ、でしかないだろう。『だってこの人がわたしのお母さんなんだもん』と」(2)。この子どもの答えのような単純さ、端的さがバルト神学にはある。だから、これに導かれて全体を見渡すということも、またこの著作に接する楽しみの一つだと言えよう。

「客観性に逃げるな、主観性に責任を持て、という言葉がありますよ」と友人の牧師が教えてくれた。本書は地図の縮尺版のような仕方でバルトの著書をまとめようとしてはいない。その意味で筆者の主観の産物である。しかし筆者の恣意的発想にかたよらないよう、できるだけバルトの意図を明確に捉えようという思いで執筆した。本書を読んで、さらにバルト自身の著書に手を伸ばしてみようという読者が現れたら、この上もない喜びである。

二〇二三年二月八日　福岡にて

(1) Karl Barth・Letzte Zeugnisse, Zürich 1969, S.30f.

(2) カール・バルト、天野有訳『聖書と説教』バルト・セレクション1、65頁。

目次

目　次

『教会教義学』からの引用は、新教出版社から刊行されている邦訳による。ただし漢字・かなづかいの表記を統一した場合がある。

表記の仕方は、各巻の表題（『神の言葉』『神論』『創造論』『和解論』）を記した後、ローマ数字で各巻における原書の分冊を、またアラビア数字で邦訳における更なる分冊を示し、最後に邦訳のページ数を記す。なお版・刷によってページ数がずれている場合もある。

序章　『教会教義学』に至るまで

青年カール・バルトは自由主義神学から出発した。彼は父のフリッツ・バルトが教授をしていたベルン大学で神学の学びを始める。父は「積極主義」とも呼ばれる保守主義的立場の神学者であったが、彼は父から離れて、当時の主流であった自由主義神学に惹かれたのであった。そうだから、ベルリンで自由主義神学の代表者アドルフ・フォン・ハルナックから、またその後には自由主義神学の主流をなしたマールブルクに行き、そこでは特にヴィルヘルム・ヘルマンから大きな影響を受けた。またその学派の神学誌『キリスト教世界』の編集責任者であるマルティン・ラーデの下で編集助手を任されもしたのであった。こうして自由主義神学の立場に立って、バルトはジュネーブでの短い副牧師時代を経てザーフェンヴィル教会の牧師として赴任した。

バルトのザーフェンヴィル時代は一九一一年からの十年間であるが、この間に彼に神学上の本質的な方向転換を起こさせる二つの出来事が起こった。一つはザーフェンヴィルにおける教会の状況、もう一つは第一次世界大戦の勃発である。先ず、教区であるザーフェンヴィルの村の状況について。

ここは小さな工業村であり、刺繍工場と織物工場の二つがあって、ほとんどの住民がそこの労働者として働いていた。しかし労働条件は極めて悪く、労働組合も結成されておらず、低賃金であった。ここにおいて牧師バルトは労働者側に立ち、それを通して宗教社会主義を支持するに至った。バルトは教会役員でもあった工場主と対立することになり（バルトは「赤い牧師」と呼ばれた）、またマールブルクからもバルト批判の声が伝えられた。次に挙げるべきは、第一次世界大戦時におけるドイツの神学者たちの戦争に対する態度の問題である。一九一四年七月に戦争が勃発すると直ちに九十三人のドイツの知識人たちが戦争支持の宣言を公表した。その中にはハルナックやヘルマン等のバルトが尊敬していたほとんどの神学者たちが名前を連ねている。それは彼らが戦争イデオロギーに屈服したことを意味していたのだった。

このような事態に面して、バルトは自由主義神学から後退して行った。すなわち、ザーフェンヴィルの教会の状況からして宗教社会主義の立場に立ったこと、また第一次世界大戦の際の自由主義神学者たちの戦争肯定に対する批判が大きな原因であった。さらに、宗教社会主義者たちも戦争推進派だったことから、彼らの神学とも一線を画さざるを得なかった（もっとも、政治的立場としてはバルトは終生社会主義的であった）。ここに至って、バルトは同時代の神学においては神が自明なものと見なされ、民族精神が絶対化されていると認識し、したがって自由主義的な神学と教会はもはや未来がないことを認めざるを得なかった。

バルトは友人トゥルナイゼンに連れられて、戦争に揺れ動くドイツに、子クリストフ・ブルームハルトを訪問した。ブルームハルト父子から、神の国、キリスト教的希望について多くを学んだ。

神は世界に対して全く新しい方として現れる。神は世界の改革者である。また、神の業《わざ》を「待つこと」と人間の行為の「急ぐこと」とは切り離し難い関係にあり、同時に混同し難い区別がある。バルトは自由主義神学と宗教社会主義の混迷の中にあって、ここから前進する方向を示されたのであった。

バルトにとって同時代の神学やそれ以前の近代的神学は、その本質において歴史的相対主義と宗教的個人主義以上のものではなかった。そこにおいて決定的に欠如しているのは生ける神の存在である。歴史学が扱える出来事は世界内的な因果関係によるものであり、相関的であり、相対的だからである。また人間の深い宗教性や崇高な知性を絶対化してみても、人間的な生の最高理念は神の国ではない。神はあらゆる人間的な道徳性や宗教性を超越し、新しい人間を創造する。

こうしてバルトは神学の現在と歴史をさかのぼり、これを通り越して、直接に聖書に向かうことになった。第一次世界大戦のさなかにパウロのローマ書について講解ノートを書き始め、これが次第に大きくなって『ローマ書』（初版一九一九年、第二版一九二二年）の誕生となる。ここで自由主義神学者また宗教社会主義者としての立ち位置から離れて、弁証法神学者と呼ばれるようになったのである。バルトはこう書く、「『神は天にあり、汝は地上にいる』。この神のこの人間に対する関係、この人間のこの神に対する関係が、わたしにとっては、聖書の主題であると同時に哲学の全体である。哲学者たちは、この人間の認識の危機を根源と名づけた。聖書はこの十字路にイエス・キリストを見る」（バルト著、小川圭治・岩波哲男訳『ローマ書講解』上、平凡社ライブラリー、二〇〇一年、三〇頁）と。神と人間との間には無限の質的差異があり、これは神の人間に対する全面的な否である。

同時にまたここにこそ、全面的な然《しか》り、不可分的な関係がある。神は他者として、聖なる方として、否をもって人間に向かって現れる。これが神の誠実である。そして、人間がこの否を受け入れ、この否の中に動揺しつつ踏みとどまること、すなわち「空洞への意思」が人間の信仰である。信仰は神の真実への応答的真実に他ならない（同上、九三頁を参照）。バルトはこうも言う。「人間が神的なものに飛躍したり、神が人間的なものの中に流入したりはしない。むしろ、われわれに接触しないことによって、キリストであるイエスにおいてわれわれに接するのは、創造者、救済者である神の国である。……このようなイエス・キリストが『われわれの主』である。世界とわれわれの生の中にかれが現臨することによって、われわれは人間としては廃棄され、神の中に基礎づけられ、かれを仰ぎ見ることによって静止状態におかれまた動かされ、待ちつつ、急ぎつつある者である」（同上、七二～七三頁）。こうして、聖書の歴史的研究と人間の内面的敬虔ではなく、イエス・キリストにおいて啓示された神と人間の関係、すなわち神の真実とこれに対する人間の応答的真実としての信仰、これをバルトはこの書における主題として展開したのであった。

神学者の職務は神を語ることである。語るとはモノローグではなく、密談でもなく、公の事柄、すなわち礼拝における説教である。説教においては「神」を語らねばならない。神は宗教感情や道徳理念の最高の形なのではないし、それらが作り出した産物でもない。生ける神として絶対他者である。有限なるものは無限なるものを容れることはできないのであって、人間は神を語ることはできない。神を語ることができるのはただ神ご自身のみである。それだから、「神、語り給う」が神学の起点であり、神学は「神の言葉の神学」として出発すると言う他はない。神学の課題は、「言は肉となった」(ヨハネ1・14)ところのイエス・キリストを語ることなのである。

ザーフェンヴィルの牧師バルトは一九二一年にゲッティンゲン大学から改革派神学のための講座に招聘された。彼は初めの三年間、歴史神学的テーマについて講義した。ハイデルベルク信仰問答、カルヴァン、ツヴィングリ、改革派教会信条集、さらにシュライエルマッハーなどである。これは教義学にとりかかる前の「自分自身の勉強のため」であった。

一九二四年にバルトは初めて教義学の講義を担当した。彼はそれに「教義学」という講義題目を掲げたが、神学部から「改革派教義学」という講義題目に改めるよう求められた。ゲッティンゲン大学の神学部はルター派が強かったので、限定なしの「教義学」と言えばルター派の教義学以外には考えられなかったからである。

そこでバルトはカルヴァンの『キリスト教綱要』のドイツ語の書名を借りて「キリスト教の訓育」という題目を掲げ、カルヴァン流の改革派教義学のように見せかけた。しかしその実、改革派やルター派という教派的教義学を越えた教義学を目指したのだった。

バルトはこの講義の初めにおいて、教義学の問題は「神の言葉」であって、その出発は説教であり、その目標も説教である、という主張を展開した。それに応じて、パラグラフ(一)には「教義学の問題としての神の言葉」、パラグラフ(二)には「教義学の出発と目標としての説教」という題を付した。かつてハルナックはバルトが教会の説教壇と大学の講壇を同一視していると批判し、それに対してバルトは説教こそ神学の課題であると応答したが、その姿勢がここでは基本線として貫かれている。「教義学の問題は神の言葉に関する学問的思索である。この神の言葉は、神の啓示において語られ、預言者や使徒たちによって聖書において再現され、今日キリスト教の説教において語られかつ聞かれるものであり、そうされねばならないものである」。一九二四年夏学期から翌年の夏学期までなされたこの講義は、最初の部分が『《キリスト教の訓育》第一巻 序論 一九二四年』と題されて全集に入れられている。

バルトは二度目の教義学の講義を次のミュンスター大学において行い、これには「キリスト教教義学」という題目を掲げた。この二度目の教義学においても最初の講義の構想を保持し、これをさらに広範に展開した。序論（プロレゴメナ）は単なる序文ではなく、本論全体を方向づける先行部分であり、これに「神の言葉」論という題を付したのである。

「神、語り給う」という出来事は第一にイエス・キリストの啓示において、第二に聖書証言において、第三に教会の宣教において起こる。ここに神の言葉の三形態が示される。そしてこれに対応して、啓示論、聖書論、宣教論という三つの章が立てられている。この構造は最初の講義と同じであるが、しかし最初と比べると、この二度目の講義では特に啓示論の部分が大きく膨らんでおり、これはさらに三一論、受肉論、聖霊論へと分節化される。

この講義はその後の展開がさらに続くはずであった。しかし一九三〇年ボン大学へ移ったバルトはそうすることができなかった。これは結局「試論」でしかなかった。これは『キリスト教教義学試論、I神の言葉論、キリスト教教義学序論 一九二七年』として全集に収録されている。

ボン大学でバルトは演習にアンセルムス研究を、講義に「倫理学」を扱った。しかし、先の教義学を継続することはなかった。彼にはその間に自然神学との対論、カトリシズムおよび近代プロテスタント主義との対論などが課題となった。これらはボンで始まったわけではないが、神学的、教会的また社会的状況の変化なども加わり、もはや以前と同じ地平で教義学を継続することは不可能になったのである。バルトは印刷されたこの講義を眼前にしてこれに満足することはできず、むしろこれが「どんなに私自身、歴史的にまた事柄的に、まだ多くのことを学ばなければならないかを示した」と述べている。したがって彼はこう決意せざるを得なかった、「私にとって、初めから書き始めること、しかも、もう一度同じことを、しかし、同じことをもう一度全く違った仕方で語ること以外の何が残っていただろうか」と（『**神の言葉**』**Ⅰ／1**、2頁）。

こうしてバルトは三度目の教義学として『教会教義学』に向かわねばならないことになる。

第一巻　神の言葉についての教説──『教会教義学』への序論

1　神、語り給う

バルトを取り巻くボン時代の状況

バルトは一九三〇年三月にボン大学に移り、翌年にはドイツの社会民主党に入党している。それは社会主義の理念や世界観に賛同したからというよりも、むしろいよいよ狂気の姿を現わしはじめたナチズムに対する実際的な政治的決断だった。三二年の総選挙でナチス党が第一党になり、三三年一月末にはヒトラーが首相となる。この年の六月にバルトは『今日の神学的実存』を執筆してドイツ的キリスト者運動とヒトラーの宗教政策とを批判し、一〇月には「決別」を書いて「ナチズムの知的創立者の一人」ゴーガルテンと断交する。また、三四年五月バルメンで告白教会会議が開かれ、ドイツ教会闘争の神学的起点となるバルメン宣言が発表されたが、宣言文は、参加者たちが午睡にふけっている間に、バルトが濃いコーヒーを飲みつつ原稿を用意した。ヒトラー政権下にあってボン大学の学長はドイツ式敬礼（右手を上げて「ハイル・ヒトラー！」と叫ぶ）をもって全ての講義を始めるようにと通達したが、バルトはこれに抗して讃美歌を歌って始めた。この年の十一月には、しかし、バルトはヒトラーへの忠誠宣誓を拒否したことにより停職処分を受け、翌三五年六月にはボン大学を罷免されることとなった。

五年間にわたる短いボン時代だったが、ドイツにとってはもちろん、バルト自身にとっても激動の時だった。しかし彼はこの時を振り返って二年後の三七年滝沢克己宛の手紙で、「スイスでの生活はあの当時のドイツでの生活よりもあまりおもしろくありません」と書いている（『カール・バルト＝滝沢克己往復書簡　一九三四〜一九六八』二〇一四年、新教出版社、八六頁）。

ボン時代から始まる教会闘争と『教会教義学』とは神学的に密接に関連している。しかしそれは政治の領域に対してストレートに発言することによってではなく、むしろ神学が発言すべきことを、先ず神学そのものの中で発言するという仕方においてである。神学は自己に課された教会と神学の課題を真剣に取り上げることによって最も良く政治的領域にも貢献できると、バルトは考えた。そしてそれは、イエス・キリストの名を中心にして神学思考を進めることによって、キリスト教の名に相応しい教えと、キリスト教会の名に相応しい教会とを形成するということであった。

神、語り給う

激動の時代、危機的な状況にあって人は神にこう問うであろう。「神よ、どうしたらいいでしょうか。神よ、あなたは何処におられるのですか」と。人は、神学はこれに対する答えを見出さねばならない、と言うであろう。そしてここで状況と神学の相関関係を語るであろう。例えば、「哲学は問い、神学は答える」とティリッヒは言う。たしかに神は人間と共にいまし、人間の困窮と祈りを見捨てることはないであろう。しかし、バルトはそれ以上に、「神が問い、人間が答える」という関連で状況を見、神学する。困窮の中でどう祈っていいかも分からないわたしたちに向かって、神は語りかけ給う。「わたしはここにいる、わたしはここにいる、あなたと共にいる」と（参照、イザヤ65・1）。だから、「立ちあがれ」と呼びかけてくださる。カオスの中で神の不在を嘆くわたしたちに向かって、「わたしはあなたと共にいるのに、あなたは何処を探しているのか、何をしているのか」と問いかけ、わたしたちが自分の体で答え、答えに従って歩みだす力を与えてくださる。

信仰の前提は人間の側の求めにあるのではない。むしろ神の語りかけである。それに応じて、神学の前提は人間の感情や宗教意識また信仰心や宗教体験ではない。神学の前提は、「神、語り給う」という神の言葉である。そしてこの神の言葉は中空にただよっているのではなく、現実的な場を持つ。すなわち、神の言葉が教会で説教され、聖書で証言され、イエス・キリストにおいて出来事となったということに、神の言葉の現実性があるのである。

啓示・聖書・説教の三形態における神の言葉

バルトは『教会教義学』第一巻を序論（プロレゴメナ）とし、これを「神の言葉」論と題した。そしてこのプロレゴメナの構造はゲッティンゲン以来変わっていない。これは神の言葉の奉仕者という牧師としての立ち位置が大学教員になっても変わっていないということである。たしかに、バルトは教義学講義のためにヘッペの『改革派教義学』（一八六一年）を参考にしている。それによってプロテスタント正統主義を身近なものにすることができたし、さらに宗教改革者、スコラ神学、そして聖書へといたる道を見出した。しかしながら、ゲッティンゲン以来、「牧師は説教を通して神の言葉を語る、その説教は聖書に基づくのであり、聖書は神の啓示、イエス・キリストの証言である」という骨組でプロレゴメナを論じるのは、バルトの独自性である。すなわち、現実的な順序で言えば説教、聖書、啓示であり、本質的な順序で言えば啓示、聖書、説教である。

こうしてバルトは「神の言葉」についての教説を、本質的な順序に従って、啓示、聖書、説教と章を立てて論じる。そしてこの中では特に啓示論に重点を置いている。

啓示

啓示とは神がご自身を開き示すということである。これは単なる信号とか方向指示ではない。またシンボルや徴でもない。神の啓示は神がご自身を現わすということである。それは神が人間となるということであり、真の神にして真の人であるイエス・キリストが出現したということである。「言は肉となった」（Iヨハネ1・14）が啓示の出来事である。

この啓示の根拠は神ご自身にある。啓示は神が主体となって起こされた出来事であり、神の自由な行為である。神はその自由において人間への愛を示された。このような、神ご自身における自由とその自由における人間に対する愛を語ることは、バルトにとって、三位一体論を語ることである。

三一論を根拠にして言えるのであるが、自由で愛なる神は神の言葉の受肉、すなわちイエス・キリストの誕生を引き起こす。こうして啓示は地上で客観的な出来事として生起した。受肉は啓示の客観的側面である。

しかしそれだけでは啓示の出来事は終わらない。啓示がわたしの最内奥にまで到達し、わたしがそれを認識しなければ、啓示が完結した出来事となったとは言えない。すなわち、啓示の主観的側面が語られねばならない。それはバルトにとっては「聖霊の注ぎ」を語ることである。

このようにして、「啓示」を総合的に語るとは「三位一体、言葉の受肉、聖霊の注ぎ」の三点を語ることに他ならない。そして、このように啓示を論じ、それに基づいて啓示証言としての聖書と説教とを論じることで「神の言葉」論（プロレゴメナ）の課題がすべて覆われることになるのである。

2　三位一体の神——啓示の根拠

伝統的な教義学の三位一体論に対してバルトは異議を唱える。それは三位一体論が論じられる場所に関してである。すなわち、伝統的には聖書論の次に神論が論じられて、神の存在、本質、属性が論じられ、その関連で三位一体論が論じられてきた。バルトはこれを図式的で抽象的であると批判し、啓示の出来事から論じるのである。

神の啓示は「神、語り給う」という出来事、すなわち神の自己啓示であって、誰か或る人格とか、何か或る出来事や現象が啓示と見做されるのではない。しかも、神の啓示は神ご自身から起こる神ご自身の啓示であることによって、神は啓示においても神なのであり、他の何かになるとか、神的本質が薄まるとかいうのではない。そのことをバルトは、「神は主としてご自身を啓示する」と命題化する。そしてこの命題がすでに三位一体論を内に含んでいるとして、これを「三位一体論の根」と名づけるのである。バルトはこの命題の主語である「神」を父に、「主」を子に、「啓示」を聖霊に当てはめる。

三位一体論はたしかに教会の教義であって、聖書の中にはこれとして出てこない。また、これ自体が神の啓示であるわけではない。しかし、これは聖書の啓示証言の翻訳であり解釈なのである。すなわち、三位一体論は、イエスはキリストであるという信仰の展開であると言える。歴史的発展から言えば、三位一体論はキリスト、父、聖霊という順序になる。したがって、被造物や諸概念の結合から三者一組を取り出して、そこから三位一体論を語ろうとするなら、それは自然神学への道に通じるとして、否定されなければならない。

三位一体論は、神はひとりであること、すなわち神は一つの名を持つことの確認である。神のペルソナ（位格）が三つあることとは、神の本質、存在が三つあることではない。そうではなく、バルトは「神は三度の繰り返しの中でひとりの神である」と言う（『**神の言葉**』**Ⅰ／2**、105頁）。三位一体論におけるペルソナ（位格）とカント以後の人格性（Persönlichkeit）とは同じではなく、それ故に三位一体論は三神論ではない。では、三つのペルソナとは何を意味しているのであろうか。

それは三つの存在の仕方、「存在様式」（Seinsweise）であるとして、バルトは「神は、父、子、聖霊なる、三つの存在の仕方の中でひとりの方である」と言う（同123頁）。すなわち、一つの名・人格性・存在であるひとりの神は、その啓示の業において、啓示者、啓示、啓示の出来事という仕方で、つまり父、子、聖霊という在り方で、三回繰り返し神であると言われる。ここでは三神論も単一神論（ユニテリアン）も否定されるし、また、半神論をもたらす従属論、および仮現論をもたらす様態論も否定され、ペリコレーシス論すなわち神性のペルソナ（位格）への相互内在論が主張されるのである。

ひとりの神が父、子、聖霊として三つのペルソナにおいて啓示されるが、その三つのペルソナはこの世界における神の働きに充当される。これは、父を創造主、子を和解主、聖霊を救済主として理解する。バルトはここで「外に向かっての三位一体論」を語るのである。そして、その根拠は神の本質の永遠の存在の仕方にあるとして、永遠の内的な三位一体論を語る。すなわち、三位一体の神はご自身を人間に啓示する神であるが、しかし神は、人間存在なしには存在し得ないかのような仕方で人間を必要としているのではない。神はあくまでも自由な方である。こう主張して、バルトは歴史的・外的な三位一体論の奥に永遠の・内的三位一体論を語る。すなわち神はご自身において永遠の初めから父・子・聖霊であり、しかもこの内的交わりにおいて愛なる神である。この永遠の愛の満ち溢れとして、神は人間にご自身を啓示する。

このようにバルトは三位一体論において、啓示の始まりが神の主体にあること、そして神の啓示の行為は神の自由な行為であることを強調するのである。

3 言葉の受肉――イエス・キリストにおける啓示の出来事

啓示の主体が論じられた後で、次に啓示は出来事であること、しかも客観的な出来事であることが論じられねばならない。啓示の客観的な出来事とは「言葉の受肉」であり、啓示の客観的な現実性はイエス・キリストの現実存在である。

イエス・キリストは、一回だけ、しかし歴史全体を決定するほど決定的に起こった啓示の出来事である。これは二重に命題化してこうも言える、すなわち、第一に（仮現論的キリスト論に反対しつつ）「神の言葉あるいは神の子は人間となり、ナザレのイエスと呼ばれた」、第二に（エビオン主義的キリスト論に反対しつつ）「それ故この人間ナザレのイエスは神の言葉あるいは神の子であり給うた」（**『神の言葉』Ⅱ／1**、27頁）と。この二重の命題は二つの事柄ではなく、一つの名、すなわちイエス・キリストを指している。この名こそ啓示の客観的現実性なのである。

では、この現実性はどのようにして可能となったのかという、可能性が問われねばならない。ここでわれわれは、バルトが論述を展開する仕方に注目しなくてはならない。すなわち、一般的には初めに可能性を論じて、次に、これがどう現実化されたかを論じるのであるが、バルトはこれとは逆に、現実性を論じて次に遡及的に可能性を論じる。バルトの神学的方法論として、「存在は出来事に従う」（esse sequitur operari）ということが挙げられるのである。そこで、イエス・キリストの現実性から理解される啓示の可能性について言えることは、神の子・神の言葉はその神としての本質を喪失することも減ずることもなく、自己を卑下し人間の現実の世界に属するものとなり、「肉存在」（同前、92頁）となったということである。

神の啓示がイエス・キリストにおいて現実となったということは、神の啓示が時間を持つということである。イエス・キリストの時間は啓示の時間であり、われわれのための神の時間である。そして、旧約聖書は待望の時間であり、新約聖書は想起の時間である。待望の時間とは神と人間との契約の時間であり、啓示の時間とは契約の成就の時間である。契約の成就とは神が人間となり給うということであり、神と人間の和解の出来事である。この和解の出来事についてバルトはこう述べる。「ここでは神ご自身がまさにこの暗闇の中に、（この暗闇の中で人間が神の前に立って進まなければならないその暗闇の中に）進み行かれ、神の怒りと死の最後的な仮借なさが罪深い人間の身に的中するのでなく、むしろそれを――それこそ新約聖書の秘義であるのであるが――神みずから経験され身に受け給うた」（同215頁）。そしてこの十字架の出来事が和解の出来事とされ、それとして啓示されるのはイエス・キリストの復活である。復活はキリストの出来事の第二の段階ではなく、第二の次元であって、神と人間の契約の成就であり、告知である。復活後の出来事に関して、バルトは復活のキリストが顕現した四十日とその後の使徒的時代、教会の時代とを区別し、前者を成就された時間と呼び、後者を想起の時間と呼ぶ。そしてこの想起の時間は、かつて来られたキリストが再び来られるのを待望する希望の時間でもあるのである。

このようにして神の三位一体性を前提にして言えるのだが、永遠の神の子、神の言葉が人間となったのがイエス・キリストである。だからキリスト論の中心点は、イエス・キリストが「真の神・

真の人」であるという点にあり、またこれは「言は肉となった」(ヨハネ1・14)という出来事の秘義でもある。

受肉の出来事においては神の言葉が主語である。肉が神の言葉になったのではなく、神の言葉が自由な主体として肉を採ったという仕方で肉となった。肉とは人間を指すが、これは一般的に人間を意味するというよりも人間本性、しかも罪ある人間本性を意味している。そして「なった」とは神性と人性の位格的統一(unio hypostatica)の出来事を示している。その際、ルター派の伝統はこの出来事の完成された「事実」という側面を強調し、改革派の伝統はこの事実の「出来事」という側面を強調している。これに対してバルト自身は両学派を統一する神学を提供しようとはせず、むしろ「真の神・真の人」という一つの秘義が両学派の二重性において反映されていると理解している。

そして、この秘義の「しるし」は、イエス・キリストが聖霊によってみごもり処女マリアから生まれた、というクリスマスの奇跡である。「真の神・真の人」が観念や理念ではなく、現実であることをイエス・キリストの誕生は示している。また、「聖霊によってみごもり処女マリアから」ということは、人間の意志や力ではなく、神の恵み深い自由な主体的働きによって、あの秘義が出来事となったことを示している。

こうしてイエス・キリストは現実的で客観的な神の啓示である。そして彼が歴史の中に現在するということは、神が人間のために時間を持つということであり、だからまたキリストの時間以前に待望の時間を、それ以後に想起の時間を持つということである。

4　聖霊の注ぎ――人間における啓示の受容

啓示は人間に到達しなければばならない。神の啓示が言葉の受肉として客観的に起こったとしても、それが人間に到達しなければ啓示が完全に起こったとは言えない。だから例えば、人間は啓示の出来事に対してどう関わったらよいだろうか、自主的に自分なりの仕方で応答したらどうだろうか、というような問いの立て方は事柄に相応しくない。啓示が人間に到達し人間に受容されるということも啓示の出来事に含まれている、とバルトは主張する。

では啓示はいかにして人間の主観性に達するのか。この問いに対するバルトの答えは、啓示における神が人間の主観性に対して働きかけること、すなわち「聖霊の注ぎ」によってである、と言う。バルトの言葉を引用しよう、「次のことが聖霊の業である。それはすなわち、われわれが、目が開かれた盲人として認識し、誉めたたえ、身を投げ出しつつ、アーメン、まことにその通りですと承認するということである」（『神の言葉』Ⅱ／2、70頁）。

こうして、聖霊の働きによって人間は神を認識し、愛し、賛美するようにと自由にされ、神の子らとされる。

これに対して、啓示から分離された神と人間を想定し、そのような神と人間が関係を作ることをバルトは「宗教」と呼び、宗教批判を神学的に展開する。宗教とは、「人間が自分勝手に考えだし、自らの力できざみ造った神の偶像の前で、自分を聖化しようとする人間のこころみ」（147頁）であって、神の啓示はこのような宗教の揚棄である。

しかし近代プロテスタント主義、自然主義的神学は宗教を先に論じ、そこから啓示を理解している。そのことをバルトは批判する。そして、「宗教から啓示へ」に抗議しないならば、「今日の『ドイツ的キリスト者』に対して防御力を持たないであろう」（同168頁）と述べる。この神学的批判が社会状況的批判でもあることが分かる。同時にまた、これはキリスト教の自己批判でもある。すなわち、キリスト教という宗教も常に啓示によって批判にさらされていることを忘れてはならないのである。すなわち、キリスト教が「まことの宗教」だとバルトは言うのであるが、それはキリスト教が恵みの宗教としての教義や構造を持っている故にではなく、神の啓示つまりイエス・キリストの名の故になのである。だからバルトは日本の浄土教を恵みの宗教として「日本的プロテスタント主義」（同265頁）と評価しているが、しかし「まことの宗教」とは言わない。バルトはこれでキリスト教絶対主義を言おうとしているのではなく、むしろ、イエス・キリストの名をないがしろにしているキリスト教の歴史、また「ドイツ的キリスト者」を念頭において、キリスト教の自己批判を行っているものと受け止めたい。

聖霊を通して到達した神の啓示を受け入れた人間は「神の子ら」とされ、そのような者として生きるようにと自由にされる。ここにプロレゴメナにおける神学的倫理学が位置づけられる。倫理についてはー般的な輪郭が描かれているのみだが、神を愛することと神を賛美することとしてまとめられる。

ところで、バルトは啓示の神学的議論のある個所でこういうことも述べている。つまり、イエスを十字架にかけたことにユダヤ人も異邦人も同罪であり、これは「決してイスラエルの特殊問題ではなかった」し、また「この民の特別な悪意、あるいは特別な運命に基づいているものではない」、むしろこの民は「罪人の集りでしかない来るべき教会のための代理人でしかなかった」と。これは当時の時代状況を踏まえて反ユダヤ主義を批判したものであり、状況関連的神学としてのバルト神学の性格を示す一例であると言えよう。

5 聖書――啓示の証言

バルトはプロレゴメナとしての「神の言葉」論を「聖書」からは始めないで、「啓示」から始める。そして聖書は啓示の証言として位置づけられる。聖書証言の内容が神の啓示である限り、聖書は神の言葉である。聖書が聖なる書として「聖書の神聖性」を有するのは、その対象によるのである。しかしまた、聖書は人間の言葉による証言である限り啓示から区別されねばならない。証言である限り聖書は歴史的な書物であって、これは「聖書の人間性」（16頁）と言われる。聖書が啓示証言として人間の言葉で書かれているが故に、われわれはこれを読み、聞き、理解することができるのであるから、聖書の神聖性の故に聖書の人間性が看過されてはならない。これはちょうどイエス・キリストの「真の神・真の人」という二つの本性と対応する。

聖書の持っているこの両面性の故に聖書解釈が必要となる。それに対して、カトリシズムが聖書を神の啓示の地上的結晶として理解する限り、また霊的熱狂主義が聖書を神からの直接的伝達として理解する限り、どちらも解釈を必要としない。しかしバルトは聖書解釈の必要性を認め、聖書解釈の原則として、人間的言葉を通して啓示を理解するという意味での「傾聴」、人間的言葉を啓示から究明するという意味での「理解」、言葉を啓示との関係で説明するという意味での「解釈」、この三点を挙げるのである。

以上のように聖書は人間的な言葉における神の啓示であるが、これは聖書が教会の聖典であることを意味している。聖書が教会の聖典であるのは教会が決定したからではなく、むしろ教会を基礎づけている啓示そのものによる。教会はそれを確認しただけである。

こうして聖書は教会の聖典として、教会の権威とキリスト者の自由の基礎づけである。だから、教会はその権威を自分自身がもっているのではなく、聖書を通して間接的、相対的、形式的なものとしてもっている。またキリスト者の自由とは、聖書の自由に基礎づけられるが故に限界づけられた自由である。バルトは「良心の自由」についてこう述べる。「『良心の自由』ということは、十八世紀および十九世紀の意味で、自分が適切であると考えたいと思うものを自由に考えたいというその者に属する許可のことではなく、むしろ神によってその啓示の中で、啓示を受け入れるものたちに分与される可能性……のことである」(『**神の言葉**』**Ⅱ**/**3**、465頁)。

6　説教——教会に委託された啓示

神の言葉は啓示として、また聖書としてわれわれに出会ってくるが、さらにまた第三の形態として教会の説教としても出会ってくる。教会が聖書の啓示証言に服従し神の啓示を説教する限り、説教は神の言葉という性質を持つ。人間の言葉は神を語らねばならないが、しかし人間の言葉は神を語ることができない。この「ねばならない」と「できない」という矛盾と困窮に救いはあるのか。説教者の不完全な語りが、自信に満ちた語りや或いは臆病な語りが、端的に神の言葉であるとどうして言えるのか。これに対してバルトはこう言う、「すべての人間的な複雑さの前に神の単純さがあり、教会のすべての悲惨の上に教会に与えられた委託の栄光がある」（『神の言葉』Ⅱ／4、11頁）と。説教における人間の言葉が神の言葉とされるのは、ただ、人間がまことに神について現実に語るところではイエス・キリストがその甦りの力の中で登場し給うという、キリストの現実性のみによる。「ゴルゴタの十字架の上で、また復活日の朝、起こった方向転換」（同30頁）に信仰においてあずかることによって、そこにおいて、人間が神について語ることができるという「奇跡」が起こる。「教会がそこのところに視線を向ける時、教会がイエス・キリストを自分自身の存在として力を奮わせしめ、したがって、イエス・キリストを自分の慰めとして受け取る時、教会が……自分自身の人間性に固着せず、むしろその人間性の中で自分に対し与えられた委託をかたくとって離さないでいる時、教会は平安のうちに、しかしまた最後的な確信をもって、自分が、人間の言葉で神について語りつつ、神ご自身の言葉を宣べ伝えていることを公に言明し、告白するであろう」（同31頁）。

人間の言葉で語る説教が神の言葉とされるのを見たが、しかし説教は他の人間の行為と同じように人間のなす行為である。その行為は何をしてもいいという放縦と恣意の行為ではない。説教において神ご自身が現臨されることによって、説教は一つの基準の下に置かれ、その人間のなす行為が正しいものであるか否かが問われているのである。そのことをアウクスブルク信仰告白は第七条で「福音を純粋に教える」ことと言い表した。では何をもって純粋な教えと言うのか。純粋な教えとは、人間がそうなるべく目標を設定して、それにむかって作業し、ひたすら努力して得られるような事柄ではない。むしろ説教が純粋な教えと言えるならば、それは神の自由な恵みによるのである。そのことは、われわれが何もしないで怠惰であっても良いということを意味せず、神の言葉に奉仕しつつ、説教の純粋さを目指して努力することを意味する。「神の恵みは決して魔術ではない」（同46頁）。だからわれわれは神の恵みを祈り求めつつこう言う他はないであろう。バルトは言う、「われわれは、なすべき義務を負うているすべてをなしおえた後で、わたしたちは無益な僕ですと言うべきである」と（同）。

教会の教えの純粋さと取り組むことは「教会の課題」であり、「神学の課題」である。とりわけ、人間の言葉としての説教の吟味が「教義学の課題」である。神学を全体として見るとき、バルトは聖書神学、教義学、実践神学の三部門を挙げてその統一性を述べる。その際、聖書神学は教会の宣教の基礎づけを、実践神学はその目標を問うが、教義学はその内容を問う。こうして教義学は神についての教会の語りを、果たしてそれは人間の言葉として神の言葉に奉仕するのに適しているかどうか吟味するのである。

純粋な教えから分離されて善き生を問う倫理学が独立的に存在するのだろうか。近代の神学の歴史が両者を分離し、倫理学を自然法に基礎づけたという事実を踏まえて、バルトはこれを否定し、教義学と倫理学の一体性を主張する。特に十八世紀中ごろ以来、教義学は余計で厄介な必須項目とされ、空洞化されてしまった。他方、倫理学は人間論的基礎づけの上に立てられた道徳になってしまった。これに対してバルトによれば、神の言葉は人間に向かって語られ、人間に受け取られることを求める。したがって神の言葉は人間の実存、生、意思、行為を問う。だから「教義学はまた倫理学でもなければならない」（同98頁）のである。

こうしてバルトに特徴的なことであるが、教義学の課題に倫理学も含めることになる。プロレゴメナにおいて「倫理学としての教義学」が主張される。これは『福音と律法』（一九三五年）の主張、つまり「福音は律法の内容であり、律法は福音の形式である」という主張の展開である。したがって以後、神論、創造論、和解論において、それぞれの倫理学が展開されることになるのである。

第二巻　神についての教説——『神論』

プロレゴメナの後に神論が来る。バルトの場合、「プロレゴメナは序論で神論が本論である」と言うことはできず、むしろプロレゴメナとは大事なことを予め先に（プロ）述べるということであった。すなわち、神が語るということから神学が始まるのであれば、最初に論じられるべきは神の言葉・啓示についての教説であった。そして神論は神の啓示を前提として、神の啓示から論じられるのである。

神の啓示から始まるということは、イエス・キリストからということであり、「キリスト論的集中」ということでもある。アンセルムス研究によって獲得され、プロレゴメナにおいてすでに遂行されたこの神学的方法論は、「類比（アナロギア）」論として神論において明確になる。ただしこれは自然神学的な「存在の類比」とは区別されるべき「信仰の類比」、「関係の類比」である。この類比を作り出すのがイエス・キリストである。これに基づいてバルトは神学を「現実性から可能性へ」、「出来事から本質へ」、「一から全へ」という方向で思考している。

1　神の認識

バルトは神認識を論じるにあたって、「神認識は、神の言葉の啓示が聖霊を通して実現される中で、起こる」（『神論』Ⅰ／1、3頁）という文章で始める。バルトは、「神が存在するとしても、神は果たして認識されるのか」という問いを立てない。もしも神が、被造物内部の何かあるものによって認識されるのなら、神は全ての創造者ではないことになるであろう。神はご自身を認識可能な方とされることによって、認識される。ここに人間の神認識が起こるのである。したがって人間の神認識は神への服従、すなわち信仰として起こる。まさしく神認識は信仰として生ける教会において起こっているのである。このようにバルトは神認識について、イエス・キリストの教会において神は現実に認識されている、という現実性から始めるのである。

バルトは『教義学要綱』（一九四七年）において「信仰は認識である」という命題を掲げているが、ここでは（一九四〇年）、同じことを逆方向から、「神認識は信仰の認識である」（同19頁）と言う。信仰としての神認識は他の認識一般とは異なるのであって、神の恵みの出来事であり、人間について言えば、神に対して身を開くこと、身を捧げることであり、神への義務、愛、信頼を含んでいる。こうして、信仰において神は認識の対象になる。

信仰における神認識であるが、この神を認識するとは神が認識の対象であるということである。これは、神が認識の対象に「なる」ということでなければならず、神ご自身が人間に向かい合うことによって起こる。では、神が認識対象になるのは、どのようにしてであろうか。
これについてバルトは三位一体的な神の生を語る。神はご自身において永遠から永遠にわたって父、子、聖霊なる神である。神はわれわれ人間に向かって立つ前に、「神はご自身の前に立ち給う。父は子の前に、子は父の前に、立ち給う」のである。そしてそのように、「神はご自身を認識し給う。父は子を、子は父を、聖霊の一致の中で、認識し給う」のである（同89頁）。これは神対神という第一次の対象性である。この第一次の対象性に基礎づけられて、神が人間の前に立ち、人間の認識の対象となり給うということが起こる。これは第二次の対象性である。この第一次と第二次の対象性の間に類比の関係があるのだが、この類比は神の恵みと力によって作り出された類比である。第一の対象性の外へ向かっての、愛に満ちた、満ち溢れである。この類比を作り出すのは、イエス・キリストである。彼において神はご自身を人間の認識対象とする。すなわち、「わたしを見た者は、父を見たのだ」（ヨハネ14・9）。その意味でイエス・キリストの人間性は第一のサクラメントである（同98頁）。

このように神認識の可能性は神から成り立っているのであるが、では、人間の側からはどうなのであろうか。確かに、独立した人間の本性と行為に基礎づけられた神認識の用意をバルトは自然神学として否定するが、しかし人間が認識するのである限り、人間の用意も神の用意の中に含まれているのである。ではそれは何か。それは人間の宗教心や敬虔の念ではない。バルトは意表を突くような仕方で、「神の用意の中に含まれている人間の用意とはイエス・キリストである」と言う（同272頁）。

バルトはここでキリスト論を起点として、人間論的、教会論的な展開を述べる。すなわち、真の神にして真の人、十字架に付けられ甦らされた「新しい人間」にあずかることによって、信仰が与えられ、教会がおこされる。これをバルトは人間の用意とするのである。すなわち、イエス・キリストにあって人間は神の外部にいるのではなく内部にいる。したがって、人間の用意とはイエス・キリストを信じること、彼の存在と業に参与することである。イエス・キリストの配慮と執り成しによって、信仰が与えられ、「聖霊の業」としての参与が起こされ、そして教会が設立される。教会は、ひとつの宗教団体でありつつ、イエス・キリストの天的なからだの地上的形態であり、「人間の間にある神の住居」である（同294頁）。教会は「どのようにわれわれはイエス・キリストに、イエス・キリストの存在と業に、参与するようになるのか」という問いに対する「答え」である（同）。

2　自然神学の否定

神認識をあつかう場面でバルトは自然神学に言及して、これに反対する。これは「神の用意」と「人間の用意」という二方向からなされる。

「神の用意」という方向からは、バルトはローマ・カトリック教会の自然神学の教えに反対する。すなわちその教えは、「聖ニシテ母ナル教会ハ、スベテノ物ノ始メデアリ終局デアル神ヲ、人間ノ自然的理性ノ光ニヨッテ、被造物ヲ通シテ、確実ニ認識スルコトガデキルト確信シ、教エル」と言う（同144頁）。ここでは、啓示無しに認識された創造者なる神の存在に相対して、啓示無しに認識された人間にも存在が帰せられ、神の存在と人間の存在との間に「存在の類比」（analogia entis）が言われ、それを基にして神の自己啓示であるイエス・キリスト以外ででも神の認識が可能であることが主張されている。

これに対してバルトは、神の自己啓示の恵みとそれに応答する信仰との間にある関係、すなわち「信仰の類比」（analogia fidei）を主張する。神認識が可能なのは、これが恵みとして神が用意されたからである。したがって「神は認識可能である」とは、「神は認識されることができる」と言わねばならない。神はイエス・キリストの啓示においてご自身を認識せしめるが故に認識されることができるのである。このイエス・キリストの啓示を否定して、またこれと並んで、自然的な人間理性によって、被造物あるいは事件・歴史的出来事を通して神が認識されるとする自然神学を、バルトは否定する。その場合、自然神学にとっての神とは、神の恵みから離れた人間が最高のものとして求め、選び、造り上げたものの総体となる。それはまた人間存在の自己認識、自己義認でしかあり得ないものなのである。

自然神学はまた、「人間の用意」という方向からも否定される。これは、「人間の用意」（人間側からの神認識の可能性）そのものの否定ではない。ただ、前述したように、「人間の用意」は「神の用意」の中に包含され、それによって初めて存在するのである。神認識における「神の用意」とはイエス・キリストであるが、では「人間の用意」とは何か。「人間の用意」も、真の神にして真の人であるイエス・キリストである。バルトは「人間の用意」についてキリスト論的に展開してこう述べる。「イエス・キリストこそは、もしわれわれが人間について、また神と人間の関係について、さらにまた神に向かって人間が『用意』ができていることについて、無意味にではなく、内容ある仕方で最後的に語ろうと欲するなら、われわれが堅くとって離してはならないところの真の人である」(279頁)。こうしてわれわれ人間は、イエス・キリストによって、イエス・キリストにおいて「人間の用意」を理解するのである。

自然神学は、人間の自然的な神認識の能力を認め、啓示を必要としないと主張する。そうだから、自然神学はイエス・キリストを脇に追いやるか、またはついに排除することになる。その限り、自然神学は教会の中で正当な存在理由はなく、また宣教と神学のための役割も持ちえないと言わねばならない。

バルトは神認識を論じるに際して自然神学に関して多くの頁を割いているが、彼の自然神学の否定は真理問題でありつつも、同時に社会的・政治的状況との関連における態度表明でもあった。神の啓示と並んで理性や良心、感情や歴史、自然や文化等にも神の啓示を認める自然神学が、近代プロテスタント教会と神学を覆っていたことによって、教会と神学は、次々と出現する啓蒙主義、観念論、ロマン主義、民族主義、国家主義と福音宣教との「結合点」を求めたのであり、その結果、ついに国家社会主義・ナチズムの神話と接触した時にもこれと結びついたのであった。これが「ドイツ的キリスト者」運動である。この運動においてはこう言われている。すなわち、「ヒトラーにおいて、ドイツ民族のために時が満ちた。なぜならヒトラーを通してキリストは、すなわち助け主にして救済者なる神は、われわれの間で力強くなられたからである。ドイツ民族がキリスト教会へ向かう道、神の霊と神の意志の道は、今やヒトラーである。それ故、信仰の勇気をもって、われわれドイツ的キリスト者は、信頼に足る古い石（聖書と信仰告白文書）と新しい石（人種と民族）とをもって、信仰において、この教会をあえて建てねばならない」と（一九三四年三月に発表された声明「われわれドイツ的キリスト者は何を欲しているか」の第一項）。

このドイツ的キリスト者の運動に対するバルトに率いられた告白教会の教会闘争は、極めて神学的であり、同時に政治的であった。すなわち、バルトは長い注においてバルメン宣言第一項の歴史的注釈をしている。その一文を引用しよう。「この（自然神学の）問題は、ドイツ福音主義教会がはっきりした形で、全線にわたって、自然神学の新しい形態の前に、すなわち、一九三三年の政治的な出来事の中に、特に神によってつかわされたアドルフ・ヒトラーなる人物の中に、神の特別な新しい啓示の源泉を認識するようにという不当な要求の前に立たされた時、焦眉の問題となった」（316頁）。バルト神学は自然神学を否定するから狭いと批判する神学者や、また自然神学、原啓示、一般啓示、創造秩序などを主張する神学者たちの帰結が、民族主義、国家主義に加担することにならなかったかどうか、今日では明らかである。

3　神の現実性

啓示において認識される神は啓示において存在し給う。これは、神の存在は行為における存在である、とも言わねばならない。バルトはここで存在と行為を分離しないのである。メランヒトン（ルター派の神学者、一四九七〜一五六〇）は、「神性ノ秘義ヲワレワレハ探求スルヨリモムシロ崇拝スル方ガ正シイノデアル」として神論を中止すべきだと考えた。彼は「キリストを認識すること、それは彼の功績（beneficia）を認識することである」と述べる。これによって彼は、神の存在を神の行為から分離して行為の中に解消してしまうという、プロテスタント神学における機能主義にその路線を拓いたのであった。機能主義に対しては、行為から分離された神の存在を抽象化する存在論が対置される。これらに対してバルトは「行為の中での神の存在」として、存在と行為の統一性を主張するのである。これが意味していることは、神は生ける神であるということである。しかも神はご自身において、すなわち父・子・聖霊の三位一体における内的な交わりにおいて、ペルソナとして主体であり給うのである。

では、行為の中に存在する神は、どういう行為をなし、どういう方なのであろうか。これに対してバルトは「愛する方としての神の存在」と「自由の中での神の存在」という二点を挙げる。先ず、「神は、愛し給うことの中で、神であり給う。そして神の神的なことは、愛するということから成り立っている」（『**神論Ⅰ／2**』、39頁）と言う。この際一般的な概念として愛が前提されていて、その概念が神に当てはめられるというのではない。そうではなく、われわれは愛とは何かということを神の啓示から初めて知ることができるのであって、神はただ神だけが愛することができるような仕方で愛するのである。それは次のような仕方においてである。すなわち、一、神の愛とは別な最高善があるのではなく、神は愛する方として善であって、愛それ自身の故に人間と共にあろうと交わりを尋ね、作り出す。二、神が人間を愛するのは、人間が愛されるにふさわしいからとか適性があるからではなく、むしろ神は敵対する人間を愛するのであって、それは神自身の愛に根拠があるからである。三、神は愛するが故に愛し給うのであって、神の愛は自己目的的である。四、神はご自身とは区別された他者を愛し、ご自身との交わりの中に取り上げ給うのであるが、愛の対象として他者を持たねばならないという必然性はない。神は父、子、聖霊としてのご自身における永遠の愛の交わりにあって、その愛の交わりの満ち溢れとして他者を愛し給うのである。

それ故に、アンゲルス・シレジウス（ドイツ神秘主義の宗教家・詩人）の次のような言葉は避けられなくてはならない。すなわちこう言う、「神はただわたしだけを愛し給う。神はそれほどわたしを親しくみなし給う。もしもわたしが神を見限るならば、神は心痛のために死ぬであろう……わたしとあなた以外には何もない。もしわれわれ二人がいないならば、神はもはや神でないし、天は天でくずれ落ちるであろう」（同52頁）。これは「敬虔な冒瀆的な言葉」である。神はご自身において至福であり愛に満ちてい給うが故に、神は神だけが愛し給う仕方で他者を愛し給うのである。

このように神の存在は愛するという行為における存在であるが、この神の存在は人格的な存在である。神が人格であるということはナイーヴな擬人的表象ではなく、また人格概念という表象の先に非人格的な絶対存在、最高善、世界精神、世界根拠があるというのでもなく、したがって人格概念と絶対存在をいかに融合させるかが問題なのではない。そうではなく、神の人格性とは、神は「愛する方」として「ひとりの方」であるということを言おうとしている。神は先ず、父・子・聖霊の三位一体におけるご自身の中で、生き、愛し給う方、したがってひとりの方であり、人格である。次に、この神の人格性に基礎づけられて、人間が汝として語りかけられ、出会われることによって初めて人間は人格となるのである。

このような生ける神の愛は神が人間と「共にあろう」とすることである。この愛はしかし、創造者が被造物と共にいるという関係以上のものであって、人間の神への背き、罪にもかかわらず、神は人間と共にいようとし、愛を貫徹し、人間を神に立ち帰らせ、神と共にいることを現実的なものとなさしめる、そのような愛である。

「行為の中に存在する神」はどういう行為をなすかの二点目として、バルトは「自由の中での神の存在」を挙げる。神の愛は外的な必然性によるものではない。神は「自由に」愛し給う。愛は強制されたものではなく、自由なものである。こう述べることによって、バルトは「自由の中での神の存在」を言う。

自由は一面において制限、条件、妨げを受けないこと、つまり他者からの自由でもある。しかしこれは自由の非本来的な側面でしかない。これに対して本来的な自由とは、自分自身を通して、自分自身の中に基づいて、自分自身によってという、自己規定のことを指す。バルトは、神の自由ということで「古代教会の神学の中で神ノ自存性（aseitas Dei）と呼ばれていたもののことを言い表す」と言う（同90頁）。そうして、神の自由は、神の自存性として神の絶対性・超越性でもあるが、同時に神の自由は神の内在性でもあるのであって、バルトはこの方を強調する。自由な神の自由な内在性は汎神論とも万有在神論とも関係がない。「神は他者に対して、その相違性を考慮しつつ、最も多岐にわたる仕方で内側にいるべく自由であり給う」のである（同112頁）。神は預言者たちや使徒たちの中で、聖書の中で、教会の説教の中で、教会の教父たちや信仰告白の中で、自由に出会いました語り給う。だが、世界における神の内在性は、神の言葉の受肉において、すなわちイエス・キリストにおいて決定的に実証される。したがって神の内在性のその他の可能性と形態においてはイエス・キリストが頂点であり、またイエス・キリストにおいて起源と意味と基準を持つのである。こうしてバルトはキリスト論にこそ、内在性の中での神の自由の認識の前提と標準を置くのである。

バルトは、一般概念として神の愛と自由という神の本質について論じたのではない。そうではなく、キリスト論から論じる。すなわち、イエス・キリストにおいて神は自由にこの世を愛された、そしてイエス・キリストの啓示において、神は永遠からしてご自身を、父、子、聖霊の永遠の三位一体の自由な交わりにおいて愛されたのだということを、遡及的に論じたのである。

こうして、バルトは神の本質を「自由の中で愛する方」と言い、愛と自由としたのであるが、この神の本質についての教説の後に神の性質についての教説が続く。その際、恵みや神聖性、また単一性や遍在性などの諸性質の概念の中で、それらを統括する概念としてバルトは神の完全性を挙げる。なぜなら、完全性は形式的なことのみを示すのではなく、内容的なことを示しているのであって、この完全性が厳格に受け止められるなら、これは神の、ただ神のみの性質だからである。かくして神の諸性質が神の完全な愛と神の完全な自由から展開されていくことになる。

神の本質としての愛と自由が神の啓示において論じられることによって、愛と自由の間には順序・秩序があることが指摘される。たしかに、愛の無い自由は神の自由ではなく、自由の無い愛も神の愛ではないのだが、愛が第一であり、これに従って第二に自由がある。それは、神の啓示は先ず神の現れ、福音、したがって神の愛であり、これに含まれ、これに続いて、次に神の秘義・隠れが、したがって神の自由があるからである。

神の愛が第一であり、しかも神の自由がそれに伴わなければならない、というのであるから、神の愛に連なる性質である恵み、憐れみ、忍耐という性質には、神の自由に連なる性質である神聖性、義、知恵という性質が伴わなければならない。それによってこそ、神の愛は完全な愛だと言うことができる。こうしてバルトは神の愛の完全性を「恵みと神聖性」、「あわれみと義」、「忍耐と知恵」という対概念をもって論じる。

一般的な概念としての愛は必ずしも恵みを含んでいないが、しかし神の愛は、無条件に立ちまさったものが下位に立つものに対して自由に身を向けるという性格を持っているが故に、恵みという概念を含む。愛の神は恵み深い神であり給う。神の恵みは、与えたり与えなかったりできる神の一つの賜物ではないのであって、神ご自身が恵み深くあり給うのである。同時に神ご自身が聖なる方であり給う。神の恵みは一方的な、値しない者に対する恵み、罪人に対する恵みである。同時に神の神聖性は裁きでもある。ルターにおいては律法と福音、神の怒り・神聖性と神の恵み、という二元論が主張されたが、バルトにおいては、律法が福音の中に、神聖性が恵みの中に、神の怒りが神の愛の中に証しされていることが主張される。こうして恵みは神聖性であり、神聖性は恵みであり、赦しは裁きであり、裁きは赦しである。

「あわれみと義」についてもバルトは二元論的には語らない。神の愛は神の恵みであったが、さらに必然的にあわれみでもある。すなわち、愛の神は困窮の状態にあるものに対して助けを与え、救い出そうと意図する時に、神ご自身はあわれみ給うのである。では人間の困窮とは何か。それは神との関係における困窮、すなわち人間の罪である。そしてまさしくそのようなものとしての人間は、神のあわれみの対象である。「神はそれほどまでに自由であり給うので、神は罪を憎み、まさにそれだからこそ罪人を愛し、罪深い、負債を負った人間を、またそのままあわれに思い、この憐憫からして人間と交わりを続け給うことができるのである」（同223頁）。この神のあわれみは単なる感情というよりも神の力、神の行為であると言わねばならない。そしてこの神のあわれみの概念に神の義が続く。神の義に神のあわれみが先行するのである。たしかに神の怒り、審判者としての神の義はある。しかし注意せよ、神のあわれみと義とは近代プロテスタント神学においては分離され、並列的に理解されたが、バルトはこれに反対し、イエス・キリストにおける神のあわれみを神の義において認識しなければならないと言う。「イエス・キリストの中で出来事となったところでこそ、神の恵みとあわれみは……神的な怒りの行為、裁きの行為、処罰の行為として、われわれに出会うということである」（同264頁）。イエス・キリストの死の意味は、われわれ罪人に対する神の義の行使、神の断罪と処罰であり、しかもそれはわれわれ罪人のために起こったことであり、さらにそれはわれわれ罪人に代わって神ご自身の御子が担われた苦しみであった。こうして、まさしくイエス・キリストの代理行為は神のあわれみの行為であり、神の義の貫徹なのである。「神のあわれみと義」に関する二六三頁から二八八頁にわたるバルトの論述はイエス・キリストの十字架と復活についての展開であり、後の第四巻『和解論』の先取り・見取り図だと言うことができると思う。

神の愛が完全であることは、神が忍耐強く、知恵に富み給うという点においても示される。ここでは忍耐と知恵とが対概念として導き出される。神の忍耐とは、神が被造物・人間の存続を認め、弁護し、味方するということである。「被造物自身に味方しつつ神はご自分に対して厳しい態度をとり給う。被造物自身のために神は苦しみ給う。被造物自身のために神はみ子を犠牲とし給うた」（同298頁）。この神の忍耐の行為は、偶然に神の気まぐれから生じたものではない。むしろ神の明確な意志、深い知恵から生じた。神の愛、恵み、あわれみ、忍耐は決して混乱、偶然、恣意の産物ではなく、神の内的な正しさと明瞭さから生じたのであり、神の意志、理性、知恵にかなったことなのである。われわれ罪人を滅ぼすのではなく立ち返らせるという神の忍耐は、イエス・キリストにおいて出来事となった。このイエス・キリストの十字架と復活の出来事こそが神の愛に満ちたまことの「神の知恵」（Iコリント1・24）であると言わねばならない。


神の愛の完全性が論じられたことを受けて、神の自由の完全性が論じられねばならない。神の自由として単一性、不変性、永遠性が挙げられ、また神の自由は神の愛の自由であることによって、神の遍在、全能、栄光が挙げられる。ここにおいてバルトは、神の自由の完全性として、神の「単一性と遍在」、「不変性と全能」、「永遠性と栄光」という三組の対概念を挙げる。

神の単一性（Einheit）とは、神は「ひとりの方」であり給うということである。これには独一無比性（singularitas）と単純性（simplicitas）という二重の意味がある。前者は神の排他的、独占的な在り方を示している。他方、後者は、神の神性が分割されないことを示している。神性が分割されないが故に、神による創造は世界の中への神性の流出ではあり得ないし、また神性と被造物との融合ではあり得ない。イエス・キリストにおける神の子の受肉は、神が世界と混ざり合ったり同一化したりするということではなく、むしろイエス・キリストが「真の神」であり、混合されない仕方で「真の人」であるということを示している。また、父・子・聖霊の三位一体の在り方においても、神性の複合体は問題になり得ず、三つの異なった存在様式において神の単一性はなくならず、神は「ひとりの神」なのである。

この神の単一性は遍在を排除せず、むしろ内に含む。ひとりの神は自由な在り方において、その愛の故に、被造物と共に在ろうとし、「到ル所」にいまし給う。この神の遍在をさらに見るならば、神はわれわれ人間と個別的・特殊的に共にいまし給う。神の遍在の仕方についてバルトは、「神は確かに至る所にいますが、しかしそれと同時に、それにも劣らずここかしこに現臨され、ここではこのように、あそこではそれと違った仕方で」（『神論Ⅰ／3』、62頁）現臨されると述べるのである。このように神は至る所に現臨し、しかも具体的・個別的に現臨されるのであるが、そのような現臨の根拠として神の「本来的な現臨」があるとバルトは言い、それは「神の啓示と和解の言葉そのものの中での、イエス・キリストの中での、神の現臨である」と述べる（同81頁）。神が他ならぬイエス・キリストにおいて現臨し給うが故に、神は至る所で、イスラエルにおいて、教会において、そして全体としての世界の至る所に現臨し給うのである。

神の不変性は完全な自由を、全能は自由における完全な愛を示しているとバルトは述べるが、その「不変性と全能」についてみてみよう。神が変わらない方であるという神の不変性・恒常性は「神の」それであって、数学的な、機械仕掛けの首尾一貫性ではない。すなわち、生ける神はそれぞれの働きにおいて不変的であり給う。だから、神がその民を愛する、また民が背くときに怒り災いをくだす、さらにまたその怒りを思い直される、という神の行動は神の変化ではなく、神ご自身にとって相応しいことなのである。こうして、神は創造の業において不変的である。被造物の中に神の本質が流出・分割されるという一元論的思弁は否定され、また被造物が神の支配から分離独立して存在するという二元論的思弁も否定される。また、神は世界の歴史において、つまり和解と啓示の歴史においても不変であり給う。「罪深い被造物の審判者および救助者として、神が何をなさるとしても、神は現にあるところのものとしてそのことをなし給うであろう」（同119頁）。そして決定的に、神はイエス・キリストにおいて、ご自身を不変な方として啓示し給う。イエス・キリストの人格と業以外の所においてではなく、まさしくイエス・キリストの人格と業において、神は不変的であり、ご自身と矛盾しない。

このようにして神は不変であるが、まさしく不変なる方として神は全能であり給う。神の全能について述べるなら、主語は神である。「神」が全能であって、「全能」が主語ではない。神なしの力それ自体は、むしろ悪しきものであり、悪魔とかかわりがある。また、神の全能は無性格なものではなく、道徳的・法的な方向性を持つ。すなわち神の全能は正義であり善である。それは善悪を越えた中性的で無性格のものではない。またさらに、神はその働きにおいて全能であり給う。バルトはこう述べることによって、ルター派の伝統に見られるような神の全能を働きの中に閉じ込めることに反対して神の主権性を主張し、改革派の伝統に見られるような神の全能を働き以外の所に求めることにも反対し、具体的に起こった神の業を主張する。そして神の全能は神にとって可能なものの総和に関しているのであって、単純な一般的な可能なものの総和ではない。神の能力は、神に逆らうことに関してはこれを排除する力である。だからもし、全能の神は嘘をつき、自分自身を否定し、罪を犯すことができるかと問うなら、それらは全て力ではなく力の無さである、と言わねばならない。バルトはテルトゥリアヌスの言葉、「神ガ欲シ給ワナイコトノホカハ神ニハ何モ不可能ナモノハナイ」を引用する（同173頁）。以上のように神の全能を論じた後で、バルトはさらに神の全能の積極的な側面について、神は知ることと意志することにおいて全能であると述べる。神の知ることと意志することは、神の行為の起点にあるのであり、神の知ることと意志することの全能とは「神の人格」、「神の精神」の全能とも言い換えられるが（同297頁）、この全能は啓示と和解において愛として人間に出会う。したがって神の全能は「愛の全能」（同199頁）である。では、この神の愛の全能は究極的・決定的には何処で示されるのだろうか。それは聖書であり、聖書が証言しているイエス・キリストである。イエス・キリストは「神の力」と「神の知恵」をもち給うだけでなく、ご自身が「神の力」であり、「神の知恵」であり給う。

バルトは神の不変性を硬直した一貫性でもなく、また神の全能を無規定的な可能性としてでもなく、したがって二元論的にではなく、まさしくイエス・キリストに収斂しつつ論じるのである。

神の「永遠性と栄光」についてはどうだろうか。永遠とは、時間が前と後ろに限りなく引き伸ばされた状態ではない。「神は永遠に生き給う」ということが肝心なことである。バルトは、「神は、ご自身の中で、またすべてのものの中で、一度いまし、また同時にいまし、何らの分離、へだて、矛盾なしに同じように初め、真中、終わりであり給う限り、永遠であり給う」（同316頁）と述べる。神の永遠性は単に時間の否定ではない。そうではなく、神の永遠性とは、「時間の前に、時間と同時に、時間の後に、すなわち、時間の初めの前に、時間の持続と同時に、時間の終わりの後に、存在することができる能力」のことである（同338頁）。創造者なる神は時間をも創造されたが故に、「昔いまし、今いまし、やがて来るべき方」であり給う。バルトはここで神の後時間性、すなわち「やがて来るべき方」について長い注を記し（同362〜374頁）、ブルームハルト父子やツュンデルが時間の終わりにおける神の国の希望を再び発見したことを記している。

このように神は永遠であるが、これによって神は栄光に満ちてい給う。神の永遠性とは、神の単なる抽象的な存在が永遠的なのではなく、栄光の中での神の存在が永遠的なのである。神の栄光についてバルトは、それは神的完全性の総内容であり、「それは神の神性の満ちあふれであり、神であるすべてのものの、ほとばしり出る、自分を表現し、明示してゆく現実である」と言う（384頁）。神は存在するすべてのものに対して、光が闇に対するように光り輝き給う。神は光の源泉である。そしてまた、神の光が照るところでは反射が起こる。すなわち、神の栄光は被造物による応答、賛美でもある。この応答、賛美は被造物自身の中から自然的に発生するものではなく、神ご自身によって呼び出されたものである。天使たちから最も微小な被造物にいたるまで、そして何よりもイエス・キリストにおいて罪を裁かれ、赦された人間によって、天的な、また地上的な被造物の賛美が沸き起こり、神がほめたたえられる。こうして神の栄光は、栄光（gloria）であり続けるだけでなく、栄光ノ賛美（glorification）をも作り出すのである。栄光の賛美とは神の栄光に奉仕すること、それによって神の栄光に参与することでもある。全ての被造物が神の栄光に奉仕することへと招かれているが、それが完全に実現されているのはイエス・キリストにおいてである。そしてイエス・キリストをかしらとする教会は「神の栄光の暫定的な領域」（同449頁）である。

バルトは「神は栄光に満ち給う」ということを「神は美しい」という命題をもって説明する。バルトが神の美を語るのは唯美主義（Ästhetizismus）とは無関係であって、神の栄光の副次的かつ補助的概念としてである。神は美しいが故に神なのではなく、神であるが故に美しくあり給うのである。神の美しさとは栄光の形式であって、神はどのような仕方で栄光を現わされるのかと問うならば、神は美しくあり給うことにおいてなのだと答えるのである。バルトは、神の栄光は神の喜びでありまた喜びを作り出すものであるが、神の美しさはこの喜びと結びついていると言う。「われわれはまた、神は、喜びを広げ、したがって神が現にあるすべてのもので、美しさなしにあり給うのではなく、美しさの中であり給うという仕方で、栄光に満ち給うということを見誤ることはできない」（同407頁）。また、バルトは、神の美しさの故に神学は「美しい学問」、「すべての学問の中でまた最も美しい学問」だと言う。そして「美しさ」と「喜び」を同義語的に用いてこう書いている。少し長いが引用しよう。「ところで、ある者にとって神学が喜びのないものとなり、あるいは喜びのないものでありうるとしたら、そのためには何という超野蛮性が必要であることであろう。人はただ喜んで、喜びをもって神学者であることができる。そうでないとしたら、人は根本において全く神学者ではないのである。気むずかしい顔、むしゃくしゃした思想、退屈な語り方はまさにこの学問においては耐えられないものである」(409頁)。

4　大いなる神のドラマ

バルトは神の愛と自由を語り、「神の本質は、自由の中で愛する方であるということである」と言った。バルトはここで抽象的に神について語っているのではない。具体的にイエス・キリストにおける神を語っているのである。

では、イエス・キリストにおける神は先ず初めに何をしたのだろうか。これについてバルトは、神は創造に先だって、初めに、予め自己決定をしたと語る。これは永遠の決定であり、神がご自分を人間と結び付けるという契約の決定である。すなわち、神の絶対主権的行為としての人間との契約である。この契約内容は「恵みの選び」と言われる。それによって示されているのは、第一に神が人間と契約を結ぶという点において恵み深くあるということ、第二にこの恵みは神の自由な行為であって、神は自由に人間を契約相手に選ぶということである。

バルトは『教会教義学』(Die Kirchliche Dogmatik＝KD)において、神論の予定論(KDⅡ／2)から大いなる神のドラマ、神の大いなる物語を展開し始める。プロレゴメナ(KDⅠ／1、2)および神論の第一分冊(KDⅡ／1)までの論述は、体系的とは言わないまでもかなり構造的であった。しかし、この予定論からは、神と人間の大いなる歴史が物語られる。その粗筋はこうである。

神は永遠の初めに、神自身が人間の神となり人間は神の人間となる、という決断をされた。これをバルトは契約と呼ぶ。これは、未だ見ぬ人間に対する神の自己決定である。これを実現するために、神は人間と世界を、つまり契約相手の人間と契約の歴史の舞台としての世界を創造された。したがって「創造の内的根拠は契約」であり、「契約の外的根拠は創造」である。

そして神は恵みをもってイスラエルの民を導いた。こうして神は契約に従ってこの民の神であろうとされたが、しかしこの民は神の人間であろうとはしなかった。預言者たちの警告にもかかわらず神の契約に従わなかった。だがそれにもかかわらず、神はこの契約を破棄せず、この契約に留まり、この契約を成就しようとされる。イスラエルの民の中にイエス・キリストが派遣された。彼は真の人、神の人間である。それは、彼が真の神、人間の神であることによってである。このイエス・キリストにおいて契約が成就された（彼は契約の成就であって、創造の成就ではない。創造の成就・完成は終末の神の国においてである）。なぜなら、神がキリストの十字架と復活において、人間の罪と死をご自身のものとなし、ご自身の恵みと命を人間のものとするという、驚くべき交換の出来事、つまり和解の出来事が起こったからである。したがって「契約は和解の前提」であり、「和解は契約の成就」なのである。

この和解の出来事において教会が基礎づけられ、キリスト者が起こされ、神の国へ向かう終末論的倫理が方向づけられる。

このように神論（ＫＤⅡ）・創造論（ＫＤⅢ）・和解論（ＫＤⅣ）を一貫する、大いなる神のドラマ、あるいは「契約のドラマ」（Ｈ・Ｗ・ピーツ）が展開されていくのである。

5　福音の総計としての神の恵みの選び――予定論

バルトは神の認識および神の現実性を論じた後で、神の永遠の自己決定を論じる。これは、神の外への、つまり世界への働きに先行する永遠の決定である。この決定は、自由に人間を相手に選ぶという神の一方的な「契約」と呼ばれる。この契約をバルトは「原歴史」（Urgeschichte）とも呼ぶが、この原歴史の故に神の創造、神の外への、人間と世界への働きの歴史は起こるのである。

バルトは一般的に「予定論」と呼ばれてきた教説を、この永遠の契約、原歴史として論じる。しかも、予定論と呼ばずに「神の恵みの選び」の教説と呼ぶ。それは、ここではイエス・キリストにおいて啓示された神が、永遠の初めに恵みと選びという「原決断」（Urentscheidung）をなし給うた、ということが問題になっているからであって、バルトはこの教説について、「選びの教説は福音の総計である」（『神論』Ⅱ／1、3頁）と強調する。伝統的な予定論においては、神の自由、秘義、義が基本概念として論じられたが、しかしそれらは啓示に基づかないで一般的な概念として論じられた。だから、予定に関して言えば二重の予定として、選びと棄却とが平行的に論じられた。予定論の歴史において最も有名なカルヴァンの予定論の定義はこうである、「ワレワレガ『予定』ト呼ブノハ、神ノ永遠ノ聖定デアリ、ヨッテモッテソレゾレノ人間ニ起コルベク欲シタモウコトヲ、自ラ決定シタモウタモノノコトデアル。ナゼナラ、万人ハ平等ノ状態ニ創造サレタノデハナク、アルモノハ永遠ノ生命ニ、アルモノハ永遠ノ断罪ニ、アラカジメ定メラレテイルカラデアル。シタガッテ、人ハソレゾレ、ドチラカノ目的ニ向ケテ造ラレテイルノデアルカラ、アルイハ生命ニ、アルイハ死ニ予定サレテイル、トワレワレハ言ウ」（『キリスト教綱要』Ⅲ、21、5、引用は『神論』Ⅱ／1、28頁）。これに対してバルトは、このような予定論は「福音的な性格を持っていない」と反対する（同29頁）。抽象的な神の無性格的な自由から導き出される神の予めの決定、神の「絶対的ナ決定」（decretum absolutum）としての予定論は神の恐怖の決断を述べることになるからである。

バルトは選びの教説を啓示における神すなわちイエス・キリストに基礎づけることによって、「神の恵みの選び」と呼び、これを「福音の総計」と述べる。予定論において選ぶ神とはいかなる神か、選ばれる人間とはいかなる人間かということは、一般的な神と人間ではなく、イエス・キリストの認識に基礎づけられなくてはならないのである。

また、バルトは選びの教説を神論に位置づける。しかも「神論の不可欠な構成要素」（同140頁）とする。なぜなら、神の選びはその対象である人間に関するものであるよりも前に、それに先立って、神ご自身における自己決定、原決定だからである。そして、イエス・キリストがこの決定の内容であり、認識根拠であることによって、神の恵みが神の全ての働きと世界との関わりを貫いていることを、この教説は論じるのである。

バルトは選びの教説をキリスト論に基礎づけることによって、大胆に「イエス・キリストは選ぶ神であり、同時にまた選ばれた人間であり給う」という命題を掲げる（同184頁）。予定論において選ぶ神とは、一般的に全能者が「絶対的ナ決定」を下すというような神ではない。そのような予定論は「陰鬱な」ものとならざるを得ない。そうではなく、初めに神と共にあったし（ヨハネ1・1〜

2）、全ての造られたものに先だって生まれた（コロサイ1・15）イエス・キリストが選ぶ神である。彼は父なる神によって選ばれた子であるが、その神性において人間に向かい、人間を「選ぶ神」である。これに基づいて次に、イエス・キリストはその人性において神に向かい、神に「選ばれた人間」である。彼は単に一人の選ばれた人間であるのではなく、起源的に、本来的に選ばれた人間であり、また彼以外の人間は「彼にあって（in ihm）」選ばれているのである。さらにバルトは選ばれた人間についてこう述べる。「選ばれた人間イエスは苦しむことと死ぬことに向かって定められてい給う」（同219頁）と。このような選ぶものと選ばれたものとしてのイエス・キリストの選びについて、バルトは端的にこう述べる。「恵みの選びは、イエス・キリストにあっての神のすべての道と業の永遠的な始まりである。そのイエス・キリストにあって、神は自由な恵みの中でご自身を罪深い人間のために、また罪深い人間をご自身のために定め、したがって、人間の棄却をそのすべての結果と共にご自身の身に受け取り、人間を神ご自身の栄光にあずかる参与へと選び給うのである」（同167頁）。ここでバルトは十七世紀の正統主義・改革派神学の内部で起こった堕罪前予定説と堕罪後予定説を巡る論争に関して三十四頁にわたる詳しい注記を記している。選ばれた人間・捨てられた人間とは、創造され得、罪に堕ち得る人間か、それとも既に創造され、罪に堕ちた人間か、を巡る論争であったが、バルトは両者の前提を問題としつつも、堕罪前予定説の方にくみしている。

イエス・キリストの選びの中で「神の永遠の意志」が示されている、とバルトは言い、それは、「神によって造られ、神から堕落した人間のために、ご自身を犠牲として与えようとする神の意志である」（同292頁）と述べる。この神の意志は二重の意志、すなわち然りと否、選びと棄却であるが、イエス・キリストの選びであることによって、次のように結論づけられる。「神は人間に第一のこと、選び、至福と生命、を与えようとされ、しかしご自身には、第二のこと、棄却、断罪と死、を与えようとされた」（同294頁）と。二重の予定における神の行為から、神の人間との歴史が始まる。神の選びが人間の信仰を呼び起こし、その結果人間は自律的な存在として神に向き合い、神に祈り、神に聞き従う。「神は人間を選び給う。そして、この人間が選ばれていることは、この人間が自分の側でも神を選ぶこと……の中で現実となる」（同326頁）。この二重の予めの決定は、したがって、「現実性（Aktualität）」（同341頁）という性格をもち、静止的な硬直したプログラムや歴史の図式ではなく、イエス・キリストにおいて啓示された神の決定であり、また人間的な信仰との関連性であり、かくして「神的な霊の生命」（同334頁）の行為、出来事なのである。

神の選びは第一にイエス・キリストの選びであったが、第二には神の民・教団（Gemeinde）の選びである（バルトは個人の選びを第三として論じる）。バルトは、選ばれた人間はひとりイエス・キリストであり、彼において他のすべての人間の選びがあるということに対応して、選ばれた民は一つであり、その民において他のすべての民の選びがあると言うが、その一つの神の民・教団は「イスラエルと教会」から成り立っていると述べる。また、ひとりのイエス・キリストにおいて二重の予めの決定があるように、これと対応して、一つの民において二重の予定があるとする。すなわち、イスラエルはその神的な選びにさからうユダヤ人の民であり、教会はその選びに基づいて召されたユダヤ人と異邦人からの集まりである。この一つの民における二重性は歴史的な前後関係として理解してはならない。だからバルトは、「人は例えば、ユダヤ人の民は『捨てられた』神の民であり、教会は『選ばれた』神の民であるというように言ってはならない」(同363頁)と述べるのである。ここでは選びの対象としてイスラエル自身とか教会自身が問題とされているのではなく、一つの「契約の虹」が全体の上にかかっているような二つの極が肝心なことなのである。神の民のイスラエル的な形態(Gestalt)としての人間の反抗的態度の上に確かに神の棄却が立っているが、しかしまたその棄却をご自身のものとして受け取ることに定め給うた神の選びが立っているのであり、また、神の民の教会的な形態としての神的な召しの上に確かに神の選びが立っているが、それだからこそ神自らご自分の身に受け取られた棄却が立っているのである。こうしてイスラエルは教会の隠された起源であり、教会はイスラエルの啓示された定め(Bestimmung)である。

このように、神は一つの神の民・教団を選び、それをイスラエル的形態と教会的形態という二重の形態において選び給うた。神の民の選びはイエス・キリストの選びに基づいているのであるが、神の民の選びに関する二重の形態も同様である。イエス・キリストの十字架と復活の関係がイスラエルと教会の関係に対応しているのである。すなわち、イエス・キリストは「十字架に付けられたイスラエルのメシア」であり、また「復活させられた教会の主」である。これに対応して、イスラエル的形態において神の怒りが、教会的形態において神の憐れみが、またイスラエル的形態において人間に向けられた約束を聞くことが、教会的形態において約束を信じることが、またイスラエル的形態において過ぎ去りゆく形態が、教会的形態において来るべき形態が、それぞれ存在するのである。イエス・キリストの十字架と復活は区別を持った一つの和解の出来事であるように、神の選びのイスラエル的形態と教会的形態は区別を持った一つの恵みの選びなのである。

イエス・キリストの選びは神の民・教団の選びを基礎づけ、また神の民・教団の選びを介して個人の選びを基礎づける。この「個人の選び」について論じるために、バルトは邦訳にして約四百頁を割いて詳論している（バルトはここで政治的・社会的関連を念頭にいれて、ヒトラーに与えられている「指導者 Führer」の称号と国家の在り方としての「全体主義的国家」を、キリスト教的な選び概念の反対にあるもの、「一種の世俗的な擬態」であると指摘する。**『神論』Ⅱ／2**、12頁以下）。

個人の選びは、自然的にでもなく、その功績や能力に応じてでもなく、むしろ、神に相応しくない、神に反する人間に、ただ神の恵みによって起こる。個人の選びは、「イエス・キリストにあって起こった、神なき人間の選び」（同33頁）である。イエス・キリストの選びの故に、選びの自由な恵みが定められ、神なき者の棄却はイエス・キリストによって担われ、イエス・キリストによって棄却は廃棄されている。そして、この神なき人間は、教会におけるイエス・キリストの使信の中で、使信と共に、選びの約束を聞き、信じる者として、選ばれた者の生を生きる。個人の選びに関しては定義が問題ではなく、語りかけ（Anrede）が問題である。汝こそが問題である。「汝はここで観客席にいるのではなく、舞台のただ中にいる。まさに、汝のことが言われている」（同36頁）。こうして、バルトは選びの教説をキリスト論から展開することによって、二つのグループに分けるという古典的・伝統的な考え方、つまり個人の選びに関する「選ばれた者たち」と「棄てられた者たち」という二分割論に反対するのである（同37頁～66頁を参照）。

ではいったい、選ばれた者は何のために選ばれたのであろうか。選ばれた者の規定について、バルトは第一、イエス・キリストにあってイエス・キリストのために選ばれた、第二、イエス・キリストの民・教団（Gemeinde）の中でイエス・キリストの民・教団と共に選ばれたと答える。この形式的な答えに内容的な答えが続く。すなわち選ばれた者は、神の愛の対象、至福を与えられた者、したがって感謝すべき者、というように選ばれたのである。そして、選ばれた者は神の使者として、そのような内容の証人でもある。この証人は神の選びについて、「原則的に開いた可能性として神の選ぶことを、しかし、神の捨てることをただ原則的に閉じられた（なぜと言って、それは神の自己譲渡を通して閉じられているから、原則的に閉じられた）可能性として明らかにしてゆく」（同204頁）。このような務めに奉仕し、このような務めを委託され、この証人としての働きが、選ばれた人間の「人間的な課題」（同206頁）である。

バルトの選びの教説を「万物復興」（アポカタスタシス・パントーン）あるいは万人救済説と同一視してはならない。神の選びは、神が人間世界全体を選ばねばならないという神の義務でもなく、人間は選ばれねばならないという人間の権利でもない。バルトにとって肝要なのは「神のあわれみの決断」であって、「歴史の形而上学」ではないのである（同207頁以下）。また、バルトは選ばれた人間の規定に関して、聖書的な文脈を注記において詳論している（同211～266頁）。

「捨てられた者」もいる。それはどのような人間か。それは、イエス・キリストにおいて神に選ばれたにもかかわらず神を受け入れないような人間、神の選びによって祝福と奉仕へと定められたにもかかわらず自分自身を崇め恣意的生き方を選ぶ人間、そのような在り方をする人間として「捨てられた人間」である。捨てられた人間はイエス・キリストの選びにおいて、また彼によって選ばれた者と共に、非本来的な仕方で存在するのである。

このような者が捨てられた者であるが、この人間はどのような規定の下にいるのであろうか。それには三点ある。第一に、捨てられた者は福音の受取人を明らかにするよう規定されている。「ほかならぬこの（棄てられた）人間のために、この人間が取り除かれ変えられるために、イエス・キリストは死なれ、甦られたのである」（同278頁）。第二に、捨てられた者は福音によって否定され、克服されたものの姿を可見的にする。偽りの自由と偽りの奉仕、神への感謝を知らず自分自身を欺く姿である。まさにこのような人間に福音が告げられるが故に、この者は、「深イ淵カラ」神に栄光を帰しているのである。第三に、捨てられた者は福音の意図・目的を転倒した姿において明らかにする。福音の意図の具体的形態は、福音宣教、それを信じる信仰、聖霊の業であるが、捨てられた者はそれらを間接的に見えるようにする。それはちょうど影が光を、裁きが恵みを、死が生命を見えるようにするのと同様である。十字架に捨てられた方に復活が残っていたように、捨てられて何も残っていない者には、ただ福音宣教を聞くことと信じることが残っているのである。こうして捨てられた者は不本意な証人から自発的な証人に、間接的な証人から直接的な証人になるように期待されている。バルトは捨てられた者の規定を論じる最後に、注記として、イエスの弟子イスカリオテのユダについて、イエスを「裏切った」捨てられた者としてのユダが神の「引き渡し」へと選ばれた者であるという意味深い論考を約九〇頁にわたって詳論している。

バルトの予定論をまとめるなら、予定論は「恐怖の決断」ではなく「福音の総計」である。バルトは現実的・具体的にキリスト論から予定論を展開する。選ぶ神とは誰か、それは恐怖に満ちた暴君ではない。すなわち、ある人々を永遠の命へ、ある人々を永遠の滅びへと、気ままに決定する神ではない。選ぶ神はまさに、イエス・キリストである。では選ばれた人間とは誰か、それもまさにイエス・キリストである。すると、選びの反対の棄却はどうなるのか。バルトは二重の決定を否定はしない。しかしこれはカルヴァン主義的な二重予定論ではない。イエス・キリストは神性において選ぶ神であり、人間を祝福と命へと選び給うた。またイエス・キリストは人性において選ばれた人間であり、人間の棄却と死を引き受けるために十字架へと選ばれた。神の恵みはイエス・キリストにおいて紛う方なく出来事となるのだが、神はこれをすでに永遠に先立って決断されたのである。バルトは予定論において以上のように述べる。

6　神の戒め――神論における倫理学

神は外へ向かっての働き以前に、ご自身において自己決定をされた。それは永遠の決定としての人間の選び、人間との契約、恵みの選びであった。また、それによって神は人間にこの神の業への人間の奉仕、委託、証人の務めを求めた。神の恵みの選びをバルトは「福音の総計」と呼んだ。この神の福音はその形式として神の戒め・律法を、つまり神論の倫理学として論じられなければならないところの戒め・律法を持つのである。バルトはこう述べる。「まさに福音そのものが、それとして、律法という形式と形態（Form und Gestalt）を持っている。神のひとつの言葉が福音と律法である。それだけで独立した律法、福音から独立した律法なるものはない。しかし、また律法なしの福音もない。神のひとつの言葉が、その内容からは福音であり、その形式と形態からは律法である。それは先ず第一に福音であり、それから律法である」（『神論Ⅱ／3』、7頁）。否定的に言うなら、バルトは倫理問題を人間的な実存の問いとして理解することに反対している。すなわち、神の恵みとは無関係に実存すると措定された人間の倫理問題、またイエス・キリストにおいて示された善とは別な一般的な概念としての善を前提とする倫理問題に反対する。そして、そこから導かれることであるが、バルトはさらに、近代プロテスタント神学に見られる神学的倫理学と一般的倫理学との合併・綜合にも、神学的倫理学と哲学的倫理学との二重性にも、また道徳哲学と道徳神学からなるカトリック的な見解にも、それぞれ反対する。だから福音の形式としての倫理学は、何が善であるかをイエス・キリストにおいて示さねばならない。イエス・キリストの神性において神が正しく行動され、またイエス・キリストが人間としてわれわれを代表しつつ正しく行動されるのだから、われわれが何をなすべきかは、イエス・キリストから答えが得られねばならない。バルトは倫理学の問題とは、「人間的な行為は果たしてイエス・キリストの恵みの賛美であるかどうか、またどの程度までそうであるか」という問いから成り立っていると述べるのである（同60頁）。

神の戒めはこのように論じられねばならないが、それについてバルトは、神の戒めが神の要求であり、決断であり、また裁きであるとして展開する。

神の戒めは、「神の要求」、人間が聞き従わなければならない神の力ある要求（Anspruch）である。では何ゆえに、神は要求するのか。バルトの答えによれば、その根拠は一般的な神の力でも、神の善でもなく、またただ神のみが人間を満足させることができるという完全な神の本質でもない。そうではなく、それは福音の外にあるのではなく、福音の中に含まれている。バルトは言う。「神が、イエス・キリストにあって恵み深くあり給うということ——そのことでもって神はわれわれに呼びかけ、そのことでもってわれわれに戒めを与え、そのことでもってわれわれを要求し給う」(同99頁)。神の要求の根拠は神の恵みであると言わねばならない。

では、神は何を要求されるのだろうか。それは神の恵みへの応答である。そして、神の恵みは、全世界の主であるイエス・キリスト、つまりこの名を知らず、賛美しない世界においても主であるイエス・キリスト、そしてまた、この名を知り、世界に証ししている教会・神の民、これらを通して与えられているが故に、われわれはイエス・キリストとその民の現実存在に応答すべきなのである。この応答はわれわれ人間の応答なのだから、応答によって、或る人間が第二のイエス・キリストとして存在するとか、或る在り方の国家、社会集団、階級が第二の神の民として存在するとかいうことはあり得ない。むしろ神はわれわれに単純なこと、正しいことをなすことを要求される。その正しいこととは、われわれは「神の所有」であることを認めること、神は常にあわれみをもって出会い、われわれの義であり給うことを認めること、総括的に言えば、イエス・キリストを、彼にあって現実となり啓示された神の恵みの行為であると信じることである。バルトは、人は何をなすべきかという問いに対する神学的倫理学のすべての答えは、ただ「上にあるものを求めなさい。そこでは……キリストがおられるのである」という命令の書き換え・確認のみであると述べるのである(同143頁)。

神はどのような具合に、どのような仕方で要求されるのであろうか。神の要求の形式を問うなら、神の戒めが福音の形式であるのだから、この神の要求は、解放と自由という性質を持った「ゆるし」（Erlaubnis）であり「許可」（Dürfen）である。この点において神の戒めは一般的な戒めから区別され、暴君への服従や奴隷の奉仕から区別される。神の戒めにおいては、当為（Sollen）は許可であり、許可は当為である。もし神の戒めが当為であって許可ではないなら規則で縛る律法主義が生じ、許可であって当為でないなら無規則な放縦主義が生じることになるであろう。このような神の要求の形式、つまり当為と許可が一つであるという「戒めの霊的な性質」（同184頁）は、神の言葉、イエス・キリストにおいて成り立っている。イエス・キリストがなし給う行為は、父なる神のゆるしであり、また父なる神の意志である。そしてわれわれ人間はイエス・キリストに従うことにおいて、神の要求に従うのである。バルトは、神の要求のキリスト論的規定を論じるのに相応しい聖書箇所として「富める若者」の箇所（マルコ10・17〜31）を挙げ、これを詳細に解釈している（同201〜234頁）。

バルトは「神の要求」として神学的倫理学を論じ、一般的原則としては論じなかった。さらにこの「神の要求」は、それ以上に「神の決断」でもあると論じる。この決断は絶対主権的な、明確な、善き決断なのである。

神の戒めは神の決断であるが、「神の戒めは、神の要求、命令、指示、委任として同時に、われわれの生全体の危機であると同様、またわれわれの生の一つ一つの瞬間の危機である」（240頁）。神の戒めは絶対主権的な決断であって、人間に応答的な決断を求める。ここに応答責任性（Verantwortlichkeit）が求められる。応答責任性については厳密には神学的倫理学が知っている。それは、キリスト者が神を人間に向き合う方として知っているからである。しかし神はキリスト者のみの神ではなく、全世界の神である。それ故に、キリスト者はいまだ神を知らない他の人々に証しつつ神の前に立つのである。神に対する応答責任は「キリスト教的な特別な関心事ではなく、むしろ一般的な、人間的な必要事」（同261頁）である。では、われわれは何をなすべきであるか。ここで或る理念や概念が先取りされるべきではない。この問いが真剣なものであるなら、われわれは神に、「無知なる者として、神による教示と回心を全面的に必要としている者として」（同267頁）出会う。神の決断としての戒めが絶対主権的なものであるとき、「われわれは何をなすべきか」という問いに対してバルトは次のペトロの言葉をもって結ぶのである。「悔い改めなさい。めいめい、イエス・キリストの名によって洗礼を受け、罪を赦していただきなさい。そうすれば、賜物として聖霊を受けます」（使徒言行録2・38、新共同訳）。

また、神の戒めは決断であるが、これは特定の決断である。神の戒めは一般的な規則といったものではなく、同時に個々の場合に規定された特定の指示でもある。それは「ちょうど神がただ単に一般的に神であり給うだけでなく、また特別に、最も特別に、神であり給うように」（同301頁）そうなのである。したがって、一般的な「善の理念」、カント的な「定言命法」、人間論的な概念としての「良心」などは神の戒めと似てはいるが、同一ではない。では、神の戒めが明確な規定であるということをわれわれは何処で知るのか。これに対してバルトは「聖書の証言」によって、と答える。聖書証言において神の戒めは具体的な戒めであるし、同時にその直接の受領者でないわれわれにも関わってくるのである。ここでバルトは十戒と山上の説教について詳しい聖書解釈を施している（同340頁から371頁）。神の戒めの概要としてのこの十戒および山上の説教は、無時間的な倫理原則にではなく、恵みの契約の歴史に属している。現実的にイスラエルの民、キリストの教会に属するが、これは独占的にではなく代理的な仕方であって、すべての人間に、全世界に、属しているのである。

さらにまた、神の戒めは決断であるが、これは善き決断である。この「善さ」ということで「正しいこと、友愛的なこと、救いに益となること」の三つの意味が込められている。ここからこの世に対するキリスト的態度の基本的な規則は「互いに愛し合うこと」と言わねばならない。そしてこれは国家的秩序についても同様である。このような理解に基づいてバルトは、「キリスト者たちは、国家の剣の秩序、強制の秩序、恐れの秩序の中に、神の秩序を認識するがゆえに……彼ら自身、反政治的であることができず、また無政治的であることもできない」（同413頁）と言う。これは神への礼拝・奉仕が政治的礼拝・政治的奉仕の形態をも取ると述べた、本論の直前になされたギフォード講義『神認識と神奉仕』（一九三八年）と結びついているのである。

そして神の戒めは、また、「神の裁き（Gericht）」でもある。では、神の裁きとはどのようなものか。これについてバルトは結論的に、「神は、ご自身のみ子の死において、われわれすべての行為に対し、違反行為として有罪の判決を下し、み子の甦りを通してわれわれを正しいと宣言されることによって、われわれを裁き給う」（同433頁）と答える。これはまさに和解論の要旨である。神論の三九節「神の裁き」は三〇節二「神のあわれみと義」とともに和解論の前提をなしており、大いなる物語に一貫性を与えているのである。

いったい何故、神の戒めは神の裁きであるのか。なぜなら、人間は、神の戒めを標準に照らしてはかられる時、それに耐えることができず、有罪の判決が下されざるを得ないからである。しかし、ここでバルトは驚くべきことを述べる。すなわち、神が人間をその戒めの中で裁き給うことによって起こる出来事は、事柄においては和解の出来事と同じである、と言う（同434頁）。どうしてそう言えるのか。それは、神の裁きの前提として述べられることにある。その前提とは、人間は神の国の市民であり、そのような者として責任を果たすように求められているということである。これは神の根源的で本来的な愛である。だからバルトはこう述べる。「神の戒めの中で人間の身に起こる裁きは、それが何を意味していようと、いずれの場合にしろ、また、人間に対する神の愛――それが怒りを含んだ、燃え上がる、焼きつくす愛であろうと、とにかく人間に対する神の愛――の証拠である」（同436頁）と。ところで、バルトはここで人間について語る場合、一般的な人間を念頭においているのではない。具体的なイエス・キリストを念頭においている。（イエス・キリストがわれわれに先立ち給う。）戒めの中での神の裁きは、本来、第一に、われわれに対してではなく、イエス・キリストにおいて現実となったのである。それ故に神の裁きの前提はイエス・キリストである。このことをバルトはこう述べる。「イエス・キリストが神に従順となられ、まことに罪なき者であり給うたということ、彼が人間の罪過を負い、その重荷を負うて神の前に立たれ、人間の罪過のために神の裁きを受けて、あがないをなし給うたということとの中で遂行されたことは、われわれの、世の、神との和解である。ところでまさにこのことが、神の裁き――それがまたわれわれの身に対して起こる限り、神の裁き――の前提である」（同448頁）。そして、われわれ人間は、イエス・キリストにあって神の国の市民、神の家の家族であって、そのようなものとしてわれわれは裁きに服させられている。したがってわれわれは裁きに向かって、イエス・キリストに属している者として、恐れなしに進んで行くことが約束されているのである。

では、神の裁きはどのように執行されるのであろうか。この問いに対してバルトは、イエス・キリストの死こそが裁きの執行である、と言う。イエス・キリストは、人間としてのペルソナの中で背反者、敵対者として立っている。それは、この方がわれわれの罪過を担うことであり、また、「それは神の正しい怒りをわれわれのために身に受けて苦しむことである」（同464頁）。バルトはこれに続けてこう述べる。「そのことを神は、われわれにそのみ子を兄弟として与えることによって、なし給うたのである」（同）。では、われわれはどうなるのだろうか。バルトは言う、「さて、われわれ、ほかの者にとっては、ただ、われわれの罪がゆるされた――彼がわれわれに代わってわれわれの罪を告白し、懺悔し給うたがゆえに、われわれの罪がゆるされた――ということだけが残っている」（同）と。そして、「それが神の裁きの遂行である」と締める（同）。さらに言うなら、神の裁きはイエス・キリストにおいて執行された、まさにそれによって、われわれにとっては罪の赦しだけが残っており、無罪宣告が下されたのである。一つの判決の中で、われわれは「常ニ罪人」であるが、しかし決定的、最後的に「常ニ義トサレタモノ」なのである。裁きの執行は神の罪人の義認である。

このように神の裁きの前提と執行について述べたが、ここから神の裁きの意図が述べられなくてはならない。神は何を意図して裁きをされたのか。それは、われわれ人間がいつも、神の裁きに来て、神の裁きから出てゆき、「それ以後」の中で生きるためである。すなわち、人間は信仰へと、悔い改めの行為へと召し出されているのである。そして信仰とは、とバルトは言う、「明らかに、このこと――われわれの赦された罪が罪として認識され、われわれの認識された罪がそれとして赦されていること――を実際的に肯定することを意味している」（同501頁）と。この信仰において、われわれは朝ごとに日ごとにつねに新しく、生きるのである。これを換言すれば、神の裁きの意図は「人間の聖化」である。すなわち、「人間が、彼に定められ約束されている永遠の生に向かって調整され、準備され、訓練されること」である（同510頁）。

バルトは聖化における人間を語る場合には、義認を語る時と同様に、ここでもまた一般的な人間を語らないで、イエス・キリストを語る。イエス・キリストは、神の裁きの前提でありまた神の裁きの執行であるのと同じ様に、「われわれの聖化の完成された事実」であり、「成就され、実現された意図」である（同519頁）。イエス・キリストならぬわれわれ他の人間は、「イエス・キリストがわれわれの聖化であるということ、われわれの聖化はイエス・キリストの中で完遂されたということ」（同522頁）を、イエス・キリストを信じる信仰を通して受けとることができるだけである。

第三巻　創造についての教説――『創造論』

神論の後に創造論が続く。神がご自身の内において契約を決定した後で、外へ向かってなす最初の働きは、神の創造の業である。

1　創造者なる神を信じる

今は三児の母親になっている娘が小学校下級生の時、食事中に、「パパ、聖書には『初めに、神は天地を創造された』とあるけど、いったい誰がそれを見たの」と質問したことがあった。当時のわたしは絶句して、「それはとてもいい質問だね」と言う他なかった。後日、禅学者の鈴木大拙がやはり、「初めの天地創造を誰が見たか」と問うているのを読んだ。

バルトにとって創造論は、使徒信条に「我は天地の造り主を信ず」とある通り、信仰の事柄であり、それ故に神学のテーマである。造り主なる神についても、天地についても、創造の業についても、事柄は神学に属する。したがって、自然科学的な諸問題の討議、それへの反対とか擁護とかは主題化されない。むしろ自然科学は神学の彼岸において、また神学は自然科学の彼岸において、自由な場所を持っているのである。

また、創造論が神学のテーマであるということは、創造論はあらゆる世界観と原理的に区別されるということである。バルトが「よき業としての創造」を語るとしても、これはいかなる世界観に依存することも、それらを保証することも、それらと対決することも意味しない。神学的創造論とあらゆる世界観とは認識の根拠も対象も違うのである。

創造論が神学のテーマだということは、バルトにとって、創造についてイエス・キリストから論じるということを意味する。なぜなら、創造の根拠である「契約」はイエス・キリストにおいて成就されているからである。バルトはまたローマ4・17を挙げつつ、創造において大切なのは、「無からの創造」という神の業を、キリストの「死者からの復活」と一緒に一息に語ることだと言う。かつてのわたしの娘の問いに対する答えは、ここにおいて見いだされると思う（『創造論』Ⅰ／1、447頁参照）。

ところで教会教義学において、そして信仰告白において、「創造者なる神」を語るということは何を意味しているであろうか。それはバルトによれば、第一に、神はひとりで孤独の中にいるのではなく神とは異なった被造物と共にいる、第二に、世界もまたひとりで存在するのではなく神によって存在している、ということである。そして第三に、神を天と地の創造主と呼ぶ命題はキリスト証言と結ばれた信仰命題であり、信仰の中でのみ理解されるのである。この点をさらに述べるなら、イエス・キリストが神を啓示し、人間とは何者かを示す。イエス・キリストがインマヌエルである。神は人間なしの神ではなく、同時に人間は神なしの人間ではない。しかしこの神と人間との切り離し得ない関係には順序があるのであって、神は神的な生をご自身において生き給うが、ただひとりでい給うことを望まず、ご自身とは異なる存在と共に生き給う。人間とその世界は、神とは違って、自分自身を通して、自分自身で基礎づけられたものとしては存在しない。人間とその世界の存在は神の恵みによるのである。まさしくここに、イエス・キリストのペルソナにおいて、神は被造物に対して創造主として立ち給うことが認識されるのである。「神は、イエス・キリストの父であり給うことによって、また天と地の創造者、保持者、支配者であり給う」（同54頁）。したがって、イエス・キリストを信じることは創造者なる神を信じることを含むのであり、それ以上にまた、（とバルトは言う、）「イエス・キリストを信じることは、創造者の現臨の中で生きることである」（同58頁）。

2　創造と契約

神の、ご自身における内的な働き、自己決定・意志決定としての働きは、相手としての人間の選び・契約であった。それに基づく神の外的な働き、神の外にある領域全体の中での神の働きは、もろもろの働きの中で先ず創造の業が第一である。神の創造はご自身の永遠の意志に従ってなされるのみであって、いかなる外的な前提ももっていない。バルトは、「創造は、恵みの契約の歴史のための場を提供することである。この恵みの契約の歴史は、それに対応する場を――人間とその世界全体の現実存在を――必要としているのである」(同78頁)と述べる。このように、創造は恵みの契約を実行するための「契約の歴史」の創造である。この契約の歴史が救済史(Heilsgeschichte)であり、世界史・民族史・文化史から区別され、また教会史や宗教史とも同一視されるべきでない、「本来的な歴史」(同107頁)である。

創造が契約の歴史の創造であるように、創造は時間の根拠であり、時間の始まりである。だから被造物は時間の中に、時間的に存在する。「時間は……被造物の存在形式(Existenzform)である」(同120頁)。また、創造は時間の根拠であるが故に、創造の歴史は史実的な歴史(historische Geschichte)ではなく、前史実的な歴史(praehisitorische Geschichte)である。だからと言ってまた、創造の歴史は神話でもない。バルトによれば、神話の対象と内容は、「自然的および精神的な世界の、(具体的な歴史と反対に)普遍的な(特定の時間と場所に拘束されない)実在と関係の本質的な原理」であり(同151頁)、神話の形式は、それらの実在と関係の変遷が神々の歴史の中で衣を着せられているのである(同151頁)。このように、創造の歴史は史実的な歴史でも神話でもなく、むしろ、前史的歴史、また「純粋な口伝」(テキストではreine Sage、邦訳では「まことの歴史物語」、「正真正銘の歴史物語」と訳されている、同162頁と163頁)なのである。創造の歴史は純粋な口伝として、神の業、時間、出来事を証言する聖書証言の一部であり、その意味で神の啓示の証言である。そして、バルトによれば、創造そのものの記述は、形式的には聖書の二つの創造についての報告から、また内容的には創造と契約の関係を明らかにすることから成り立つ。

神はどうして被造物を創造されたのであろうか。神はご自身において何の欠乏もなく、ひとりだけで十全的に存在されるのだから、被造物の存在の必然性があるのではない。また神は創造するのだから、創造主としての意図があるのであって、創造は神の気まぐれではない。この問いに対して、バルトは「神的な愛の意図の実現」（同174頁）のため、すなわち契約の実現のためと言う。「創造は、契約を技術的に可能にし、場所……を用意し、装備すること、この歴史の中で神の相手であるべき主体を用意し、装備すること、簡単に言って、神の恵みがこの歴史の中でとり上げ、それに身を向けるべき自然（Natur）を用意し、装備することである」（同177頁）。その意味で、創造と契約についての第一の命題は、「創造は契約の外的根拠である」（同）というものである。創造は、しかし、契約の内的根拠ではない。契約の内的根拠はただ神の自由な愛である。創造と契約についての第二の命題は、「契約は創造の内的根拠である」（同422頁）と言う。

バルトは創造と契約の関係を基礎において、創世記の二つの創造物語（1・1から2・4aまでと2・4bから25）を詳細に論じている。非常に興味深いものであるが、ここでは一点のみにふれておこう。それは、男と女としての人間の創造についてである。バルトはこの男と女としての人間の創造において、「神の似姿」（imago Dei）を主張する。周知のようにバルトは自然神学を否定するが、ブルンナーとの自然神学論争の焦点は神の似姿であった。ブルンナーは罪にもかかわらず人間に内在する神の言葉との結合点を挙げて、神の似姿を主張し、自然的な神認識の可能性を認めた。バルトはそれに反対したのだが、しかしここでは神の似姿を語っている。では、バルトはブルンナーに歩み寄って自然神学を認めるのだろうか。そうではない。問題は神の似姿の内容である。ブルンナーは人間性そのものに残存する神的な存在物を言っており、これと神存在との間に「存在の類比」(analogia entis) があると言う。この存在の類比にバルトは一貫して反対して、自然神学を否定しているのである。そしてバルトは「関係の類比」(analogia relationis) を挙げて、これを神の似姿だとする。これは存在物に関しているのではなく、出来事に関している。すなわち、神における「我と汝」の関係が人間における「我と汝」の関係に対応・類比しているのである。すなわち、先ず三位一体の神の本質において父と子との間に「我と汝」の関係があり、次に神と神に造られた人間との間に「我と汝」の関係があり、そして人間の相互間に、男と女の間に、「我と汝」の関係があり、それらの関係が類比しているのであって、ここにバルトは関係の類比を主張するのである。

バルトが創造論第一部の講義を始めたのは一九四二年の夏学期であり、これを出版したのは一九四五年の年末であった。まさに第二次世界大戦の最中から終戦までの間である。世界が虚無の力に破壊され、戦後の荒廃から再び復興しようとする中で、バルトは自由な愛の契約を根拠にした神の世界創造を語る。創造は神の「然り」であり、悪は存在論的不可能性である。「神は創造者として、ご自分が創造された者に対して、『否』を語られず、また『然り』と『否』を語られたのでもなく、ただ『然り』を語り給うた」(『**創造論**』**I**/**2**、5頁)。しかし注意せよ、バルトはここで一般的な世界観として楽観的世界観を主張しているのではない。そうではなく、契約との関係において創造は神の善き業なのである。創造論は、肯定的で建設的な精神を取り戻すべき戦後世界に対する、バルトのメッセージなのである。

3　人間の創造

創造論の二番目の章は「造られたもの」(Das Geschöpf) についての教説であるが、実際には人間論である。創世記1・1に、「初めに、神は天地を創造された」とあり、また使徒信条には「我は天地の創り主を信ず」とあるにもかかわらず、バルトは、伝統的になされた宇宙論やキリスト教的世界観ではなく、そしてその中の一端として人間を論じるのでなく、人間を主題的に論じる。それは何故なのだろうか。それについてバルトはこう答える。「教義学の対象は、啓示された、書かれた、宣教された神の言葉である。……神の言葉は、神について、また人間について語るのである。それであるから神の言葉は、疑いもなく、人間の存在論を含んでおり、そして造られたものについての神学的教説の中では、われわれはまさしくこの人間の存在論を取り扱わねばならぬ。人間の存在論とは天の下、地の上に存在するところの人間の存在論のことである。神の言葉は、天と地についての存在論を含んではいないのである」(『創造論』Ⅱ／1、9～10頁)。

こうして人間が神学の対象になるのは、人間が神の被造物であるだけでなく、神と人間の関係が神の言葉において明らかにされるからである。そして、啓示された神の言葉はイエス・キリストであるのだから、人間イエスが被造物としての人間を論じる際の認識根拠である。

バルトは、人間論には非神学的人間論もあることを認める。それには神話から哲学までの領域における世界観と関連を持った思弁的タイプの人間論がある。また生理学、生物学、心理学、社会学などの精密科学の人間論もある。前者のタイプの人間論は人間を神と無関係に理解できるとしている点で、神学的人間論と反対の所にある。後者の人間論は、精密科学以上でも以下でもない限りは対立的ではないが、しかし人間の本当の姿を捕らえていない。

これに対して神学的人間論は、人間を神との関係において、神の言葉の光のもとで理解し、論じるものである。だが、神との関係で観られた人間は罪なる人間であって、神に創造されたままの本質ではない。では、罪にもかかわらず、神に創造されたままの人間の本質なるものは、いったい何処で認識され、論じられるのか。これに対して、バルトは「人間イエス」と答える。イエス・キリストは、ご自身は罪が無いにもかかわらず、罪なる人間の本質を身に引き受けられた。ご自身が罪人になったというまさにこのことに、イエス・キリストの無罪性がある。だから、神学的人間論が、罪によっても変化させられない、造られたままの人間の本質を論じるときには、それは人間イエスを論じることによって実現される。こうしてバルトにおいては、人間論はキリスト論によって基礎づけられるのである。

人間論のキリスト論的基礎づけによって、バルトは、人間一般を論じてその一例として人間イエスを論じるのではなく、その逆に、ひとりの人間イエスを論じることから人間一般を論じる。人間イエスこそ「本当の人間」（der wirkliche Mensch）である（同91頁）。イエスの人間性が第一のもの、原型であり（urbildlich）、われわれ人間一般の人間性は第二のもの、模写である（abbidlich）。バルトは、神によって造られたものとしての、つまり被造物としての人間を論じるときは先ず「神のために生きる人間」イエスから、神の契約相手に定められた人間を論じるときは先ず「他人のために生きるの中での人間を論じるときは先ず「時間の主」イエスから、それぞれ展開するのである。

バルトは人間論の各論に入り、第一に（四四節）、「神の被造物としての人間」を論じる。その際に、前述のように、先ず人間イエスから始める。イエスは「神のために生きる人間」であるが、それはイエスの歴史において示されているのである。イエスは「ひとつの職務（Amt）」を担う者である（同119頁）。この職務から離れた中立的なイエスの人間性はないのであって、それは救い主としての業に他ならない。そして、救い主としての業は神ご自身の業であるのだから、イエスは神の業をしているのであり、その時に、まさにそれと共に、そしてそうすることによってこそ、自分自身の業をしているのである。そしてまた、人間イエスは神の業をなしつつ神と一つであり、神と一つであることにおいて人間イエスの存在がある。このような存在として人間イエスは本当の人間である。要するに、「イエスという人間の特色は、神のために存在していることである」、そしてまた、「神が人間のためにあると同時に今度は人間が神のためにあるというこの二つの相互的な関係を持っているということが、人間イエスの特権である」（同149頁）。人間は本質的に神のためにあると言うことが人間イエスについて言えるのであり、われわれ一般の人間については同じことは言えないのであるが、しかし人間イエスを見るとき初めて、人間というものは本来神のためにあるべきものだということが分かってくるのである。

人間の創造の目的は何か。それは、神のために生きることである。こう言えるのは、人間イエスが神のための人間だからである。この神との関係をはずして人間を理解しようとするなら、それは人間の本質ではなく、人間の諸現象を論じているに過ぎない。バルトは人間の諸現象を論じているものとして自然主義的人間理解、これと関連した神学的弁証論、フィヒテを例として観念論、ヤスパースの実存主義、また人間の現実性ではなく可能性を論じているに過ぎないブルンナーの神学的人間論などを挙げて、詳細な対論を展開している。これらの人間論が人間的なものの現象を論じているからと言って、バルトはこれらが「いつわりの知識、価値のない知識」だとはしていない（同414頁）。むしろ、神の言葉と啓示の光を前提にして見るなら、これらの人間論は人間的自己理解の形でも認識しうる現象、人間的なるものの「徴候」を提示できるのである（同408頁）。

では、これらに対して、実在の、現実的な、真の人存在とはどのようなものであろうか。神学的人間論の依って立つアルキメデスの点について、バルトは、「人間の存在論的規定は、イエス以外のあらゆる人間の真中に、イエスというひとりの人間がいるということの中に基礎づけられている」と言う（同273頁）。すなわち、人間は根本的にイエスと共にある、それゆえに神と共にあるのである。これを基にして二つの命題が挙げられる。第一は「人間存在は神の選びに基づいている」（同294頁）、第二は「人間存在は神の言葉を聞くことからなり立っている」（同304頁）である。このような存在は、状態（Zustand）という概念ではなく、それと対立する出来事・歴史（Geschichte）という概念が当てはまる。それだから、第一に、人間が先ず存在していて、次に選ばれるというのではなく、人間存在は神自身の中に原型と起源を持つ選びの出来事に基づいているということである。第二に、人間は耳、理性、ロゴス的性格を持っているから人間なのではなく、神の言葉を聞くから人間なのである。神の言葉によって人間は外から踏み越えられ、また外に向かって自分自身を踏み越えて行くのである。

バルトはこの第二の命題をさらに展開する。「神の言葉を聞く」存在とは「神に呼び出されている」存在であるが、これは神の恵みである。この神の恵みに対しては、人間は感謝する以外にない。そこで、「人間存在は感謝の中での存在である」（同346頁）と言われる。こうして、人間存在は神によって選ばれ、呼び出され、神の言葉を聞くという出来事としての人間の存在として、まさしく感謝する存在であり、ここにまた神に対する応答責任（Verantwortung）もある。すなわち一言で言えば、神の言葉を聞く存在として、人間には応答責任がある。そして、人間は応答することにおいて神を認識し、神に服従する、神を呼ぶ。まさしく、人間の存在は状態ではなく、出来事・歴史なのである。そして、認識、服従、呼び求めにおいて、人間はまた主体的であり自由な存在である。

この自由において人間は神に応答する責任を取る。人間の自由は罪を犯す自由ではない。むしろ、罪を犯さないことができる自由である。それ故に、「人間の自由は善への自由であり、ただ善への自由であるだけである」（同407頁）。

「人間の創造の目的は何か」と問うなら、バルトは先ず、「神のために生きること」と答える。以上の論述は、このことを、人間イエスから、「人間イエスは神のための人間である」という根本認識から展開したのである。

次に、バルトは「人間の創造の目的は何か」について、「他の人間のために生きることである」

と答える。それはイエスが「他人のために生きる人間」であることによる。人間性の根本形式について見てみよう。これは人間論の各論の二番目に当たり、四十五節「神の契約相手に定められた人間」において論じられる。

その際に、前述のように、人間論をキリスト論に基礎づけるのだから、先ず人間イエスから始める。これは、バルトが人間の人間性を「信仰の秘義」として扱うことを意味している。先に人間イエスは神のための人間であることを見たが、そこに人間イエスの神性を見た。それに対応して、人間イエスはその人性において他者のための人間である。人間イエスの人間性（Menschlichkeit）は「他の人間と共にある人間性」（Mitmenschlichkeit）であり、またイエスにおいては彼が「他人のためにいます人間」であるということである（『**創造論**』**Ⅱ**／**2**、23頁）。それは、他者の身代わりになるということであり、自分を犠牲にし、かつ勝利するということである。そして、それによって、他者が自由に生きるようになるということである。

イエスが神性において神のためにいますように、イエスは人間性において人間のためにいます。イエスが神のためにいますように、イエスは人間のためにいますのであるが、イエスの神性はその対応・写しをイエスの人間性の中にもっている。ここには類似性があるのである。さらにまた、この類似性には根拠があるのであって、「先ず第一に人間イエスではなくて、先ず第一に神が人間のためにいい給う」のである（同35頁）。すなわち、神はご自身の内部の本質の中でご自身に特有な内的関係、永遠の父・子・聖霊の内的関係を持ち、これを外に向かっての関係の中で、人間イエスの中で反復し、写し給う。これに応じて、神のためにいます人間イエスの存在と、人間のためにいます人間イエスの存在との間に、事実的な対応、類似性があるのである。だから、「イエスの人間性は神の像（imago Dei）なのである」（同39頁）。イエスの人間性は、しかし、神の存在の内的領域には属しておらず被造世界に属している。あそこでの関係は神対神の関係であり、ここでは神対人間の関係である。永遠の神の内部にある愛の交わりが外に向けられ、この人間に向けられた愛がイエスの人間性において反復される。この二つの関係の間には対応、類似性が成立している。これは「存在ノ類比」（analogia entis）ではなく、「関係ノ類比」（analogia relationis）である。このように、人間イエスの人間性は、神の像として、神ご自身に対応しつつ、人間のために、他者のためにいます、ということから成り立っているのである。

では、イエス以外のわれわれ人間、つまり人間一般についてはどうであろうか。人間イエスが他者のために存在する人間であることから、人間一般とイエスの間には共通する、共属性としての、人間性の根本形式が存在する。これは否定的な表現で言えば、「抽象の中で、つまり隣人のない人間性の中で、探ね求められてはならない」（同59頁）のであって、積極的に言えば、隣人・他者と共に生きること、つまり共同人間性において語られねばならない。バルトは第二次世界大戦という状況連関を通して「人間性は今日岐路に立っている」（同）と注意を喚起する。そして、人間性の問題が全く新しく立てられねばならないこと、それは隣り人の権利、威厳、神聖さを問うという特別な視点で立てられねばならないこと、そして、それができるのはキリスト教的人間論であることを訴える。また、ニーチェを「隣人なき人間性の首尾一貫した代表者」と評して、批判的な対論を詳しく展開している（同66頁以下）。これに対して、バルトは人間性の定義として「すべての人間の人間性は、彼（人間イエス）の存在が他人と共にある存在として規定されていることから成り立っている」(同89頁)と述べるのである。

　この、人間が他の人間と共に存在すること(Zusammensein)という人間性の規定は、「汝が存在する間に、わたしが存在する」(同101頁)とも言い換えられる。すなわち、これは人間本性の単なる個別化・個人主義も複数化・群衆化も否定し、また、わたしの存在が汝の存在に消滅することをも否定して、むしろ、人間の本性が「我と汝の間の出会い」(Begegnung zwischen Ich und Du)であり、「二人連れ」であり、「他人に対して開かれた心の自由から成り立っている」ことを主張している(同175頁)。バルトは、「我と汝の間の出会いは偶然的なものではなく、恣意的なものでもなく、それは人間という概念に、ついでのものではなくて、むしろ本質的に特有なものである」(同104頁)と述べる。このような、我と汝の出会いには四点の特徴・しるしがある(同106頁以下参照)。それは第一に、「見る、見られる」ということにおける出会いの仕方である。これは一方が他方に、他方が一方に「自分を開いている」ということを意味している。この人間的な出会いの仕方の反対にあるものは官僚主義的な接し方であって、二人が共にあること(Zweisamkeit)が無視されて、一般的な見方で「処理」されてしまうような接し方である。第二は、「語り合い、聞き合う」ということである。これは言語による出会いであるが、言葉によって内なる思いが表明される。ここで大切なことは「互いに共に」語り合い、聞き合うことである。口と耳によるこの人間的な出会いの反対にあるものはプロパガンダ・宣伝である。第三は、行為することによって双方の側から互いに助けを与え、助けを受けるという、相互の援助(Beistand)である。そしてバルトによれば、隣人から助けを受け、また隣人に助けを与えるという人間の規定は、理想主義や楽観主義とは関係がなく、人間イエスの写し（Gegenbild）としての人間像であり、本当の人間像である。第四は、これらの三つのことを「喜んで」なすということである。したがって、「人間性の根本形式は、人が喜んで互いに相手を見るし、喜んで互いに相手から見られる、喜んで互いに話し合うし、喜んで互いに耳を傾け合う、喜んで互いに助けを与え、助けを受け合うというしるしのもとに立っているということである」（同143頁）とバルトは述べる。この「喜んで」の反対は「喜ばないで、いやいや」であるが、それのみでなく無関係、中立状態、未決状態も含まれる。なぜなら、「喜んで」は「人間性の秘義」に属することなのであって、偶然に後から、外から課せられた規定性ではなく、むしろ人間の本質に内在しているのだからである。

ここで注意しなければならないが、このようなものとして人間の本性が隣人と共なる在り方であるということは、キリスト教的愛・アガペーと同一なのではない。アガペーは人間性の規定ではなく、神と人間の歴史における出来事だからである。キリスト教的愛は、「イエス・キリストを信じる信仰の中で自分たちの義認と保持を確信するようになったキリスト者の心の中に注がれた聖霊の恵みの賜物」である（同168頁）。また、ここで注意しなければならないが、隣人と共なる在り方としての人間本性はエロスとも同一ではない。エロスは、「その最も純粋な形においては、下から上への衝動、人間からして人間以上のもの、特に神に向かってゆく動きである」、そして「愛するものが自分自身の生を求める要求（生命の飢餓感）を満たすということ」である（同177頁）。その場合、事物であれ、人間であれ、神であり、愛されたものは、ただの「消費物」、「目的のための手段」に過ぎない（同）。

アガペーともエロスとも区別された第三のものとして、「他の人間と共にある人間性」とは、石が石であり、植物が植物であり、動物が動物であるという被造物としての存在規定と同様、それらとは異なる人間が人間であるという被造物としての規定、人間本性、人間性の根本形式である。したがって、人間が追い求めるべき理想（Ideal）でもなく、行使すべき徳（Tugend）でもなく、そうしなければならない律法でもないし、そしてまた、神の恵みを強調するために低く抑えられるべきものでもなく、エロスと同一視されるべきものでもないのである。

人間性の根本形式が「我と汝」という「共なる人間性」であるということを、バルトは「男と女」という関係においてさらに展開する。先ず旧約聖書において見てみると、人間性についての旧約聖書のマグナ・カルタ（大憲章）は創世記２・18〜25であり、第二のマグナ・カルタは雅歌であるとして、そこにおいては人間性の起源および本来的形態が「男と女」として語られていると述べる。互いに相違し互いに関係し合う在り方において、「男と女の出会いそのものが、出会いの中での存在であり、したがって人間性の中心である」（同207頁）。この男と女の関係には背景があるのであって、それは原型としての「神とイスラエル」の関係、すなわち契約の関係である。この原型が人間性において反射され模写されたのが、男と女の関係である。次に新約聖書において見てみると、「男と女」の関係の原型は新約聖書においては、「イエス・キリストとその教会」の間の契約として示されている。そしてこれらの関係を、キリスト論的構築を起点とする神学に対応して順序だてて見るならば、初めにあった神の意志、創造の内的根拠であった契約とはイエス・キリストとその教会との契約であり、これを原型として、その類比として、神とイスラエルの契約があり、また男と女の関係があるのである。

以上のように人間の人間性をみてきた。さかのぼって順序だてるなら、神が先ず起源的に、関係において、すなわち三位一体的本質の父・子・聖霊の関係において存在し給う。神の独り子としてのイエス・キリストは、その人間性において、他者の「ため」の人間である。これに基づいて、次に人間一般の人間性を問うなら、人間は隣人と「共なる」人間である、さらに「汝と共なるわれ」であり、「男と女」の「共なる」存在である。こう見てくるなら、「神対神」の関係が「人対人」の関係に対応・類比している。神の存在と人の存在は質的に相違しているが、「関係ノ類比」（analogia relationis）がここにある。この「関係ノ類比」を、しかし「存在ノ類比」（analogia entis）ではないが、バルトは人間における「神ノ像」（imago Dei）とするのである。

造られた人間存在の状態についてバルトはどのように論じるのであろうか。これに対する答えは、第一に、「精神とからだとしての人間」であり、第二に、「時間の中での人間」である。

人間を「精神とからだ」として神学的に理解する場合、バルトはその認識の源泉を人間イエスに求める。人間イエスは「精神」と「からだ」という二つの実体の結合の中で存在しているのではなく、「からだを持った精神」、「精神を吹き込まれたからだ」としての存在である。イエスは「全き人間」（ganzer Mensch）であり、全き人間として生きかつ死んだ。バルトはこの全的在り方についてこうも述べる。すなわち、「イエスの死と甦りの間には確かに変更（Verwandlung）があるが、変化

(Veränderung)はなく、分離はなく、とりわけ(何かを)引き去るということはない。すなわちからだがあとに残って、精神だけが先を急ぐということはない。あくまで同じ唯一の、全き人間として、精神とからだとして、彼は――死なれたと同じように――甦り給い、神の右に座し、また再び来たり給うであろう」(同280頁)。この精神とからだの一体性は混沌ではなくコスモスである。そこには上と下、第一と第二の秩序があるからである。イエスは自分自身で意志し行為し給う。そのようにしてイエスは他の人々の中で、他の人々のために生きるのである。

人間イエスにおける精神とからだの関係は彼における「神性と人性」の関係と同一ではないが、しかしこの二つの関係の間には類比・アナロギアがある。また、教会はイエスのからだでありイエスは教会のかしらである、と呼ばれているのだから、「イエスとその教会」の関係とも類比的なのである。

このようにバルトは全き人間としての人間イエスに基づいて人間を論じ、人間の被造性の内部構造として精神とからだの統一性、特殊性、順序を挙げて論じる。すなわち、精神とからだの統一性における人間は「全き人間」であって、ギリシャ的な二元論や、唯心論的また唯物論的な一元論は退けられねばならない。また精神とからだの特殊性とは、人間が神の前に立つ時に明らかになる。その時には被造物としての人間は神を認識し、それに対応して行為する。そこから、分離し得ない統一性の中で、精神には認識が、からだにはそれに基づく行為が対応するということがそれぞれの特殊性であり、またこの点で精神が先、からだが後という順序も存する、ということが主張されるのである。

造られた人間存在の状態についてバルトが展開するのは、第二に、「時間の中での人間」である。人間は過去・現在・未来という自分の時間の中で生きる。時間は被造物の創造と共に創造された。この時間の中での人間について神学的に、神との関係の中で論じる場合も、バルトの考えでは、神の啓示に照らして、キリスト論的に、つまり時間の中での人間イエスに基づいて論じなくてはならない。

イエスは人間として、時間の中で生き自分の時間を持ち給う。この人間イエスは時間の中で、ただ人としてというだけでなく、神とひとつであるという統一性において生き給うが故に、真の神として同時に真の人であり、神のために、神の代理者として生き、また同時に人間のために、人間の代理者として生き給う。このような人間イエスはご自身を全ての人間の同時代人（Zeitgenosse）となし給う。このことは、「イエスの生の内容が力を奮う」ということを意味する（『創造論』Ⅱ／3、9頁）。このようにして人間イエスは時間の中にいますのみではなく、「時間の主」であり給うのである。時間の創造は創造主なる父なる神に帰せられるが、「時間の主」はイエス・キリストである。彼は全ての時代の人々と同時代的であるが、それは彼の歴史が、第一の生の歴史の終結後、死後三日目に復活し召天までの四十日間の顕現の歴史を第二の歴史、「後の歴史」（Nachgeschichte）として持つ、ということによるのである（この関連で注記においてバルトはブルトマンとの対論を詳しく述べている）。この「後の歴史」においては、「人間イエス」が復活し、弟子たちの間で「神の仕方で」現れた、ということが大切なことである。このようにして、イエスの時間はひとりの人間の時間であり、同時に神の時間である。時間の中でのイエスの存在は現在における存在であり、過去における存在であり、また未来における存在である。

イエスならぬわれわれ人間の時間はどうであろうか。われわれ人間の時間は「与えられた時間」である。人間の時間についてヘルダーリンは「ヒュペリオンの運命の歌」において「聖なる霊たち」と比較しつつ、こう詠う。「しかしわれわれ憐れな人間には何の休み場所も与えられない、苦痛によって担われてわれわれは手探りしつつまずき倒れる……時間から時間へと、ちょうど岩壁から岩壁にほとばしり出る水のように、生涯にわたる不確かさの中で」（同170頁）。これに対してバルトは、人間イエスの現実存在の中で明らかになったのは、神は人間をそのようなものとして創造したのではない」ということであるとして、こう述べる。「神は失われた人間、自分の時間を喪失した姿で生きている人間を求め、見出すことをやめ給わない」のであり、「神の被造物としての人間に対する神の恵みは人間の罪によって、そして人間が自ら神の怒りの領域に赴いたことによって、決して途切れたり、限界づけられたりしない」（同175頁）と。「時間の主」人間イエスは、われわれ人間の時間が「恵み深い創造者なる神」によって「与えらた時間」であることを保証されるのである。したがってわれわれにはいかなる存在論的な無神性も非人間性も帰せられることはなく、われわれは実在の時間を持ち、実在の時間の中で生きることが許されている。

神によって与えられた時間は、また「限られた時間」である。恵み深い神は人間の生に限界を置き給う。われわれの時間に始まりと終わりを置き給う。われわれの時間の始まりと終わりにおいて、神は特別な仕方で、恵み深い神として相対してい給う。この神は抽象概念ではなく啓示における神、時間の中にいまし、時間の主である人間イエスである。人間イエスの生もまた限られた時間の中での限定された生であった。彼の時間は、永遠の神の子である神の言の受肉から十字架、復活、召天までの限られた時間である。われわれの時間の中に人間イエスの時間が来たのであれば、彼の甦りから始まり、神の国の到来において完成される神の栄光が、すでにわれわれの限られた時間を照らしているということである。バルトは、「ほかならぬ、彼（人間イエス）こそ、われわれがその方によってすべての側から巡り囲まれているところの方である」と述べる（同309頁）。すなわち限られた時間とは、人間イエスにおける恵み深い神によって、前からも後ろからも囲まれた時間なのである。

われわれに与えられた時間が限られた時間であるということは、時間に二つの局面があるということ、すなわち「始まる時間」と「終わる時間」があるということである。

個人も人類も、存在する以前はいかなる時間も持たなかったし非存在だったことはたしかであるが、非存在から由来したのではない。むしろ永遠の神は、すべての時間の始めに対して、すべての被造物の非存在に対して、先立って存在し給う。バルトは「われわれはどこから来るのか」という問いに対して、「われわれに対して先行し給うた永遠の神の存在、語り、行為から来る」と答える（同323頁）。それ故にまた、「限られた時間の中でのわれわれの生はいずれにしても、無力で失われた仕方で深淵の上に宙ぶらりんの状態でひっかかっているのではなく、むしろ保持され、担われており、最高に確かな仕方で保証されている」（同324頁）とも述べる。だがしかしここでわれわれは注意しなければならない、永遠の神はまさしくイエス・キリストにおいて啓示されたのである。それ故に、福音書の報告と使徒のメッセージはキリスト信徒に対して何と言っているのだろうかと問うなら、バルトはこう答えるのである、すなわち、それらは「彼（キリスト信徒）に対して……イエス・キリストこそ、また彼の生の始まりであるということを証しすることができるだけである」（同336頁）と。また、バルトはこうも述べる、教会が宣べ伝えなければならないことは、「イスラエルの歴史と人類の歴史はイエス・キリストの中でその目標と終わりに到達したということ、まさにこの目標と終わりこそが、今やすべての人間の生に対しておかれている以前（Vorher）であるということである」（同337頁）と。

この「始まる時間」よりも多くの頁をついやして、バルトは「終わる時間」について論じる。われわれに与えられた時間が終わるということ、すなわち生の終局としての死は、人間の善き被造性に属しているのだろうか。そう問うなら、先ずは死は異常なこと、神の積極的な意志に逆らうものとして感じられる、と言われるだろう。死に対して不安を抱かない人間はいまだかつて存在しなかった。ちょうど括弧の前についているマイナスが、括弧の中のすべてのプラスをそのままマイナスに変えてしまうように、死は人間の生を限界づける。このように、死は人間の善き性質に属しているというよりも、むしろ、われわれにとって否定的な悪しきことである。それのみならず、死は恐れられねばならないもの、人間の罪と負債に対するところの、「神の裁きのしるし」として現れるのである（同368頁）。ただ、ここではっきりさせねばならないことがあると、バルトは言う。それは、「われわれにとって終わりとなるであろうところで、いずれにしてもただ単に死が待っているだけではなく、また神もわれわれを待ち給う」（同390頁）ということである。ところで、神と死は同等の価値を持ったものではない。死は神の否定のもとにあり、何ら存在根拠を持たない非存在として、不可能な可能性としてある。それ故に、死を恐れるとは、死の中で死そのものではなく、神を恐れるということ、罪人に対して怒り、罰し給う神を恐れるということに他ならない。われわれ罪人が恐れねばならない神とは、しかし、いったいどのような神であろうか。ご自身を啓示される神、イエス・キリストにおける神は人間のための神、恵み深い神であり給う。また、われわれに反対し怒り給うときでも、味方してい給う。バルトは言う、「そのこと（神の怒りの火がわれわれに対して燃えるということ）は怒り給う神の愛の火であって、決して怒り給う神の憎しみの火ではない」（393頁）。まさに「神こそが死の中においてわれわれの救助者、救い主であり給う」（同396頁）。これらのことを神はイエス・キリストの十字架と復活の出来事において現実ならしめ、またわれわれに示されたのである。このように見てくるなら、死は裁き、刑罰、呪いというべき人間本性にあるべからざるものではなく、むしろ時間の中の被造物としての人間に属している自然なことだと言わねばならない。こうしてバルトは、時間の中での人間存在に終わりがあり、人間が死ぬべきだということは、「秩序づけ給うた神の創造の業であり、その限りそれはよいことであり正しいことである」（同445頁）と述べるのである。キリストを信じる者たちにとって死は眠りにつくことである（Ⅰコリント15・18）。

ところで、死が「眠りにつく」ということは、死んだ者たちは「今や眠っているものである」ということではない、とバルトは述べる（同458頁以下）。死を「魂の眠り」とするルター主義的な理解にバルトは反対して、それは根拠のない、「過度な解釈」であると主張する。「眠りにつく」とは、死にゆく者たちはキリストにあって、眠るように穏やかに、平和に息をひきとるということを意味しているのである。バルトはここでカルヴァンの「プシコパニキア」の意図を引き継いで、「死者の魂の目覚め」の認識へと道を開いている。

以上のようにバルトは死について二つの側面、キリスト論的・救済論的観点（Tod）からと創造論的観点（Sterben）から論じる。一般に死が怖いと思うのは第一の観点に属する。ところがイエスの死は神の裁きのしるしと言うよりむしろ「裁きそのもの」であった。イエスは人間への神の裁きを一身に引き受けた。まさにそれによって人間の死は「裁きが取り除かれたという事実のしるし」とされたのである。これに第二の観点が続く。すなわち、死は被造物にとって自然な時間の終わりであり、それ自体、神の善き創造に属している。死は眠りにつくことである。そして、死において十字架と復活の神と出会うのであれば、死の問題はまさに希望の事柄に他ならないのである。

4　神の摂理――創造者なる神の被造物への配慮

創造者なる神は人間を創造されたが、それきり人間を見放されたのではない。そうではなく神は造られた人間をさらに導き、保持し、伴い、支配される。摂理の教説はこのような創造者と人間の関係について扱う。バルトは人間の創造を論じた後に摂理論を位置づけている。

スコラ神学において摂理論は神論の中で扱われたのに対して、バルトにおいては創造論で論じられる。それは、バルトでは神論の中で予定論（神の選びの教説、神の永遠の決定、契約の締結）が論じられ、この契約の外的根拠として創造論が論じられているからである。ここでは、すでに起こった創造の業と、すでに与えられている被造物の存在とが前提されている。そして創造者なる神は単なるデミウルゴス・造物主ではなく、被造物なる人間に対して真実であり続ける方であり、配慮に満ちた方であり給うという、創造者の被造物に対する関係が摂理論として論じられるのである。

「神の摂理」について初めに限界設定をしなければならない。神の摂理とは決して「敬虔な世界観」ではない。また人知を超えた、予期せぬ、喜ばしい或いは悲劇的な出来事に遭遇して、「これは神の摂理だ」というようなことではない。敬虔主義的な主観主義においては人知の及ばない事柄（例えばリスボンの地震）について、また歴史的出来事や歴史に内在する悪魔的なるものについて、この摂理という言葉が使われたし、またアドルフ・ヒトラーもこの言葉を好んで使った（『**創造論**』**Ⅲ／1**、63頁参照）。しかし、神の摂理とは言葉の厳密な意味で信仰であり、信仰の告白である。それは、世界の出来事の中で護り働く方としての神を信じる信仰である。したがって世界の歴史や動きまた自分や隣人の人生の歩み、またそれらについての人間的な概念などは、摂理信仰の対象ではない。それらは「神の仮面（Larve）」に過ぎないのである。摂理信仰の対象としても神は、しかし、一般的な神ではなく、いわんや一般的な原理でもなく、イエス・キリストの父なる神である。古プロテスタント主義の神学が摂理論のキリスト論的意味を問うことをしなかったことを批判しつつ、バルトは、「キリスト教の摂理論の神は、イエス・キリストにおいて起こった、その神と人間の間の契約の成就の中で認識しうるものであり給う」、したがって、「その神の意志は暗い、隠れた意志ではなく、むしろ、明るい、啓示された意志である」と述べる（同58頁）。

摂理論は被造物の歴史における神の働きを論じる。被造物の歴史とは別に、これと並行して、神の契約の歴史がある。つまり、イエス・キリストの歴史、預言者と使徒たちの歴史である。たしかに契約の歴史はひとつの狭い線として被造物の歴史の中で展開されているが、しかし被造物の歴史・世界史の一例として水平化はされない。むしろ二つの歴史は対立し、質的に相違しているのである。だが両者とも神の働きに由来しているが故に、積極的な関連がある。では、この関連において被造物、被造世界とは何であろうか。これに対してバルトは、カルヴァンが好んで用いた言葉を使って、「神の栄光の舞台」、また「われわれの父の家」と言う（同93頁）。創造が契約の外的根拠であることに対応して、被造物、被造世界は神の契約の歴史が起こる時間、場所、機会なのである。また、契約の歴史との関連において被造物の歴史はどういう意味を持つのだろうかと問うなら、バルトはこう答える。すなわち、契約の歴史を原像とするその原像への鏡、反射鏡、模写、比喩（Gleichnis）という性格を持つ、と。これをバルトは具体的にこう述べる。「真の神と真の人としてのイエス・キリスト、契約の歴史の根拠および成就は、確かに、一般的な被造物の出来事の中では、再発見されることができない。……しかし、ここには類似性があるのである。天と地の、把握できない世界と把握できる世界の、対立と関連性は、イエス・キリストの中での神と人間の対立と関連性と、確かに等しくはないが、類似している。結婚における男と女の向かい合いと交わりは、キリストとその教会の関係に、確かに等しくはないが、類似している。被造物の出来事の中にも存在する上と下、明るさと暗さ、美しさと嫌悪すべきもの、生成と消滅、喜びと悲しみ、光と闇の対立は、契約の歴史の中で恵みと罪、救われることと滅びること、生命と死の、本来的な対立と、少なくとも類似している」（同95頁）と。ただし、世界の出来事が救いの出来事の比喩であるのは、神の恵みにのみよるのであって、ここにはいかなるキリスト教的な世界観も体系化されてはならず、厳密には「信仰」の認識として「神ご自身が、ただ神だけが、被造物の出来事を、その僕と道具に、神の行為の舞台、鏡、比喩になし給う」（同104頁）と言うべきなのである。

このような創造者なる神の被造物に対する摂理としての働きは、先ず被造物を「保持」し給うこと、次に被造物の働きに「同伴」し給うこと、そして父として被造物を「支配」し給うことにある。神は被造物を「保持」し給うが、それは被造物的な本質に相応しい限界の中においてであり、また被造物と他の被造物との関連性においてである。神の保持は、アブラハムがイサクとヤコブの父となり、イエス・キリストの先祖であるように、キリスト者がユダヤ人と異邦人への神の使者であるように、間接的に行われるのであって、創造のような神の直接行為としてではない。だからまた、神の保持は、神が引き続き被造物を創造することを継続するということではないとして、バルトは「継続的ナ創造（creatio continuata）」という考え方に反対する。さらにまた、被造物は神の保持を必要としている。では何故、被造物は護られなくてはならないのだろうか。それは、被造物は絶えず無（das Nichts）、虚無的なもの（das Nichtige）によって脅かされ、自らも空しいものになる危険に晒されているからである。虚無的なものは神の被造物ではなく、存在根拠のないものであるが、しかしその特性全体において「重量のある現実性（ponderabele Wirklichkeit）」（同146頁）である。これは神に対しては何の力も持っていないが、被造物に対しては力をもち、「神に、少なくとも似たもの」、「おそらくは第二の神であるように見える」ものである（同147頁）。被造物にとって罪、死、カオスとして現れる虚無の力に対して、神は自ら被造物になることによって、これをご自分のものとなし、担い、取り除かれた。このように、被造物の保持はイエス・キリストにおいて決定的なのである。かくして、被造物は神によって創造されたというだけでなく、引き続き存在することが許されているのである。

また、神は被造物に対して「同伴」し給う。神の「同伴（Begleitung）」とは、被造物固有の自由な活動との関係における神の支配を指す。神が自由に被造物に伴い給うのであって、被造物が神に伴うのではない。また、神の同伴は抽象的な概念において論じられるべきではない。バルトは正統主義の神学が同伴について、神を第一原因、被造物を第二原因、「引き起こされた原因として引き起こす原因」というように論じることに対して、形式的には正しいがしかしキリスト教的内容を欠いていると批判する。そしてバルトは、神の同伴を神の主権的行為とし、また神を三位一体の、イエス・キリストにおいて啓示された神とすることによって、一般的な原因、働き、働きの成果について論じる。そして、無神論的な因果律的な思惟の中で論じるのではなく、神は誰であり、何を欲せられ、どのように働き給うかについて知る知識の中で論じるべきだと主張する。そうして、神の同伴を三点において論じる。

第一に、神の同伴は被造物の働きよりも「先行」している、ということである。すなわち、被造物の働きの「それ以前」には、イエス・キリストにおいて啓示された恵みの契約があったのであって、神は被造物への愛をすでに契約において、被造物の存在の「それ以前」に決意しておられたのである。このようにして、まさにその所から、神は今や被造物と共に道を歩み給う。被造物の運動を予め規定するものとして、人は諸法則（物理的法則や道徳的自然法則等）を挙げるかもしれない。確かに特定の領域において被造物の動きの形式や秩序に関しては或る種の法則は否定はされない。しかし神的予定はそれらを相対化する。もし神が単なる全能者、最高原因に過ぎないなら、被造物を造り、その後は諸法則に任せるかもしれないし、またそれなら諸法則と神的予定が等値されることになるであろう。しかし、聖書の神、すなわちイエス・キリストにあってご自身が被造物となり給うた神は、被造物の動きそれ自身を包含し給う。まさしく神の内にわれわれは生き、動き、存在しているのである。

第二に、神の同伴は被造物の動きに「同時的に」働く。「神的ナ同伴」は「同時的ナ同伴」である。この同伴はインマヌエル・「神われらと共に」とも言えるのであって、数学的な二本の平行線としてでなく、神的本質の人間への流入としてでもなく、「異なった特性と異なった秩序の二つの本質の出会い」（同259頁）である。この出会いは一般的な神観や世界観としてではない。イエス・キリストを通して働く神の働きは慈愛に富む父の摂理である。すなわち、神は「客観的には、イエス・キリストからして、そのみ言葉を通して、主観的には、人間に向かって、その聖霊を通して行動し給う」（同270頁）。この同伴する神の働き、その支配と配慮は、人間の自由を脅かすのではなく、逆にこれを基礎づけ、人間を自由にするのである。

第三に、神の同伴は、被造物の働きが完結した後にも、時間の制約を越えてその「成果」にまでもおよんで働く。バルトに従えば、人間の働きの結果は、彼がそれを生じさせた後には、もはや彼のものではないのであって、撤回できないところの「それ自身の独立した歴史」を持つようになる

4　神の摂理——創造者なる神の被造物への配慮

のである（同290頁）。そして、この働きの結果については神が配慮し給う。すなわち、神のみ手の中にあり、「神の判決のもと」にあるのである。人間が引き起こし生じさせた働きの結果は神の支配の下にあるのだから、結果については諦めではなく、神が最後的に善く用いてくださることを神に信頼し、確信し、希望することこそが相応しい。この神は知られざる神ではなく、イエス・キリストにあってわれらの父なる神なのである。

創造者なる神の被造物に対する摂理としての働きは、被造物を保持し、被造物の働きに同伴し給うことであるのを見た。これらとは別のことではないが、しかしこれらを包含しつつもっと包括的に、神が父として被造物を支配し給うという、「神の支配」としての摂理をバルトは論じる。

神が被造物を支配されるのは創造主なる父としてである。したがって、神の支配は神だけの支配であり、また神ご自身へ向かって導く支配である。だから神の支配には被造的世界に対する支配の「至高性」が帰せられねばならない。神の支配は世界の進行の必然性の一つではなく、自然法則や道徳律等とも同一視され得ないし、また諸々の必然性の総括でもない。逆にまた、例外や突然変異、非合理主義や超合理主義の原型でもない。むしろ必然性と偶然性、連続性と不連続性との対立の中で、対立を通して、対立の上で起こるのである。

これらのことを前提とし、神的支配に関する命題としてバルトは、「支配は秩序を意味する」（同312頁）と言う。秩序の反対は混乱・カオスであるが、神が被造物の出来事を秩序正しく整えられるということは、神は被造物を混乱への墜落から守り、被造物の義認、救出、救いへと導き、神に奉仕することによって神に栄光を帰し、被造物の最も固有な現実存在を実現するように導くということである。更に、この秩序づけは個々の被造物に対するみではなく、全体に対しても及ぶのであり、それによって神ご自身という「共通の目標」（同322頁）に向けているのである。

では、バルトは神の支配ということで内容的には何を語っているのだろうか。それについて、「最高存在」などの非キリスト教的な思想とは区別して、すべてを支配する神に関して「イスラエルの王は世界の王であり給う」という定義を立てる。旧約および新約聖書において「われあり（Ich bin）」と語り、実証された、実在するこの「イスラエルの王」こそが世界を支配する神である。イスラエルの王は旧約聖書においてはイスラエルの民と契約を結び、奴隷の地エジプトからの解放をなしとげられ、この民の不従順にもかかわらず、裁きと祝福を通して真実で恵み深くあり給う。また、新約聖書においては十字架の罪状書きにある通り、「ユダヤ人の王、ナザレのイエス」（ヨハネ19・19）である。この方はイスラエルの民がなすべき神への応答を果たし、十字架の死を通してこの民を義とされ、これを通して全世界の民を義とされた。こうして、「イスラエルの王」として世界を支配しているのは聖書に証しされた神、イエス・キリストにおいて啓示された神である。この神・イスラエルの王の支配は、聖書に証しされている契約および救いの歴史の中で明らかなのであって、神の自由な恵みの選びに基礎づけられた創造において始まり、イスラエルの歴史において告げられ、イエス・キリストにおいて起こった世界が神と和解させられた和解の出来事において成就される。この聖書における明らかな神の支配は、また、一般的な世界の出来事においても妥当し、力を発揮しつつ働いている。それだから、普遍的な世界の出来事も形のない無秩序のものとしてではなく、神の支配へと秩序づけられていくのである。しかし、それは隠された仕方においてであって、神の支配は一般的な世界史の中で直接的に見ることはできない。直接的に見ることができないとはいえ、見る目のある者には見える、聞く耳のある者には聞こえるような仕方で、いわば謎のような仕方で一般的な出来事に隠れされている。ただ、隠された神の支配の啓示ではないが、しかし幾つかの「しるし（Zeichen）と証人」とが存在するのである。バルトは重要なものとして四点を挙げる。それは、聖書の歴史、教会の歴史、ユダヤ人の歴史、それに人間の「生の限界づけ」つまり人間の有限性である。前の三点は契約と恵みの歴史と関係があり、具体的な歴史的なまとまりがあるが、四点目は一般的な人間の生に関している。これが何故、神の支配のしるしなのだろうか。それは、誕生と死によって限界づけられた人間の生は、神の偉大な行為つまり創造と完成の反映だからであり、また被造物の起源と目標の反映だからである。バルトは、「われわれが、われわれの誕生から死に向かって進んで行く時、われわれは、われわれ自身に対して、この、生命と死を支配し給う主についての、この神の支配についてのしるしおよび証人である」（同443頁）と述べる。

神の世界支配がその身に及ぶ客体としてのみではなく、これを認識し承認する主体として存在する被造物がいる。キリスト者のことである。世界の成り行きは安定せず、目標もなく漂う流転であると、多くの人は見るだろう。あるいはまた、多くの人は世界の成り行きに世界支配・世界統治があることを認めて、それが運命、偶然また自然法則だと言うであろう。しかしキリスト者は他の人たちが見ないものを見るのである。すなわち、バルトは、「キリスト者は、それが神の世界統治であり、しかも、父であり、彼にとって、彼の父である神の世界統治であると見ている」と述べる（同455頁）。そして、キリスト者が信じ服従し祈る時に、神の摂理と世界支配は現実的となる。すなわち、キリスト者は信仰、服従、祈りにおいて神の摂理を知り、世界の出来事に働く神を見出し、その出来事の意味を見出すのである。この三つの中でも、祈りがキリスト者の態度の根源的なものであり、信仰と服従の単純な根本形式である。なぜなら、「服従の中で、キリスト者は神の僕であり、信仰の中で、彼は神の子供である。しかし、祈りの中では、彼は子供および僕として、まさに神の友人である」（同540頁）からである。

5　虚無的なもの

神が被造物を造り、これを保持し、これに同伴し、これを支配されるのは、被造世界の中にある一つの異物（Fremdkörper）から守るためであった。この異物は神の計画と意志に抗弁し、被造物を脅かし破壊しようとしている。この異物をバルトは「虚無的なもの（das Nichtige）」と呼ぶ。神は善き創造主であり、被造物は善く造られたものである。だから、万物は神から出で、神によって成り、神に帰するのだと言う時、それは、被造物が虚無的なものによっても影響されているという観点のもとでも論じられなくてはならない。虚無的なものに対して不当な悲観主義も不当な楽観主義も避けつつ、確信と謙虚さをもって正しく対処しなくてはならない。これが虚無的なものの問題である。

虚無的なものは世界内の被造物・人間に敵対し、また神ご自身に敵対している。これとはいかなる調停も平和もあり得ない。では、この虚無的なものは本来何であるか。これを論じるのに、先ず、虚無的なものの誤認が示されねばならない。被造世界には光の側面・積極的側面と同じくこれと隣接して影の側面・否定的側面がある。光と影、昼と夜、陸と海である。或いは特に人間の存在においては、成功と失敗、笑いと泣き、若さと老い、獲得と喪失、誕生と死などが挙げられる。影の側面に属するこれらのものは、確かに虚無的なものに接した縁にはあるが、しかし虚無的なものではない。これらも神の善き創造であることに違いはないのである。したがって、被造世界の影の側面と虚無的なものとの混同は誤認である。この混同は、一方では、神の創造に対する愚鈍さと忘恩の行為である。また「虚無的なものの勝利」（『創造論』Ⅲ／2、22頁）、「最も洗練された偽装」（同23頁）でもある。すなわち、被造物の影の側面に過ぎないものが虚無的なものとされることによって、虚無的なものの術中に墜ちることになるのである。また他方では、この混同は、虚無的なものを創造の一局面となして、神の業に帰し、それによって虚無的なものに存在根拠と力を与えてしまう理解の仕方になるのである。

虚無的なものは神に敵対するものであり、具体的な形態としては罪として現れる。また虚無的なものは一面においては、罪を犯すという行為であるが、他面においては、虚無的なものによって脅威と危険を被る、害悪と死を被るという側面がある。ただし人間の死に関して言えば、バルトによると、「生の自然的な限界づけとしての死ぬこと」（Sterben）が問題なのではなく、「生の破壊者としての死」（Tod）がここでは問題なのである（同46頁）。後者の意味での死は、「創造者を否認する」ものである。

虚無的なものが正しく認識されるためにはイエス・キリストの認識に立ち帰らなければならない。

虚無的なものは神の敵として、具体的な形態としては罪として、最も明確な仕方ではイエス・キリストにおいて認識されるからである。虚無的なものの認識、罪の認識についてバルトは、イエス・キリストを十字架につけたもの、そしてまた、イエス・キリストが十字架上で克服したもの、それが虚無的なものであると言う（同35頁）。イエス・キリストはこの虚無的なものに対してご自身が勝利者であることを示し、それと共に虚無的なものを明らかにされたのである。イエス・キリストは虚無的なものの本質、その危険、また被造物に対する無力さを明らかにし、イエス・キリストご自身が神に相対しての完全な無力さを明らかにし給うたのである（同50頁）。

罪認識についてバルトは詳細にわたって対論しているが、その相手はユリウス・ミュラー、ライプニッツ、シュライエルマッハー、また同時代人のマルティン・ハイデッガー、ジャン・ポール・サルトルである（同51頁〜124頁）。

正しく認識された虚無的なものについては、次のように言うことが出来よう。虚無的なものは神でも被造物でもないし、神が存在するようにも被造物が存在するようにも存在はしない。しかしそれは無ではない。第三の仕方で「現実的にある」。これは混沌であり（創世記1・2）、神が最初の創造の言葉を語る前にあった。創造と共に始まる時間の中では過去としてあったし、現在と未来から排除されたものとしてあった。神は混沌、虚無的なものを選ばなかったし、否定したのであって、これは「神の否のもとでだけ存在し、神の激昂、怒り、裁きの対象」（同130頁）なのである。こうして神は虚無的なものに対しても主であり給う。このような在り方からして、虚無的なものはその性格について言えば「悪」である。神の恵みに逆らうもの、従って神が拒否し激怒する対象、これが悪である。この悪、虚無的なものは神から栄誉と正しさを簒奪するのみでなく、被造物から救いと正しさを簒奪する。被造物の本性にそなわっている自然的な死、つまり「時間の終わりとしての死」（Sterben）から、正当性と救いを奪い取って「刑罰としての死」（Tod）とするのである。

この虚無的なものに対決し克服することは、神ご自身の事柄である。そして神が虚無的なものの手に陥っている罪人の事柄をご自身の事柄とし給うのは、神の自由な恵みである。神は虚無的なものを裁き、それに打ち勝ち、実体を与えないことによって、それは存立し得ない。これが、イエス・キリストの復活を振り返りつつ、再臨を望み見つつ語るべきことなのである。

虚無的なものの問題は一般的には神義論の問題として問われてきた。すなわち、世界に依然として悪や罪があるのは、神が全能ではないからではないのか、或い被造物が善く造られたとはいえまだ不完全なのではないのか、という問いである。この問題に対してバルトが創造論において実際に論じたのは、創造者と被造物の関係を外から抽象的に、哲学的に論じるのではなく、キリスト論的に、イエス・キリストの十字架と復活から論じるということなのであった。

6　天使論——天の国・神の使い・敵対者

神の被造物への支配は、見える世界におよぶ前に先ず見えない世界におよぶ。これが天の国であり、この天の国の証人が天使・神の使いである。バルトは天使論について、その限界を論じることから始める。すなわち、天使論は「昔の者たちのあまりにも興味を持ちすぎた神話」と「近代の大部分の者たちの……あまりにも興味のない『非神話化』」の間を通らねばならないからである（同166頁）。すなわち、バルトは古代、中世における天使論を批判して、特にディオニシウスとトマス・アクィナスを中心にして詳細に論じており（同187頁以下）、また近代プロテスタント神学における天使論にも、例えば「神の創造者的な働きの最高の、最後の形成物としての天使たち」（シュラッター）、「『霊たちの多数の国』に属する者としての天使たち」（トレルチ）という解釈にも反対している（同234頁以下）。これらは天使論の出発を自由に選ばれた思想構造から構成しているからである。これに対してバルトにおいては、天使論の出発点は排他的に聖書である。聖書には天国としての神の国の性格が、また神の天的な使者としての天使が証言されている。そして聖書には、天使たちは神の啓示と業における「独立した主体としてではなく」、「機能」として、また「主要人物としてではなく、むしろ縁のところにいる形姿として」含まれている（同171頁）。また聖書の証言においては天使や敵対者・悪霊は、史実的に実証される歴史としてではなく、実証できない口碑（Sage）や古譚（Legende）として理解される。すなわち「霊的予感的な想像」をもって把握されるのである。ではいったい、天使たちはわれわれにとってどういう意味を持っているのだろうか。これに対してバルトは、天使たちの奉仕の働きに「自分を適合させる」こと、われわれを「天使たちの現実存在と業に参与させること」であると答える（同248頁）。これが聖書が教える天使論の意味である。もし、空想的な「天使哲学」を構築するなら、ハインリッヒ・ハイネがかつて「われわれは天を天使や雀たちにまかせよう」と詠ったような「疑わしげに肩をすぼめるしかないような天使論」になってしまうであろう（同250頁）。

天使たちが神と人間の間に、また天と地の間に場所を持っているということは、聖書においては神は天に、人間は地にという理解があることが前提されている。それはどうしてか。それについては、こう言わねばならない。神は創造者として働き、被造物を造られた。ここに創造者と被造物の間の上位と下位の秩序関係がある。この秩序関係の写し、類似として被造物の間にも上位と下位の秩序関係があるのであって、それは天と地である。天は不可見的、把握不可能な領域であり、地は可見的、把握可能な領域である。それに応じて神は上なる天にいまし、人間は下なる地にいる。上なる天があるが故に神が存在するのではなく、神が存在するその所は、しかも概念として抽象的にではなく、実体的に存在するその所は、神の特有な領域である。また、これは神秘の領域であって、神が被造世界の内部において働きを開始する「出発点」、「起源」である。神は被造世界の内部に特有な領域を持つのであって、この「神の特有な領域こそが天である」(同287頁)。コロサイ書3章1節によれば、天はどこにあるのかと問うなら、キリストがいますところにある。そして、このキリストはどこにおられるのかと問うなら、神の右におられるのである。この神は上なる世界に住み、支配し給う。したがって、神は天において意志し、神の業を始めるのであり、地を目標として、地に向かって、地を総べ給うのである。

この天と神の支配を基礎にして、天使について言えば、天使は神の支配の証人として、神の支配に奉仕するのである。バルトは、「神が……いますところ、そこではまた天があり、そこではまた天使たちがいる」と述べる(同376頁)。天使についての特別な独立した経験はない、また天使は決して創造者でも和解者でもない。天使は「天的な被造物」である。この被造物は、しかし、模範的な奉仕者である。天使の奉仕は「第一級の奉仕」なのである。

天使については、さらに次の三点が言及されねばならない。第一に、天使と神の関係について。天使は神に属し神のものである。地に属する他の被造物のような自主独立性は持っていない。天使が現れ語るところでは、神が現れ語り給う。だから天使は「神の純粋な証人」である（同388頁）。そのような証人として天使たちは神に奉仕するのである。第二に、この奉仕の働きの性質について。天使たちは被造物であって神の代理者でも協力者でもないのだから、イエス・キリストにおいて神が人間に直接的に関係するようには関係せず、「間接的に」関係する。また、神と人間の間を「仲介する」ということもできない。神はご自身の言葉と聖霊を通して何の仲介者も必要とせずに人間に直接に関わり給うからである。ただ神が語り行為し給う時、天使たちがそこに居合わせ、その証人である限り、保留つきで、天使たちの仲介的な働きを語ることもできるであろう。その意味では、天使は「使徒と預言者たちの原型である」（同414頁）。第三に、「天使」という言葉について。バルトは「『天使』という言葉ほど正確に対応する言葉はほかにない」と言う（同442頁）。われわれは天的な存在について、その形姿、性質、本質、数、天使たち相互の関係、秩序については何も知らないが、しかし、天使は、上なる天の世界から神が遣わされた使者、「神の大使」という機能を示しているからである。そしてバルトによれば、天使の実在は聖書の「あの時、あのところ」に閉じ込められてしまわない。むしろ、「イエス・キリストがその霊を通して……認識されようと、認識されまいと……現臨され、生きて、力強く活動されるところ、そこでは、（そのことが認識されようと、認識されまいと）また天使たちの奉仕も起こっている」（同450頁）。ただし、バルトは「守護天使」については、「すべての私的な個人のための永遠的な私的な天使について語らなければならないであろうか」と疑問を投げかけている。

バルトは天使論の後で悪霊について論じるが、それは天使論と悪霊論が関連し合っているからではない。たしかに教会教父から新プロテスタント主義に至るまでそうして来たが、バルトはむしろ両者に関連性がないことを言うためにここで論じるのである。天使の領域と悪霊の領域は全く別な領域であって、それらの由来と本性は互いに属していはない。だから天使と悪霊、神と悪魔を一気に語ることは正しくない。バルトは、「悪魔と悪霊たちの由来と本性は……虚無的なものである」（同463頁）と述べ、また虚無的なものを聖書の言語では混沌、闇、悪あるいは陰府の国と呼ばれることを認めつつ、「悪魔と悪霊たちを、人は……神を信じることによって、また天使たちを信じることがゆるされるように……まさに信じることができず、また信じることはゆるされない」（同460頁）と言う。キリスト教的な「悪魔論」は表向きには現実主義的に見えるが、内実は好奇心をともなった、ひそかな畏怖や嘆賞であるとバルトは批判する。バルトはまた、昔から教会で言われてきた理解、つまり悪魔を「堕落した天使」とすることにも反対する。これは天使と悪魔は、その共通の本性として自由意志が与えられた天的被造物であるということを共通基盤にしている。しかし悪魔、悪霊たちは神の被造物なのではなく、まさしく虚無的なものなのであって、天使との間に共通基盤なるものはないのである。

このように悪魔や悪霊たちは虚無的なものであるが、しかし単なる「無」ではない。聖書においては、むしろ、力と権力を持ち、「立ち上がり、進軍しつつある、いや、攻撃し、侵入しつつある一つの国」として理解されている（同465頁）。しかしそうは言っても、「恐れられるべき国ではなく、非本来的なものの国、神がそれに対立し給うことによって、初めから空しいもの、……正当な国ではなく、むしろ簒奪された国、永遠の国ではなく、没落に定められている国」（同466頁）である。したがって悪魔論というものがあるとしたら、それはキリスト論と救済論の「否定的な反映」（同477頁）としてである。ここにおいて肝心なのは、悪霊たちに支配され悩まされた地上の姿、人類ではなく、むしろ悪霊たちから解放された地上の姿、人類である。信仰にあっての断固たる悪魔への不信仰、悪魔の「非神話化」こそが悪魔、悪霊たちに対しては相応しい態度なのである。

7　創造論における倫理学の課題

バルトにおいては「福音と律法」の基本的な理解に基づいて、すなわち福音は律法の内容であり律法は福音の形式であるという理解に基づいて、倫理学が教義学に含まれる。こうして神論に含まれる倫理学は、「神の要求、決断、裁き」として神に重点をおいて展開された。これは一般的倫理学と呼ばれる。この一般的倫理学から、さらに、人間の行為に重点をおいた具体的な「特殊倫理学」が展開されねばならない。

この特殊倫理学は、しかし、「決疑論」（Kasuistik）の倫理学と同一視されてはならない。決疑論においては、個別の事件に国家の法律を解釈して適用するのと同様の仕方で、倫理学者が一般的な法則や規則のテキストを知っており、現実の人間の行為に適用して解釈し、善か悪かを教えるのである。決疑論の問題点は、第一に倫理学者が自由に判決を下すことによって、自分を「神の王座」につけていることである。第二に、神の戒めが聖書における神の恵みの契約の根本的法規ではなく、無時間的で一般的な、道徳的な規則にされてしまっていることである。そして第三に、決疑論は人間の自由を破壊していることである。決疑論は、神の戒めが人間の自由へのアピールであるということに反対のことをしていることになる。バルトはD・ボンヘッファーを引用している。「神の戒めは、イエス・キリストにあっての憐れみ深い、聖なる神によって人間が全体的、具体的に要求されることである」、「神の戒めはゆるしである。それが自由を命じるということの中で、それはすべてのそのほかの人間的な律法から区別される」(『創造論』Ⅳ/1、25頁)。

では、決疑論とは区別された特殊倫理学は、いかにして成立するのであろうか。それは、神の人間への働きかけ、神と人間の歴史において示される。すなわち、神は人間に創造主として、和解の主として、また救済主・終末の主として三つの分野において働くのであるが、神はそれらの分野・領域において戒めを与え、それに対応する行為を人間に求められる。ここにおいては垂直線が交差する水平線に注意を向けることが必要である。この水平線とは、神の戒めと人間の行為に関する連続的で恒常的な倫理学のことである。そして、この倫理学が創造論、和解論、終末論の三つの分野においてそれぞれ展開される時、倫理学はそれぞれの分野における特殊倫理学となるのである。

特殊倫理学の第一の分野は創造論における倫理学である。ここでは創造者なる神の戒めが問題になるが、その際第一に、創造者なる神とはいかなる神かということを大前提として押さえておかねばならない。それについてバルトは、「イエス・キリストにおいて人間に対して恵み深くあり給う」

（64頁）、すなわちイエス・キリストの啓示における神であると言う。この大前提の下で、第二に創造論での神は創造主としての神であること、第三に神の戒めは人間の行為の聖化であることが前提として示されるのである。したがってここにおいて、造り主なる神として戒めを与える神についても、また戒めを与えられる人間についても、キリスト論を基礎にして論じられねばならない。否定的に言うなら、バルトはここでアルトハウスやブルンナーの言うような「創造の秩序」に反対する。バルトによればブルンナーの言う「創造の秩序」とは、「純粋に理性的な認識」の対象であり、「広い範囲にわたる共通的ナ道徳的意識」（sensus communis moralis）に近い。ブルンナーにおいては、啓示における戒めは個人倫理の領域に属するが、家族、社会、国家における地上的な、人間的な正義についての教説は自然法の上に築かれるべきだと言うのである（同36頁および67頁）。

こうして創造論における倫理学は、イエス・キリストにおいて恵み深くあり給う神の被造物・人間が、神の前に立ち、聖化され、解放され、自由にされるという領域において成立する。バルトによれば、神の戒めは人間を律法主義的な意味での律法の下に縛るのではなく、自由にするのである。神が自由へと解放するという、ここにおける倫理学の対象である人間は、その創造の目的と状態に関して、以前に述べたような、四点を生きる存在である。それは、（一）神のために生きる人間、（二）他の人間のために生きる人間、（三）精神とからだの全体としての人間、（四）始まりと終わりの時間に制限された人間、以上の四点である。これに対応して、創造論の倫理学は四つの線上で展開されることになる。（一）神との関係における人間の神の前での自由、（二）隣人との交わりの中での自由、（三）精神とからだの全体性を生きる人間の生への自由、（四）時間的な限定における自由である。

8　神の前での自由

神の戒めでは人間が神との関係において、神の前で自由とされ、応答責任を取ることが求められている。これは倫理的な行為における包括的で最も一般的なことであるが、同時にまさに特別で個別的なことであって、それ自体として言及されねばならない。この点においてバルトはブルンナーに反対する。ブルンナーは、神との関係は全ての倫理の根であって倫理学の領域ではなく、倫理学の領域は「ただ神への愛に基礎づけられた人間愛の領域だけである」と言うのである（同88頁参照）。これに対してバルトは、そうなると神－人の関係が隣人関係に吸収されてしまい、神から独立した人間の倫理が生まれてくると批判する。そして人間の実際の生き方において、祈りと仕事、神学と他の諸学というように、相対的に区別された活動領域があることを主張する。そのように、神への愛の戒めは隣人愛の戒めに吸収されず、二重の愛は相対的に分けられた各々別の活動領域を持つ。だから、神との関係における特別な戒めが存在するのである。それは祝日、信仰告白、祈りという三点である。

バルトは、神のために生きる人間は神へ応答し、神の前での自由を生きるのであるが、その自由に生きる徴は、とりもなおさず安息日を守ることに他ならないと言う。なぜなら、安息日は神が人間との関係で求めることとの総括だからである。神が全ての時間を神の時間とするように要求されるときには、具体的な特別の時間を求めているということである。

祝日については「安息日を覚えて、これを聖とせよ」（出エジプト20・8）と言われている。祝日、安息日は神のための特別な時間であって、人間はこの日に神を褒め称えるために祝い、喜び、自由なのである。人間の行動について言えば一つの中断、一つの休息を意味する。一般的には働きがあってその後に休息があると言われるであろう。しかしこれは逆であって、バルトは「福音を聞く前に、律法を聞くことができるであろうか」と問いつつ、先ず神の戒めに従って、業を止めて、休息を取り、神の前で祝い、喜び、自由であることによって、それから人間自身の業を神の戒めのもとで着手するのだと主張する。「祝日の戒めは人間に対して……然りを指し示す。……ただこの神の然りを堅くとって放さないように、人間を呼び出す」のである（同97頁）。祝日において仕事を休んで神の「然り」を聞き、そしてそこから人間の全ての働き・生活が始まるのであるから、祝日の戒めは他の全ての戒めの解明、総括であり、「先端」、「頂点」（Spitze）であると言えるのである。

次に、神との関係で求められている人間的行為は「信仰告白」である。これは、神を認識し、口、舌、唇をもって言葉に出して証言することである。人間は世界に向かって言葉で自分の信仰を語るのであって、「彼（人間）の言葉の中で人間は自分を賭けるのである」（同137頁）。信仰告白は具体的にはいかなる側面を持つのかについて、バルトは四点を述べる。（一）これは何らかの人間的な意図・目的からなされるのでなく、ただ神の栄誉のためにのみなされる。（二）これは不信仰、迷信、間違った信仰に出会った場合には抗弁、プロテストという性格を持たざるを得ない。（三）これは教会としての告白である。バルトはこう述べる。「まことの信仰告白者は、決して自分自身を独唱者として、あるいはまた室内音楽家として振舞い、行動することはないであろう……よしんば彼の個人的な、あるいは集団的な私的な信仰が何であれ、その私的な信仰を弁護したり、広めるために私的な戦いをしようとして出かけることはないであろう。彼が自分の人間的な言葉で告白する言葉は、言うまでもなく、神の言葉であるであろう。しかし、神の言葉は神の教会に対して委ねられているのである」（同152頁）。（四）これは自由な行為である。これは神の栄誉のためにのみなされる自由な人間の自由な行為であって、いかなる恐れからも自由である。ここでは、しかし、「人間的な英雄精神の現象」ではなく、「人間の歴史のただ中であっての神の自由の現象」が肝要なのである（同160頁）。

「祈り」もまた神から人間に求められた行為である。バルトは、信仰告白が神に対する人間の「受取通知書」のようなものであるのに対して、祈りは「請願書」のようなものだと言う。祈りは、人間が神に何かを差し出すと言うよりも、神に尋ね求めることから成り立っているからである。神は人間を愛されるが故に、人間が神を尋ね求めることを欲し給う。だから、祈りは「神の賛美」という脈絡の中にある。祈りは神にのみ向けられているのであり、「神の耳」の前でなされるのであって、信仰の誇示とか変装した説教とか建徳の道具とかであるべきではない。また、美しくなければならないとか、論理的に凝集性がなければならないとか、神学的に厳密でなければならないとかいうような要求からは解放されている。そのようなわけで祈りにおいては、「ただ単純に、嘆息し、口ごもり、つぶやくこともゆるされる。それがただ神に向かって捧げられる願いでありさえすれば、神はその願いを聞き、理解されるであろう」とバルトは言うのである（同164頁）。

バルトは正しい祈りの標準として五点を挙げる。（一）祈りの根拠は「神の前での人間の自由」であり、神の「ゆるし」である（同169頁）。たしかに祈りは願い求めることを意味している。しかし、願い求めることの中には祈りを必然的にする根拠はない。神の恵みの意志が聞こえてくるときに、「悩みの日にわたしを呼べ、わたしはあなたを助け、あなたはわたしをあがめるであろう」（詩編50・15）が、また「求めよ、そうすれば、与えられるであろう」（マタイ7・7）が、語られ、力を奮うのである。（二）祈りは決定的に「願い」として理解されるべきである。祈りにおいて自分を神に相応しい者としたり、相応しい何かを差し出したりすることではなく、「空の手」を神の前に差し出すのである。神に願い求めることが中心にあることによって、感謝の祈り、悔い改めの祈り、崇敬の祈りはそれぞれ祈りとなる。（三）祈りは「われら」の祈りである。だが、いったいこの「われら」とは誰のことか。それは「ナザレのイエスと共にある」者たちである。しかし、この「われら」は外に向かって閉じられた円ではない。むしろイエス・キリストが世界の主であるということを知っており、それだから世界が未だ祈っていない時にそれに「代わって」祈る者たちのことである。それは「キリスト教会」である。祈りはキリストの教会の祈りとして普遍的な性格を持ち、宗教的な私的な行為や利己的な性格からは区別される。そして「主の祈り」は、この正しい祈りの主体である「われら」・キリストの教会が何を願うのか、ということを教えているのである。

（四）祈りは「聞きとどけ」を確信する。人間の願いが神の計画と意志の中に取り上げられることを信頼するが故に、祈りは確信となる。それ故にまた祈りは希望でもある。祈りの確信の根拠は何か。それは、正しく祈る者は「われら」・教会に属しており、そのかしらであるイエス・キリストとの交わりの中で、イエス・キリストの名において祈ることが許されていることである。祈りの確信は熱意や興奮とは何ら関係ない。（五）祈りの形式について。祈りは個人の祈りと教会・会衆の祈りとに分けられるが、両方の側を念頭において祈りの形式を考えるべきである。先ず、正しい祈りは「とりなしの祈り」という性格を持つ。次に、祈りは相対的な規律・拘束を持っている。それらは具体的に、言葉を持った行為として、主の祈りを模範として、簡潔に、特定の時間や時刻に関する。また祈りには自由祈祷と文書祈祷があるが、教会の祈りであれ私的な祈祷であれ、正しい祈りは「人間の自由な、心からの、自発的な服従の中で」なされるのである。

9　交わりの中での自由

神が人間をご自身との交わりにおいて自由に生きるように定められたことに基づいて、神はまた人間を、隣人との関係において生きるように、「交わりの中での自由」へと招き給う。こうして人間は、隣人との関係においても生きる。人間が隣人との交わりを生きるこの関係は「男と女」、「親と子」、「近い者（自分の民族）と遠い者（他の諸民族、人類）」という領域において論じられる。

ここにおける倫理学についてのバルトの論述の土台は、「神の戒めと人間の自由」の問題である。

習慣や自然法則ではない。だから例えば、男女論においてバルトは類型論的、役割分担論的には論じない。また、男と女の関係は、神の召命として結婚の形を取ると同時に、他方、結婚の放棄、独身生活の選択という形もあることを主張する。これは執筆当時の社会の考え方の枠を超え、今日のジェンダー論の先駆をなしたとも言えよう。しかしモルトマンやフェミニスト神学者たちから男性優位の神学と批判されてもいる。

バルトは最初の領域として「男と女」を扱う。それは「この関係だけが、構造的な、また機能的な区別に基づいている」関係だからである（『創造論』Ⅳ／2、6頁）。人間は男か女であり、また男と女である（ただし性的少数者に関する今日の知見からはこのような理解は疑問視されるであろう）。人間はこのような者として他なる人間であり、共なる人間である。その他の父と息子、母と娘の関係、また年齢や才能、民族や時代の違いなどの関係に比べて、この「男と女」が基本的な関係である。この「男と女」の関係は神の戒めのもとにある。これが意味することは、第一に、人間はこの領域においても「主なきもの」ではなく、「自分の父の家に、父の秩序のもとに」いるということである。第二に、この領域における人間存在は相対化される。ここでは被造物としての人間が神々や半神になってしまうことが起こるが、それらは「非神話化」されねばならない。第三に、この領域においても人間は自由にされ、男と女として出会うことが許され、肯定されているのである。

神の戒めにおいて「男と女」の関係をこのように見てきた時、逆の面から、この関係の理解に関する批判的な「限界設定」をもバルトは述べる。これは五点にわたる。先ず、シュライエルマッハーは愛する者たちの愛を「人間的でまた神的」であると言い、結婚を「永遠なる愛の、それ自体永遠的な業」であると呼んでいる。彼は人間的なものを絶対的なものにしてしまっている。次に、ローマ・カトリック教会、ギリシャ正教会は結婚を秘跡（サクラメント）としている。洗礼や聖餐のように超自然的な秩序に属させ、「恵みの手段」としている。この理解はシュライエルマッハーと同様に男女関係の「神格化」（Apotheose）である。さらに第三にワルター・シューバルト、第四にテオドール・ボヴェー、第五にアンリー・レーナールも、基本的には、神人関係としての宗教と男女関係のエロティークとを一括りにしているのであって、こういう「男と女、女と男、は神性にまで達する」という理解は被造物的領域の限界を越えているのである。

バルトは神の戒めにおける男女関係の理解について限界設定を述べた後で、次にこの理解の視野を拡張する。すなわち、男女関係を肉体的な「性の問題」としてのみ理解することに警告を発する。男女関係は確かにこの問題を包含している。しかし男女関係は「人間全体」の関係として捉えなくてはならない。人間は「全体性のなかでの男であり、また女である」のである。この全体性において、つまり「人間と共に生きる隣人、汝とわたしが男と女として出会い、互いに共にいる全体性」において、性の問題は線の中での一つの点である。この一点はそれとして、看過することも否定することもできない。むしろ注意深さと熟慮を必要とする。そして、この一点は「人間の自由の中に、男と女の自由の中に、彼らの出会いと共なる存在の自由の中に」（同33頁）その本質を持っているのである。だが、もしも、この一点が抽象化され孤立化されるなら、そして肉体的で性的なあり方自身に固有な力が帰せられるなら、事柄は「悪霊的な問題」となるであろう。

男女関係の全体性を強調した後で、バルトは結婚に関して論じる前に、短く限界づけをする。それは男女関係における結婚の「非中心化」である。晩年のルターは、男女関係において結婚が「より完全な、より神のみ心にかなう、いや、ことによると、神のみ心にかなう唯一の立場」であるとし、またパウル・アルトハウスは「結婚は人格的な交わりの最高の課題であり、何人もこれを避ける権利はない」と述べる。だがバルトによれば、このような見解は聖書を越えている。たしかに、男と女の出会いは結婚において明確に形をなしているが、しかし独身者、離別者、離婚者としても神の前で男・女であることを止めるわけではない。キリスト教的服従の仕方は結婚を通しても、或いは結婚を通さなくても、それぞれ神からいただいている「賜物」（Ⅰコリント7・7）に応じて異なるのである。

では、男と女という領域において神の戒めとはいかなるものであろうか。これについての第一の主要命題は、人間は「男か女」であるということである。それに応じて、とバルトは言う、人間は「男か女であり、何らかの形で自分の性を否定する代わりに自分の性を認め、自分の性を恥じる代わりに、それを喜び、自分の性の可能性をなおざりにする代わりにそれらを実りあるものとし、しかしまた何らかの方向で限界を超越してしまおうとする代わりに、それらを堅くとって放さないでいるよう命じられている」（同65頁）。ではその際、男性的本質、女性的本質はどのようなものであろうか。これについてバルトは、定義の形で言い表すことはできないと言う。それについてはただ想起の形でだけ言うことができるが、しかし本質について言うことはできず、「ただ神の前でだけ、あらわである秘義」であるとするのである（同68頁）。われわれは、男と女が神の人間的な被造物であり、そのようなものとして神の像、恵みの契約の比喩であるという神学的な知識でもって満足しなければならない。したがって、バルトは性別についての現象学また類型学を断念するとも言う。例えば、ボヴェーは、男は人格よりも事柄に関心をもち、女は生きたものや人格的なものに特別な感覚を持つ、男は建設や機械に向いており、女は自然的な成長や成長した全体に向いている、男は理性的、女は直感的、等々と定義している。また、ブルンナーは、男は生産的で指導的、女は受容的で産出的、保護的であり、男は外に出て行き、女は内面化してゆく、男は客観化し一般化し、女は主観化し個性化する、男は建設し、女は飾り、男は征服し、女は育成する、等々の定義をしている。これに対してバルトは、神の戒めの中での男女の本質の定義は、類型学的領域を越えた背後にあるのであって、経験的な思想体系から解放されると言い、こう述べる。すなわち、「神の戒めは、男と女に対して、何かある先入観にとらわれることなく、いつも新たに、その都度特別に、彼らの特別な性の本質を見出してゆくことをゆるすのである」（同74頁）。

第二の主要命題は、人間は神によって「男と女」に造られているということである。「主にあっては男なしの女はないし、女なしの男はない」（Ⅰコリント11・11）からである。男は女に向かっており、女は男に向かっており、互いに相手に合わせて整えられている。相手との関係において男であり、女である。したがって、主要命題の第一は第二から理解することができるし、第二は第一の中に含まれているのである。

ここでバルトは同性愛を批判している。これは肉体的・精神的・社会的な病気であり、「隣人なき人間性」である、と言う（同97頁）。しかし、このような一九五一年当時の見解に対して後年（一九六八年）になって訂正した。すなわち、医師や心理学者たちとの対話の結果、神の戒めを基本的に「交わりへの自由」としてとらえ、同性愛を新しく判断しなおすとして、事実上撤回したのである（Eberhard Busch, Offene Briefe 1945-1968, Karl Barth Gesamtausgabe V, 15, S. 543）。

第三の主要命題としてバルトは、神によって造られた男と女の関係には「秩序」、「順序」があると述べる（これは後にフェミニスト神学の視点から批判を受けることになった）。バルトにおいては、男と女の順序、秩序は人間としての価値や権利に関しているのではなく、そこには何の優劣もない。しかしバルトは、誤解の余地があり危険であることは認めつつも、この秩序が存在すると主張する。秩序とは前と後ろの順序のことであり、優先する秩序と後続する秩序、上位の秩序と下位の秩序のことである。この場合、男と女は連帯的人間性としての人間性に身を屈め、謙遜になることにおいて先と後である。奉仕における「奉仕の優位」と下位である。もし男が女の主人となり、女を見下したり、軽蔑したりするなら、これは無秩序である。また女はこの順序を嘆くことも、羨むことも必要ないのである。この先立つ男と従う女という秩序において、男は「強い男」であり、女は「成人した女」である。また、「親切な男」であり、「つつましい女」である。その反対像は「暴君的な男」・「弱い男」と「隷属的な女」・「反逆の女」である。

バルトはこれまで広い範囲で「男と女」について論じた後で、「男と女」の中心として結婚について論じる。その際、結婚を成り立たせている諸要素については、例えば、特定の男女の固定化された関係、生活共同体、排他性、永続性、愛の選び、責任性等、ただ概念を挙げるのみに留める。そうして次に、神学的倫理学の問題として取り組まねばならないことを七点にわたって論じる。

（一）神の召命。結婚は「神の召命」の事柄である。だから、「ちょうど水面に浮かんだ木の葉がライン川の滝に向かって動いていくように、自動的に動いてゆく一般的な定め」ではないし、「自然的必然性」でもない（同131頁）。或る人は結婚を神の召命の事柄として受け止め決断し、また或る人は召命の事柄として結婚しないでいることを選ぶのである。結婚は愛から出発し、繰り返し愛によって養われ、保持されねばならないが、愛よりももっと包括的であり、愛以上である。結婚は生活共同体への召命なのである。（二）生活共同体。結婚の課題は生活共同体の形成であり、生活共同体が結婚の目的でもある。この共同体形成は自然に転がり込んで来るものではなく、愛に基礎づけられた熟慮と責任が必要である。正しい結婚は「理性的な結婚」である。このような課題と目的の下で、性生活、家政、出産、子供の養育、家族等が大切な事柄としてゆるされるのである。（三）完全性。結婚生活は完全であることが求められるとバルトは言う。彼によれば、結婚の完全性は先ず「ひとつのからだ」或いは「ひとつの肉」になることから成り立ち、次に相手に対して自分を律法にしてしまうことではなく、自由の中での交わりであることから成り立ち、更に結婚の課題と責任を負うことにおいて男が先で女が後という秩序から成り立つのである。男女間の秩序が破壊されるなら、「暴力的な男と隷属的な女」、「弱い男と反逆的な女」という現象が生じるであろう。（四）一夫一婦制。結婚の制度は一夫一婦制である。結婚における結びつきは男と女の二人の人間の密接な関係である。その根拠は、愛と結婚が、自由に選ぶ契約の神の戒めに照らされていることによる。すなわち、選びと契約におけるひとりの主なる神とひとつのイスラエルの民との関係、ひとりの仲保者イエス・キリストとひとつの教会の関係が、愛と結婚において映し出される、と言うのである。（五）永続性。結婚生活には永続性が求められる。イエスは「神が結び合わせてくださったものを、人は離してはならない」（マルコ10・9）と言われた。だから、一時的な結婚とか実験的な結婚などは考えられない。神の戒めの光の下で信仰の認識として、神とイスラエルの関係、イエス・キリストと教会の関係が永続的であるから、その類比としての結婚関係もそうなのである。だがしかし、「極端な限界の場合としてだけ」のことであるが、信仰の認識として、この結婚は神が合わせ給うたのではなく、人間的な恣意と誤謬に基づいていると判断する可能性、すなわち法的な離婚の可能性がはじめから排除されてしまってはならない。（六）愛。結婚の成立のためには人間的な仕方で、自由な相互的な「愛」が必要である。バルトが結婚における愛の必要性を六番目に記すのは興味深いが、これは記述の順番であって、「神の召命と賜物が結婚の本来的な基礎づけである」ということと「同時的」なのであり、愛は「人間的な」側からの基礎づけなのである。愛とは自由な決断であり、たがいがたがいを「理解し、与え、切望する」ことである。この順序においてエロスは「聖化されたエロス」となるのである。（七）責任性。結婚は家族、社会、教会との関係に新しく入ることであり、それによって責任ある行為が求められる。バルトは、この事柄についてのシュライエルマッハーの教えは優れていると言う（同212頁）。シュライエルマッハーは、結婚は男女二人だけの関係で十分であるとか、社会から隔離する権利があるとかいう考え方は危険な誤謬である言い、結婚の原型としてのキリストと教会との関係を引いてこう述べる。すなわち、「主は、何千という人々を救いへと獲得するために苦しみを受けられねばならなかったのではないだろうか。主の教会は、主が、彼らがいつも目をさましているのを見出される時だけ、祝福されている僕から成り立ってはいないであろうか」と。ただし、バルトは限界状況における例外は認める。例えば第三帝国の人種法のように明らかに神の法に矛盾する場合には、法的な結婚の行為を意識的に回避することが許されるのみでなく、命じられてもいるのである。

「親と子」が隣人と共なる人間性の第二の領域である。男と女の間から子が生まれ、この親と子の関係には特別な、持続的な関係がある。子がいるということは必ず親がいるということである。だからと言って子は親の所有物でも家来でもない。しかし子は親をうやまい、親に聞き、親から学ぶべきである。親たちには年長者として年少者である子を生命へと導くように神から委託されているが故に、子は「親のいわば見習い」であって、下の立場におかれているのである（同247頁）。親の優位性とはこの委託のことである。子たちから見れば、親は神に視線を注いで立っており、親は「神の第一の、彼らにとって自然的な、代表者」なのである（同249頁）。

子の存在は親の存在を前提としているが、しかしその逆はない。つまり、親がいるからといって必ずしも子がいるわけではないのである。親が子を望んでも存在しない場合もあり、また親が子を望まない場合もある。前者の場合については、子のないことは不幸であるという結論が引き出されてはならない。大切なことは子を通してであれ、子なしであれ、神の希望と喜びと慰めを見出すことだからである。また、子のない親は年長者として、実の子ではない年少者に対して委託を受けていることも忘れてはならない。後者の、親が子を望まないという場合については、子を持たねばならないという「律法」は「キリスト降誕後ニオイテハ」もはや問題になり得ず、子を持つということは「神の善意の自由な、いわば追加的な贈り物」であることが理解されねばならない。その場合には、信仰において、子を持つことを欲することができないことがあり得るし、責任ある行為として、然りと否の間で選ぶこと、決断することが許される。したがってバルトはエルンスト・ミヒェルの言葉を肯定して引用する、すなわち「われわれは、責任によって担われた考え深い配慮の成果としての産児制限を肯定する」（同299頁）。いずれにせよ、子を持っていてもいなくても、子・年少者に対する親・年長者の責任についてバルトはこう述べる、それは「イエス・キリストの中で現臨され、行動され、啓示される神と出会い、そのような神を認識し、そのような神を愛し、おそれることを学ぶ機会を子に提供すること」であると（同322頁）。

隣人と共なる人間性の領域での第三の領域は「近い者と遠い者」である。すなわち、民族、諸民族・人類という領域である。バルトはこのテーマについては「限界設定」・「純化」を目指して論じている。それは、三十五ページにもわたる詳細な注でも示されているように、第一次世界大戦と第二次世界大戦の間にドイツで起こった、プロテスタント神学史全体の中で「最も異常で、悲しむべき出来事の一つ」を目の当たりにしたことによる。すなわち、「創造の秩序」概念のもとで「民族」概念を神学的・倫理学的な主要概念に高めるということであった。その結果、特定の民族や人種に一方的に優越性が帰せられ、反対に特定の民族、人種には劣等性が帰せられたのであった。

さてバルトは、「近い者」とは、自分や家族を囲む外円である自分の民族であり、「遠い者」とは、他の諸民族さらには人類であると言っている。この領域において神の戒めに従うとは何を意味するのだろうか。それは、この領域においては神の戒めが出会う人間の自然的、歴史的な「場所」（Ort）が問題なのだということである。この「場所」において人間は男と女として、親と子として活動するのである。この領域において問題になるのは、「言語」、「場所」、「歴史」である。

第一に問題になるのは「言語」である。神の戒めの下ではただ一般的に語るということではなく、語ることと聞くことの特定の在り方が問題である。すなわち、「そこでは、人間が、同胞とわかち合い、一緒になって神を賛美し、告白し、証しし、まさにそこからしてまた同胞との交わりを尋ね求め、はぐくんでゆくことがゆるされるということ」が肝要なのであって、それが、「言語の、奉仕として役立つ用い方」なのである（同334頁）。この奉仕としての言語という観点から、言語の習得は母国語のみでなく、その枠を超えて、外国語の習得も含まれるのであって、この点においてまた、自分の民族を固定的にとらえるのでなく、枠を超えることが求められる。

この領域において第二に問題になるのは、住む所としての「空間・場所」である。或る人にとって自分と自分の民族が住んでいる所が近い所、故郷、母国であり、他の人々と他の民族が住んでいる所が遠い所、異郷、他国である。人間は数学的な一点ではなく、具体的な空間に生きているのであって、そこで神を賛美し、隣人を愛するように呼び出されている。ただ神だけが聖であり給う。神の戒めのみが正しいのである。神学的倫理学の基準はここにある。この場所かあの場所、この海かあの山といった、あれかこれかの生活空間が聖なるものではないし、また、ここかあそこに居住している民族が聖なるものでもない。いわんやナチの指導理念である「血統と土地」とか「民族の律法」などからは正しい倫理学を導き出すことはできない。また、民族の存在が自己目的なのではなく、これが神の戒めの下で「奉仕として用いられること」が肝要なのである。

　この領域において第三に問題となるのは「歴史」である。すなわち、人間はその民族の歴史にも所属しており、その歴史における人間が神の戒めと出会う。民族の歴史は経済的、社会的、文化的、政治的、宗教的な要因から、それらが入り混じって成り立っており、その意味で一つの単位体としての血統とか人種とかはあり得ないのであって、歴史を構成している民族は「混合民族」なのである。そのようにして人間は各々自分の民族の現在と歴史に属している。これはいわば「船」のようなものであって、その船を、「それが幸運を積んだ船であろうと沈みつつある船であろうと」見棄てることはできず、またそれから中立的に私生活を送ることはできない。むしろ、自分の民族の現在と歴史を共に正しく担わなければならない（同346頁）。その際に肝要なのは「正しさ」である。自分の民族の言語や国土がそのまま神聖ではないように、民族の歴史も神聖ではない。神だけが神聖であり給う。神の戒めが、過去と将来に向かう民族の歴史を問い、これに対する「共なる責任」を求めるのである。全ての民族の歴史は歴史の主であるひとりの神の支配と摂理のもとにある。イエス・キリストにおいて成就された契約の歴史が歴史の中心であり、全ての民族の歴史の意味および目標である。この神の戒めは「偏狭固陋な民族意識の牢獄とトーチカ」を打ち壊し、人間を自分の民族に向かわせると共に、これを越えて「大いなる民族」へと向かわせるのである。

　このように民族の言語、場所、歴史を見てくると、民族と諸民族の関係は流動的であることが理解される。したがって特定の民族の特定の神の戒めがあるわけではなく、それらを造った「民族神」を登場させることは、「キリスト教の宣教をただ妨害し、破壊する」のみでなく、「世界にとっても、救いではなくただ災を意味することができるだけである異なった教え」と言わざるを得ない（同366頁）。

10　生への自由

創造者なる神の戒めの下で人間は先ず、神との関係において、次に隣人との関係において生きるということを論じた。これに次いで第三の次元として、そのように生きる人間の生（Leben）それ自身について論じなければならない。人間には、生きよとの神の戒めによって、生への自由がある。バルトはこれを、「生への畏敬」、「生の保護」、「生活の営み」という筋立てで展開する。ここで注意したいのは、バルトは自然主義的な意味で生の肯定を論じるのでなく、垂直次元との交点において論じるということである。すなわち、生は最高善ではなく、神から貸与されたものなのである。この点にこそ、「殺すなかれ」としてではなく「生への自由」として、バルトが議論を展開する所以がある。

「生への畏敬」をバルトはアルベルト・シュヴァイツァーの『文化と倫理』から採用した。ただしバルトは彼に全面的に賛同しているわけではない。それは、シュヴァイツァーが「生を保持し、増進させるものは善であり、生を否定し、阻害するものは悪である」とすることによって「神の戒め」の場所を「生」に占めさせていることによる。それでも、生が畏敬の念をもって受け取られ保護されねばならないという観点では適切な表現だとして、バルトはこれを表題として採用した。

　では生とは何か。神からの「貸与物」（Leihgabe）だとバルトは言う（『創造論』Ⅳ／3、11頁）。生は人間の所有物として人間の自己処理の中にあるのではなく、神への奉仕へと定められている。だから人間には、「汝は生きるべし」また「汝は生きんと欲すべし」という命令が下されている。それと共にまた、この命令は無条件的、絶対的、無制限の生への命令ではなく、命令し給う神は「ただ単に生命の主であり給うだけでなく、また死に対する主でもあり給う」のであるから、マルコ8・35の意味で「自分の生命を失う者が自分の命を救う」という逆説的定式をも含む命令なのである。神によって呼び出されている人間の「存在への自由」は、自分の命を神に返すことができるという、人間の「存在からの自由」をも意味している（同26頁）。このような逆説的定式を含んだうえでバルトは一般的な定式としてこう述べる。「生への自由は……自分自身の生と共にすべての人間の生を、そしてまたすべての人間の生と共に自分自身の生を、神の貸与物として取り扱う自由のことである」（同27頁）。

　貸与物としての生に対する「畏敬」とは何であろうか。畏敬とは驚嘆、謙遜、畏怖であり、また顧慮、尊重である。生それ自体が自らを畏敬の対象とするのではなく、神がそうするのである。それは、神が人間を永遠からして選び愛されたことによる。ここでバルトは一般的な宗教的な基礎づけやヒューマニズムによる基礎づけでなく、「イエス・キリストにあって神が人間と一つとなられたという認識」に基づいて述べる。すなわち、イエス・キリストの誕生そのものが神の永遠の選びと愛であるが故に、「イエス・キリストの誕生は生を畏敬の対象へと高めるのである」（同35頁）。では次に、畏敬とは何を意味するのかと言えば、「距離をとること」を意味する。すなわち、理解を絶していて触れることができず、自分を小さな無力な者と感じるということであり、自由に処理したり、操作できるとは考えられないということである。実際的には、生が肯定され、意志されるということ、さらに利己主義も利他主義も排除されて、自分の生と共に他者の生が、また他者の生と共に自分の生が、肯定され意志されるということである。ではまた次に、生への畏敬は無制限なものであろうか。そうではない。神が人間を造り、世界を造られたのだから、生への畏敬には、むしろ、限界を知っているということが含まれている。これは被造物の個体的な限界（死）であり、また終末論的な限界（世界の歴史の終わり）である。だから生への畏敬は神への畏敬と混同されてはならないのであって、「限界の内部」での事柄である。だからといって、生への畏敬が弱められてはならず、「ただ限界だけ」が問題なのである。この限界は生きようとする意志に、より新しいより深い理解を与える。聖書における生への畏敬の先鋭化した表現は、「あなたは殺してはならない」（出エジプト20・13）であるが、これは「人間が人間の殺害者になってはならない」ということを示しており、生への畏敬の「防衛的な性格」を表現しているものである。

畏敬の対象である人間の生は先ず単純に「本能的生」である。これは食欲と性欲である。本能は人間の生が動物の生と共通にもっているものであるが、それは人間が動物的に生きてよいということを意味しない。本能への畏敬とは、むしろ、「動物的な構成要素においても、人間的に生きること」（同48頁）を意味しているのである。これに対して、古代ローマの美食家ルクルスあるいは性的享楽者カサノヴァは、本能的生の理性的な使用という点でも責任的な在り方という点でも、動物的に生きた、否、動物よりも下等な生き方をしたのだと言わねばならない。

人間の生以外の動物や植物の生に対する畏敬はどう考えたらよいであろうか。バルトは生を、人間、動物、植物を包括する概念とすることには反対するが、しかしこれらについて生への畏敬の概念と類比的に論じる。それは、人間の動植物に対する関係を倫理問題として、つまり動植物に対する人間の責任として論じることである。動植物は人間が「生きてゆくための手段」である。動植物は神にだけ属しており、人間には属していないが、人間が責任をもって治めるように委託されているのである。植物については、人間の養分として収穫すること、絶滅ではなく余剰分を有意義に用いることが許されている。動物については、これを家畜として育て利用することは意味のあることである。だが、食用として動物の生命を殺すということはどうであろうか。動物を殺すことによって人間を殺すことと似た何かを感じないだろうか。動物は人間に所属しているのではなく、神に所属している。人間が動物を殺し祭壇に捧げる時、動物を神のみ手に委ねる。そして後になって初めて「犠牲の食事」の形で、神に捧げられたもののいくらかにあずかるのである。動物の恣意的な殺害は人殺しと同じである。神への服従の中で、ただ和解の恵みを神に願いながらだけ、動物を殺すことができるのである。

さて、人間の領域における生への畏敬に戻ろう。生への畏敬は「生きることへの意志」として、(二)「健康への意志」である。では健康とは何か。これに対してバルトは、「健康とは人間であることへの力である」と定義する(同72頁)。これに応じて健康と病気は対立的にではなく相対的に理解される。確かに病気は機能の部分的な無力さであり、苦痛を与える。「しかし」とバルトは言う、「病気はそれ自身、必然的に、人間であることへの無力さではない。むしろ、彼がなお生きている限りは、そのような人間であることへの力はまた病人の力で、したがって病人の健康で、あることができる」と（同74頁）。そして、健康が人間であることへの力であるなら、どんな病人も重病人も、何の楽観主義も幻想もなしに、健康であろうと欲することができるのである。反対に、或る人の精神的・肉体的な機能がよく働いていたとしても、その人が「人間であることへの力の中で生きている人間であるかどうか」は、すなわち「健康な人間」であるかどうかは、別問題である（同）。だからと言って、バルトはクリスチャン・サイエンスの「病気は幻想である」との主張には与しない。否、「病気は実在である」（同90頁）と言う。病気は、神の裁きとしての死の前形式として、また被造物的時間の限定である死の徴として実在であるが、しかし肝要なことは、裁きと死を貫く創造主としての神の慈愛を認識することである。神は病気と死においても主であり給うのだから、「神を通し、神のために健康となり、健康であり続けようと意志すること」（同106頁）が大事なことなのである。

生への畏敬は「生きることへの意志」として、（二）「喜びへの意志」である。人間は本能を満足させ、健康に生きようと欲するだけではない。たとえ不言実行型の人間や厳格な学者、最も真面目な神学者や最も正直な芸術家、さらには禁欲主義者等といえども、ただそれだけを欲しているのではない。それらすべてのことの中で、「楽しみを味わいたいと願う」のであって、それは正当なことであり、それを隠そうとすることは偽善である。聖書は詩編からフィリピ書にいたるまで喜ぶことについてはっきりと要求している。では、喜びとは何か。喜びは活動が一つの目標に到達し、平静と休止の中で満足するときに感じるものであり、感謝の念に満たされ、しかも一瞬に終わるのでなく永く続くことを望むようなものである。喜びがこのようなものであるとき、「喜びへの意志」とはどのようなものであろうか。それは、喜びを期待すること、隣人と共に喜ぼうとすることである。また、それは、人間生活の他の側面において生活感情を深めまた高めるものであって、健康、仕事、隣人、良心等の犠牲の上にある喜びは偽りの喜びでしかない。

だがここで立ち止まって考えると、われわれ人間の生は人間のものではなく神から貸与されたものなのだから、本来何が生の喜びなのかは自明のことではなく、ただ神のみが知り、ただ神のみがそれについて決定し給うのである。だから、喜びへの意志は神に向かって開かれたものでなければならず、また「喜びへのわれわれの用意は、生の苦しみのところで、その限界を持ってはならない」（同125頁）。すなわち、われわれはイエス・キリストの十字架の影を避けないで、苦難の日にも正しく喜ぶ人間として自分を貫徹させることをいやがってはならないのである。喜びを限界づけることではなく、「喜びそのものが苦難のただ中にまで続いて」いき貫徹していくことが、また「われわれが楽しむことができる能力がそれとしてまた苦しむことができる能力として」証明されることが、肝要である（同127頁）。このような喜びは、人間の生が永遠ではないように永遠ではない。ただ、「希望によって担われた信仰」に他ならないのである。

生への畏敬は「生きることへの意志」として、（三）「自己肯定への意志」である。人間は神の前で、神と共に、また隣人と共に生き、神に「汝」と呼びかけられている「我」である。バルトが「汝・我」と記述している、この「汝」として「我」は、自分自身であるようにと呼び出されている。自己肯定は、根本において、服従の行為と言える。このような行為における「汝・我」が「性格」を形成する。性格は、各々の人間が所有し知っていると思っている自分の見取り図ではなく、肉に反対しての、魂に味方しての霊の戦いの中で形成される。「汝・我」は新しい岸に向かう旅の途中にある。その意味で、性格は変わり得るのである。性格は自己目的ではなく、むしろ神への服従、奉仕の中で形成されるものであって、われわれは自分自身を常に新しく発見しなくてはならない。

生への畏敬は「生きることへの意志」として、(四)「力への意志」である。人間には生きている限り、生を促進し、阻害要因を阻止する能力が与えられている。それは体験能力、認識能力、行動能力というような潜在能力であり、才能・タレントである。これは神から与えられた力であり、神はわれわれがこの力を肯定し意志することを欲しておられる。ここでは抽象的な力それ自体や不特定の漫然とした力が意味されているのではない。それは悪しき力に他ならない。では、神から命じられた、肯定し意志すべき力とはどのようなものであろうか。それは、(一)生きることができるために神から貸与された力、委託された力である。このような力に関して、「御霊により、力をもって内なる人を強くして下さるように」(エペソ3・16)という祈りがなされ、また「目を覚ましていなさい。信仰に基づいてしっかり立ちなさい。雄々しく強く生きなさい。」(Iコリント16・13)という励ましが語られる。人間が意志すべき力は、(二)神から貸与された能力としてまさに「この人間」に個別的に貸与されている。自分に与えられた能力と同様、また他の人たちに与えられた能力も認めなくてはならない。また自分の能力の限界をも知るであろう。だが「わたしにはできない」という能力の限界を本当に知っているのは神のみである。したがって人間にできることは、自分に割り当てられた能力を管理することである。また人間が意志すべき力は、(三) 無くてもいいような不必要な力ではなく、人間として生きていく上で本当に必要な力である。人間の生にとって必ずしも必要ではない力、力それ自体というものもある。近代技術の能力を、例えば迅速な交通機関を考えてみよう。そのスピードにもかかわらず、今日の人間の生にとって本当に必要な事項のためにはますます時間を取れなくなっているということはないだろうか。これはしかし、技術が悪い、技術は精神のないものだから、と非難すべき事柄ではない。むしろ近代技術の問題は人間自身の問題だと言わねばならない。人間にとって必要な力を問う時の標準は「奉仕の概念」である。奉仕する者は、自分が必要としている力はどのようなものかを知っているのであり、その力をもとうと意志するのである。最後に、人間が意志すべき力は、(四) 神の委託と服従に留まるという性質を持つ。これについてバルトは、「人間は、彼が神の奉仕の中に立っている時には、全く確かに、時折、おそらくは長きにわたって、おそらくはまた決定的にさえ、また断念し、待ち、沈黙し、苦しまねばならず、その際、彼のそのほかのできることを欠くことができなければならない」(同153頁) と言う。たしかに力が問題なのであるが、人間に与えられた力は、まさにただ無力さであるように見える領域においてこそ初めて力として見えるようになる、という性質を持っているのである。だから、神から来る力は、高くあると共に低くあり、富むと共に貧しくあり、成功と共に失敗を経験する能力であり、「弱さの中でこそ十分に発揮される」(Ⅱコリント12・9) 力である。その理由についてバルトはキリスト論的に根拠づけてこう述べる。「なぜならば、神が人間に与え給う力の中で反映される神ご自身の力は……イエス・キリストの力であり、したがって獅子の力であると同様、小羊の力であり、その甦えりの力であると同様、十字架の力であり、高揚の力であると同様、謙虚の力であり、生きることの力であると同様、死ぬことの力であるからである」(同)。

「生の保護」とは、「生への畏敬」が脅かされ否定されるときに「保護」されねばならない事態である。だが、人間の生は第二の神ではないのだから、生の保護は限界的事態(Grenzfall)においては放棄されることもあるであろう。生の保護は、生への畏敬が創造主なる神によって規定されているのと同様に、神によって導かれ規定されているのである。しかし限界的事態でも、生の否定が神から命じられているということでは決してなく、生の肯定が指示されていなくてはならない。「生の保護」についてバルトは七点にわたって論じているが、これらはいずれも或る種の暴力による生命の殺戮という点で共通している。

(一)自殺について

バルトは自殺が忌むべきものだということを、これが道徳や律法に反するからというようには基礎づけない。自殺を考えている者はどのような形であれ、試練のなかにいる。すなわち、自分は空虚、孤独、絶望の中におり、神は自分から隠れており、自分は神に拒否され、深淵に沈んでいると感じている。そこで彼は、自分が孤独者であり、生の主権者であるかのように、自分で自分に結末をつけようとする。試練の中にいる者には、いかなる道徳的議論も、いかなる律法の禁止命令も響かない。ここでは何が間違っているのだろうか。それは、彼が神の言葉を「汝は生きるべきである」と受け取っていることである。これは神のない思想、律法の道であって、自分が自分を助けなければならないという圧力の下に立っており、自分を主権者としてまた孤独者としてしまっているのである。これは、自分が自分の死を意志することができるという自殺の道に通じている。この間違いに対して言うべきは、「汝は生きることがゆるされている」という福音である。神は汝に対して恵み深くあり給う。神が主権者であって、汝が成功するか失敗するかにはよらず、目標にまで導き給う。その時、汝は孤独ではなく、絶望することはない。「汝は汝の生を生きるべく自由なのである」（同177頁）。最後に限界的事態として、「自分を死なしめること」（Selbsttötung）は自殺ではないということが、きわめて稀に言及されねばならない。例えば、サムソンはペリシテ人たちと一緒に自分自身を死なしめたのであるが（士師記16・30）、しかし聖書の意味では確かに自殺者ではなく、信仰の証人に数えられたのである（ヘブル11・32、12・1）。

(二) 妊娠中絶について

胎児は決して物ではなく、母の胎の一部でもなく、まだ独立しない仕方で生きているのではあるが、それ自身で他者なる人間である。だから妊娠中絶は殺人である。妊娠中絶に対して否を言うことには何の問題もない。その場合、根拠づけが肝心となる。道徳的な、律法的な禁止命令では不十分であろう。そうではなく、人間の生は神の恵みとして生きることがゆるされているということから出発しなければならない。そこから出発するなら、ひとは他者の生と抗争はせず、自分が神の恵みの中に生かされたものとして他者に対してもそのように振舞うであろう。また、人間の生は神の恵みによって生かされているのなら、胎児の生も第二の神ではなく、絶対的な価値ではないことを知らねばならない。ただ神への奉仕においてのみ、殺害と侵害から守られ、人間として可能なことをするように委託されている。また神への奉仕という観点から、限界的事態の場合があることを認め、バルトは、「胎内で生じつつある生を殺すことが殺害行為ではなく、むしろ命じられている状況というものがあるのである」（同204頁）と述べる。その場合には、子の生か母親の生かのどちらかの選択が問題なのであり、妊娠中絶は良心的決断において、神に対する責任において、罪を赦し給う神への信仰においてなされなければならない。

（三）「生きるに値しない生」について

特定の病気や不治の病気の病人、精神的、身体的な障碍者などが「生きるに値しない」と国家によって宣言され、殺されたことがある。これは古代のスパルタにおいて、また現代のナチスの第三帝国において起こった。そして、これに賛同したのみでなく積極的に協力した生物学者や医学者がいたことも事実である。しかしこれに対しては、「一義的にはっきりとした無制限な否」を言わねばならない。生の価値が何であるかということは「神の秘義」に属することである。或る人々の生を、国家に積極的に貢献できず、ただ重荷に過ぎないと判断し、「生きるに値しない」生として殺害することは、生と死に対する神の尊厳さの権利を不法にも要求し略奪する殺害である。社会における弱い成員を有害な者とみなしたり、そのように扱う社会は「既に、確実に崩壊しつつある社会」なのである。

（四）安楽死について

病状がひどく進み、耐えられないような精神的および肉体的な苦痛が引き起こされる場合に、これを短縮するために病人の存在を短縮するという安楽死は、「善意の行為」として許されるであろうか。これは病人自身、家族、医者を巻き込んだ医の倫理の問題である。しかし神の戒めの問題として捉えるなら、人間の生に終止符を打つのはただ神のみの事柄であるという認識が大切であり、そして生も死も神から来るときにのみ、またそのように受け取るときにのみ、人間にとって「善事」であるのだから、これらを恣意的に見過ごしている安楽死は多くの詭弁を含んだ殺人である。最も重い苦しみの中にある生だとしても、この生は神の善事であることを止めてしまったのだと言うことは、不確実な推測に過ぎない。妊娠中絶の場合には「生命と生命」の選択の問題として神の戒めにおいて問われることができるが、しかし安楽死における「生命と死」の間の選択は問題になりえない。むしろ、死ぬべき生命を畏敬することこそが求められているのである。

（五）正当防衛について

或る者が他者から不正な攻撃を受け、しかも公的援助を得られない場合、自分自身で反撃して、攻撃者を殺すことはゆるされる行為であろうか。これに対して防衛本能をもって応えることは、市民的な裁判官の前では原則的に正当とされるかもしれないが、神の判決においては正当化され得ない。むしろ聖書はこれを禁じている。例えば、「しかし、わたしは言っておく。敵を愛し、自分を迫害する者のために祈りなさい」（マタイ5・44）、あるいは「愛する人たち、自分で復讐せず、神の怒りに任せなさい。『復讐はわたしのすること、わたしが報復する』と主は言われる」と書いてあります」（ローマ12・19）と示されているのである。たしかに、力に対して力、攻撃に対して攻撃をもって対応するのは悪循環である。暴力以外の仕方が先ず検討されねばならない。「緊急防衛による致死」のようなものは第一の言葉ではないであろう。「自分を守れ」、「彼かそれともわたしか」という地盤の上で、「彼が殺害者となる前に、その者を殺さなければならない」ということは、最も恐ろしい手段である。したがって、限界的事態においても正当防衛を無造作に実行するのではなく、「悪に対しては悪をもって報いないようにという福音的な呼びかけ」が先ずなされるべきである。ここでも「自分自身を守れ」が律法ではなく、神への奉仕において受け取られねばならない。神は正しくない者たちに対して強く逆らい給う。「できれば、せめてあなたがたは、すべての人と平和に暮らしなさい」（ローマ12・18）は、人間の共同生活を混乱に陥れる悪しき者への特許状（Freibrief）ではない。神は、「不正をはたらく人間」に対して人間的な否でなく、神的な否の言葉と行為をもって対抗するようにと、委託を与え、命じ給うことがあり得るのである。悪に対する神の抵抗、神の否に奉仕する中では、正当防衛による致死は殺害行為とみなされてはならないであろう。

(六) 死刑について

死刑は正当防衛と共通している点があるが、それは攻撃してくる者に対する最後的で最も鋭い防衛という点である。しかし、区別される点もあるのであって、それは防衛・反撃の権利を国家（法秩序）と実行者（裁判官と執行人）に譲渡しているという点である。バルトはここで一般的な刑罰を基礎づける三つの理論を挙げ、これに言及しつつ極刑としての死刑への反対を述べる。三つの理論とは、刑罰は第一に社会と個人を犯罪者から守るためにある、第二に犯罪者は相応の報い、償いを受けるべきであり、「神の報復的正義」（die vergeltende Gerechtigkeit Gottes）の地上における表示が必要である、第三に犯罪者には罪を認識させ、改善に向かって教育的な意図をもって罰を与える、というものである。これに対してバルトは後ろから順に言及する。第三については、刑罰には教育的な意図があるということは、犯罪者を立ち直らせるという意味深い長所を持っている。それなら、死刑は犯罪者に対する教育、改善を放棄することになる。社会は彼を殺し、彼なしに存続することを決定したということである。これはすなわち、社会は犯罪者に外的には圧倒的な力で相対しているが、しかしこれは、社会が共同体として果たすべき義務を放棄していることになり、社会は内的には無力であることを示していることになるのである。第二については、犯罪者に対する報復として死をもたらすのは、人間の領域を超えた行為である。また神の報復的正義の地上的表示と捉えたとしても、神のイエス・キリストにおける罪人の赦しを覚えるなら、犯罪者が刑罰を受けねばならないのはたしかだが、しかしその刑罰は生を否定するのでなく、生を肯定する刑罰でなくてはならない。最後に第一の、死刑は犯罪者から国家と個人を守り、見せしめとするという点について言えば、刑罰とは犯罪者を無害にするということになる。だがその際に、犯罪者も社会の内部にいる一人の構成員であることが忘れられてはならない。彼は社会の諸秩序や矛盾に苦しんで現れた社会の産物である。社会は彼の行為をたしかに犯罪だとして処罰するとしても、その時、社会は「寛容」(Großmut) と謙遜 (Demut) をもって彼との「連帯責任」(Solidarität) からして行動しなければならない。たしかに社会の自己防衛という観点から言えば死刑は犯罪者を徹底的に無害にするかもしれないが、しかし全体から観るなら「自己矛盾」に陥っているのである。バルトはこう述べる。「社会は、それが死刑をもって罰する間に、自分自身、防衛すると言いふらしていることを攻撃するのであり、人間的な法的社会共同体としての自分自身を放棄してしまうのであり、無政府的な緊急事態の地盤に逆もどりしつつおもむくのである。」と (同252頁)。

だがここで、バルトは限界的事態を挙げて、その場合には、「死刑はそれとして、神の戒めからして絶対的に、すべての点で、あらゆる事情のもとで排除され、禁じられているということはできない」と述べる (同255頁)。それには二つの場合があって、一つ目は、「戦時中における祖国を売る裏切り行為」(同258頁) である。二つ目は、中世および近代初期に論じられたいわゆる「暴君殺害」(同259頁) であって、バルトはヒトラー暗殺計画に加わったボンヘッファーの行為を擁護する。

(七) 戦争について

以前のキリスト教倫理学では国家間の戦争と私的な決闘とは同じ脈絡において扱われてきた。今日では後者は無意味なこととして問題ではなくなったが、前者は依然として実際的にも理論的にも真剣に取り組むべき問題である。戦争について今日ではもはや支持できない幻想があるので、これに対して三点で良心を喚起しなければならない。先ず、(一) 戦争は支配者や軍隊のするものであって、他の者たちは関係しないという幻想であるが、そのような時代は過ぎてしまった。今日では各人が直接間接に戦争遂行者であって、戦争においては各人が問われている。次に、(二)古い時代には戦争目的に名誉、権利、自由、人間的価値等の多少十字軍的な性格が与えられた。しかしこのような「政治的な神秘思想」は今日では信じ難いものとなった。実際には戦争の動機は、国土、財産等の物質的な権益を獲得すること、石炭や石油等の経済的な力を獲得することなのである。このような類の獲得、「権力への伸張」が平和の時に意志され、それに向けて努力されるなら、それが戦争において暴露されることになる。だから、「モシ平和ヲ欲スルナラ、戦争ヲ用意セヨ」ではなく、「モシ戦争ヲ欲シナイナラ、平和ヲ用意セヨ」である。更に、(三)いつの時代でも戦争においては、敵の戦力を壊滅させることが重要だということは知っていた。しかし戦争は生きている人間を意図的に殺すことだということは明らかにしてこなかった。昔の時代には個人対個人の正当防衛という次元で捉えていたからである。しかし戦争の手段の発達によって、戦争は今日一般市民にまで及び、軍隊のみでなく民衆全体が殺戮の対象とされてしまった。「原子爆弾あるいは水素爆弾の可能性」はこの点で戦争の本質が殺戮であることを暴露しているのである。このように戦争についての幻想を打ち消すことによって、戦争が嫌悪すべきものだということが明確になった。さらに次のような理由で戦争は肯定できない。すなわち、戦争は国家という共同体が「すべての成員」で殺戮に従事していること、そして戦争は国家への奉仕だと見なしているが「敵」もそう見なしているということ、そして更に戦争という殺戮は「道徳全体」が問題になっているということ。これらの理由によって、戦争を肯定することは福音に対する裏切り行為である。

キリスト教の歴史を見ると、コンスタンティヌス前の教会においては「キリストノ兵士」（militia Christi）は、今日の兵役拒否を意味し、殉教者さえ出したが、三一四年のアルルでの教会会議以後では兵役を拒否する者には破門が科せられた。それ以後、アタナシウス、アンブロシウス、とりわけアウグスティヌスは「正しい戦争」論として戦争神学を基礎づけたのである。バルトは戦争という権力の行使は国家の「本来的ナ業」（opus proprium）ではなく、むしろ「疎遠ナ業」（opus alienum）であるとして、戦争をやる場合においても、「果たして実際にそのことをしなければならないのかどうか」と、問わねばならないと言う（同275頁）。国家の本来的な業は生の保護、平和であるのだから、教会と神学は最後まで平和に向かって呼びかけるのを止めてはならないのである。

国家にとって「第一ノ配慮」（cura prior）とは「正しい生の秩序を打ち立てること」つまり「平和を創り出してゆくこと」である。この点において軍国主義者は誤っていると言わねばならないが、また平和主義者たちも次の理由で誤っている。すなわち、彼らは「あたかも戦争がそれ自身で……理解され、否定されうるかのように……戦争を抽象的に否定する点にある」（同280頁）と言わねばならない。

さてしかし、或る民族や国家が他の民族や国家の平安のみでなく、存在と独自の生命を攻撃するという「異常な、非常事態の状況」が起こる。そこにおいて、自らの権利を放棄すべきか、それとも主張すべきかという問題が生じる。ただこの問題に直面してのみ、「戦争への命じられた、正しい決断」、つまり「正しい戦争」が語られ得る。

「生活の営み」とは、神から貸与された生が日ごとに活動し「働く生活」であるということを意味する。人間の生は保護の対象であるのみでなく、それ自身生きて、行動し、働く主体である。この人間の働きは神の行為への対応から成り立っていなければならない。そうであるなら、人間の生活の営みは「奉仕」という概念に総括できる。

では、奉仕とは何を意味するのだろうか。それは、自己満足と閉鎖性から外へ呼び出されること、他者との関係に生きることである。だがこの他者は被造世界の内部にあるものとか、その総体とかに限定されず、それ以上の「全く他なるもの」、「至高性と尊厳さを持つ他なるもの」、つまり神である。ただしこの神は絶対他者、超越者の符号といったものではない。そうではなくイエス・キリストにおいて啓示された神、すなわち、人間と世界に対して主としてご自身を結び付け働きかける神である。このイエス・キリストとの交わりにおいて、彼の後に従いつつ、神の意志と働きの証人として生きかつ働くということ、これが奉仕であり、人間の生活の営みの目標である。

人間の生活は神の働きに対応して中心と周辺を持つ、とバルトは主張する。神の働きにおいては、契約が創造の内的根拠であり創造が契約の外的根拠であるように、契約と成就が中心的働きであり、創造が外的働きである。この神の働きに対応して、人間の生活にも中心的なことと周辺的なことがある。中心的なこととはキリスト教会の課題を果たしていくことであり、周辺的なこととは労働（Arbeit）である。

生活の営みの中心が教会奉仕であるということはキリスト教的な思い上がりであろうか。そうではない。神の中心的な働きがイエス・キリストにおける契約と成就の出来事であり、これを信じ告白する群れが教会である限り、教会の働きを担うことは中心的なことなのである。

この教会奉仕という場合の教会について、バルトは四つの点を前提として述べる。それは、（一）教会は自然的・歴史的な一部分ではなく、したがって一民族、一国民の教会ではないのであって、それとは区別された特別な民である。（二）教会は施設や制度ではなく、イエス・キリストによって呼び集められた民である。この民が制度を作るのであって、イエス・キリストに従う中で、教会の制度は常に新しく方向づけられねばならない。（三）教会の存在の目的は自己目的ではなく、また何らかの此岸的および彼岸的な報酬を受けることが目標でもない。そうではなく、イエス・キリストにおいて現れた「神ノ事柄」（causa Dei）を証しすることである。（四）教会の奉仕には「すべての成員」が呼び出されている。だから、生きた成員と死んだ成員という区別や、聖職者と平信徒という区別は相応しくない。

このような教会理解を押さえたうえで、では、教会の奉仕のために共に働くとはどういうことだろうか。それは（一）洗礼を受けて教会に所属することである。（二）教会の中で奉仕することである。具体的には、教会が一つとなる努めを通して、キリスト者として生きることを通して、教会が語る言葉への奉仕としての神学することを通して、教会員相互間の愛の交わりを通して、奉仕することである。（三）この世において奉仕することである。具体的には、愛をもって「世のために」（Gemeinde für die Welt）あることを通して、キリスト教伝道、海外伝道を通して、神の国の福音を宣教することを通して、予言者的な働きを通して、奉仕することである。

バルトは、人間の生活の営みの「中心的なこと」として教会奉仕を挙げたが、「周辺的なこと」

として労働・仕事を挙げる。「人間的な仕事は」とバルトは言う、「それが神への奉仕の中で、また神の祝福のもとで、起こる時、神の創造の善の確証と神の摂理の知恵の確証を意味している」（同400頁）。人間の労働は、それが高められて文化と呼ばれる業績まで至ったとしても、それらは神の創造の継続、補充ではないし、また人間にとっての自己目的でもない。むしろ、神の戒めへの奉仕の中での「付属的な業」（Parergon）なのであり、まさにそういうものとして神に命じられたものなのである。まさにそういうものとして人間の労働・仕事は、人間の存在を人間に可能な限界内において保証する。「もっと気取らない仕方で言うならば」、人間の仕事の領域においては、「自分たちのパンとパンのほかにいくらかのもの、自分たちの生活の資、をかち取りたいということ」が肝心な問題である（同410頁）。

このように労働は奉仕のための存在の保証であると理解することによって、次に、何が神に命じられた正しい、本来的な意味での労働であるか、という定義の基準が得られる。これについてバルトは五点を挙げる。（一）定められた目的のために最善のことがなされているか、という即事性の標準。（二）人間存在のためという目的が立てられているか、という尊厳さの標準。（三）人間性とは隣人と共なる人間性であるという意味において人間的であるか、という人間性の標準。（四）外面的な労働に先立つ精神の内面的な労働が正しいかどうか、という意識の標準。（五）労働の意味は奉仕への自由であって、仕事の奴隷になることがないように祝日や休息によって労働が限界づけられているか、という意味における限界の標準。このような標準に照らして、労働はまさしく人間的な労働であることが求めらるのである。

11　限界の中での自由

神が人間を創造し、人間との関係を造り給うということは、同時にそこには限界（Schranke）を造り給うということでもある。その限界において、人間は神の形成物であり、神の所有であることが示される。また、そこにおいて神の創造者としての意図が示されているのであって、それは、人間は時間において造られ、神の戒めに従うように召されており、他の被造物とは異なる特別な栄誉を与えられているということである。こうしてバルトは、人間存在の限界として時間的一回性、召命、栄誉を挙げる。

「一度だけの機会」とは、「誕生と死との間にはさまれたその限定された中での人間的生」（『**創造論**』**Ⅳ／4**、10頁）を意味している。時間的に期限付きのものであるということは人間の生の根本的な限定である。人間はこの限定を越えることはできない。「最後ノ時ハ隠レテイル」のであって、人間は見渡すことも、自由に処理することもできない。だから、人間の時間は長いであろうか短いであろうかと問うのは無益なことである。また青年が、時間は緩やかに進み、自分の時間は無限であると思うのは、老人が、時間はますます短くなって速く過ぎ去り、自分の時間はもはや無くなるのではないかと思うのと同様に、「欺瞞的な様相」である。

「一度だけの機会」という生の限定は、「今度だけ」であって二度目はないということを意味している。また、この「一度」は、神に提供された「一度」である。そして、神がイエス・キリストにあって人間となり給う時とは、この「一度」であるのだから、この「一度」は神ご自身にとって決してどうでもいいようなものではない、意味深い決定的出来事なのである。単に一度「だけ」ではなく、「まさに」一度、なのである。まさしくこの一度だけという機会に、人間は生の世界を持ち、また歴史を持つ。まさにここで人間は神の召命、契約、救いへと、「整えられていること、方向づけられていること、向かわせられていること」が語られねばならない（同25頁）。すなわち、人間の一度限りの生は、「キリストにある」の存在へと選ばれた人間、そう定められたものとしての人間であるための「技術的な準備」（同29頁）のようなものであり、いわば外的な前提なのである。

この一度だけの機会を正しくつかむか、それとも逸してしまうか、この問いに照らして人間の行動がはかられる。その答えは隠されているのが常であるが、しかし神からしては確かに、正しい答えなしではないということを知らねばならない。そこで、一度だけの機会において神の戒めに従うということに関して、三点の標準が挙げられる。（一）他者との関係における「開放性」と自分自身の道を歩む「決意性」。多少とも正確に自分の機会を見出し掴む者は、忠告者や仲間など何らかの他者たちのお陰を被るべく自らを解放しなくてはならない。他方、その者はまた、自分が主体的に決意しなければならない。（二）時間をつくりだすこと。神の戒めに従う中で、人間は為すべきことを選び出し、それに集中し、そのために時間をつくりださねばならない。われわれはただ一つの時間しかもっていないのだから、空費してよい時間とか「退屈をまぎらす」時間などはもっていない。（三）死を恐れないこと。ひとは死ぬであろうということを意識の下に追いやり、熟慮しないでいることもできる。熟慮しないが故に、死を忌まわしいものとして受け取り、死を恐れる。また、他方、熟慮しないが故に、死を美化し、崇高な思想で表現しようとする。では、熟慮するとはどういうことか。それは、「人間は彼の時間の初めのところで、まさにそれ故にこそまた終わりのところで、それ故にそれからまた彼の時間の中で、自分の主をもち、主こそ彼のことを待っていて下さる限界であり、したがって彼は主に向かって進んでゆく」（同57頁）ということである。「死ヲ覚エヨ」（Memento mori!）とは、「主ヲ覚エヨ」（Memento Domini!）の意味である。だからまた、死を熟慮せよとは、死を恐れるな、という呼びかけである。イエス・キリストがわれわれに代わって死んでくださった（Tod）ことによって、われわれの死は時の終わりとしての死（Sterben）である。われわれの生の時の終わりにはまさに神が待っておられるのであり、これがわれわれの希望である。

「召命」（Beruf）も限界の中での自由として挙げられねばならない。バルトはここで召命と「召し」（Berufung）とを区別する。召しとは、神が人間を自由へと特別な意図を持って呼び給うことであり、また神の特別な要求でもある。これに対して召命とは、神の召しに向かって対応するものであり、「応答責任の場所」（D・ボンヘッファー）である。

召命としてこのように理解されることの中に、一般的な言葉の用法として「職業」も含まれる。包括的な意味での召命は全ての人間に当てはまるのであって、その中に言葉の狭い意味での職業が含まれる。しかし逆に、職業に従事して初めて召命を持つということではない。この点において、バルトは、「おのおの召されたときの身分にとどまっていなさい」（Ⅰコリント7・20）の解釈を示しつつ、マックス・ヴェーバーやカール・ホル等を参考にしながら、ルターの職業観を、とりわけ召しと召命・世俗的労働との関係の理解に関して批判する。これについては注において詳しく展開している（同75頁以下）。

では、神の召しに応答する人間の召命・天職のあり方とは、どのようなものであろうか。それには無数の線があるが、それを考える上での標準をバルトは四点ほど挙げる。（一）年齢の観点から。神の戒めに従って生きるのに特に相応しい年齢があるわけではない。ただその都度の具体的な行為の仕方があるだけである。例えば、若い青年らしい行為とは青年という年齢に関係なく、過去に捕らわれない開かれた態度で「目標を目指して走る」（フィリピ3・12〜14を参照）ことである。また、壮年らしさとは、自分の築いた地位、小さな名声、預金通帳等を振りかざして、自分が独自の重みを持っているかのように振舞う在り方とは全く関係ない。むしろ、もはや未熟でもなく、未だ精力が尽き果てたのでもなく、精神的・肉体的な成熟の中で、神に従うことにおいても成熟していることでなければならない。そして高齢者らしさとは、過去を楽観主義的にか悲観主義的にか振り返りながら、現在における責任ある決断や労苦を回避して自分を慰める、ということなどではない。また、世知にたけ、粗野な誤謬や愚行はもうしなくなるということが老人の知恵ではない。むしろ、老人の知恵とは、自分の自由な決断と行為はそれ自身においてではなく、外からの神の光の中において価値があるということ、自分を引き受け取り上げて下さる方が神であるということ、自分の力に頼るのではなく神にのみ委ねるということ、これらを理論的にだけでなく、実践的にも明らかになる機会として捉えることにある。

（二）歴史的立場という観点から。召命・天職の「外的な」限界づけとして歴史的立場が挙げられる。これには国、世紀、時代、家系、或いは政治的、経済的、文化的、教会的な状況、また周りの人々の人間性、習慣、思想、道徳、教養等々がある。人間はこれらによって囲まれていることは確かであるが、だからといって「運命信仰」（Schicksalsglauben）に堕ちてはならない。これらは人間の環境として存在している、しかしこれらが人間を作っているのではない。また、人間を決定しているのでも、いわんやこれらが人間自身なのでもない。これらはむしろ、神の召しに対応する人間の準備、機会として理解されることができるだけである。あるいはまた、神の召しに従うに際してこれらと対決しなければならない場合もある。いずれにせよ、人間は、歴史的立場に対しては保守主義者でも革新主義者でもありながら、神の召しに忠実に従うかどうかをよく顧慮しなければならない。

（三）個人の才能という観点から。召命・天職の「内的な」限界づけとして個人の才能が挙げられる。才能とは、人間の精神的・肉体的構造及び素質と関連しており、それによって業績を上げ得る能力、受容能力、賜物、傾向のことである。才能は、人間が自分で選んだのではなく、神から与えられたものである。個人の才能には程度、有能さ、傾向に差別があるが、それらについて積極的にも消極的にも価値評価をすべきではない。神は「人をかたより見ることはない」からである。ここで問題なのは、「神が人間を役立ちうるものとなし給い、役立ちうるものだと見なし給い、事実、用い給うこと」、これである（同126頁）。だから才能は出発点としてある。そして、この出発点としての才能を他と比較したり、羨んだり、軽蔑したり、空費したりしてはならない。才能は、召命・

天職の内的な主観的な要素として理解されなければならない。ここで問われるべきは第一に、自分に与えられた才能の「全体」が召命に対応しているか、それとも与えられた才能を分割して、ある部分には手をつけずに寝かして置いているのではないか、ということである。第二に、自分の才能は自分が良く知っているのか、それとも与えた神の方が良く知り給うのではないのか、ということである。われわれは神の呼びかけに従う中で、勝手に思い込んでいる「デキルコト」(posse)と「デキナイコト」(non posse)の壁を越えて行くべきであり、われわれの行動は、「すべての側に向かって開いた、新たに学ぼうとして熱心な、動きの活発な行動」でなければならない(同135頁)。そしてここからして人間の召命・天職は、大胆なしかし謙遜な決然たる態度として成り立ってくるのである。

(四)活動範囲という観点から。すべての人間は日常の活動において一定の範囲・領域を持っている。大抵の場合、これは「職業」と呼ばれるが、しかし社会においても家庭においても職業とは呼ばれない主要な活動もある。各人はそれぞれに自分の職業や自分の主要な活動を選んだ。たしかに才能、環境(歴史的立場)、年齢等の条件によってではあるが、各人が選択したのである。この選択した職業や活動という範囲内で、人間は神の召しに応えることが求められている。その際に三つの問いが立てられよう。第一、その選択は正しいか否か。それぞれの活動を決定する場合には、その要素として外から提供される機会と内的な素質や傾向とがある。どちらを基準として選ぶか、外からの声か内からの声か。あるいはバランスを取りつつどちらを優先すべきなのか。この問いに対してバルトは、両方の声に耳を傾けながらも、神は何を欲しておられるのか、「神の要求」は何かを基準にして選択すべきだと答える。第二、選択された活動領域の中で正しいあり方をしているか否か。いかなる活動・職業であれ、各人はそれを選んだのであるからには、それに忠実でなければならない。しかしその活動・職業への忠実さはこれを通して神の召しへの忠実さでなければならないのだから、各人の活動・職業は「更新と変化」が可能なのである。この点で、神の召しと人間の職業とをそのまま「一致する」と言うルターをバルトは批判している（同168頁）。第三、神の召命の変化に対応する人間の活動範囲の変化。神が自分をこれまでとは違った仕方で選んだと信じ、自分もこれまでとは違った仕方でこれに従うべきだと決断した時、一つの召しに対する一つの方向転換があり得る。バルトは、「どうして医者が牧師となり、牧師が医者となったり、政治に携わるようになり、学者が実務家となり、あるいは実務家が学問に転向することがふさわしいものでありえないなどと言えるであろうか」と述べる（同171頁）。

「栄誉」は、人間が神の戒めに従い奉仕することによって、自由へと召され、神ご自身へと召されることによって与えられる。すなわち、人間は「この父の子供としてこの父のもとにいる」（同174頁）のであり、神は人間を「仲間が仲間にかかわるように、彼（神）とかかわるのに値している大事な相手とみなし給う」（同176頁）のである。バルトはこれを「本来的な栄光」と呼ぶ。これと共に、人間が神の被造物であるということ、他の被造物とは違った仕方で神の支配の下におり、時間と召命を与えられ、限界の中で生を与えられているということ、これも人間の栄誉である。バルトはこれを「非本来的な栄誉」と呼ぶ。バルトにおいてはこうして二重の意味で栄誉が理解されている。そして、神に創造された人間として与えられた「非本来的な栄誉」と、神への奉仕へと召されることによって与えられた「本来的な栄誉」との関係について言えば、前者は前提、準備、形式であり、後者は意味、目標、内容である。また、前者は神の業の外的な領域、創造・世界の領域に、後者は内的な領域、契約・教会の領域に属している。

神学的倫理学には後者が課題となる。すなわち、どのような人間の行動が栄誉にふさわしいものかが問題になる。ここでもバルトはその標準として四点を挙げる。（一）奉仕。人間の行為が栄誉を受けるに値するかどうかにおいては奉仕が、すなわち、人間が神の憐れみの中で、神の証人として奉仕の働きをすることが問われている。バルトは「われわれの栄誉が問われる時、われわれの奉仕が問われている」と言う（同204頁）。だからバルトにとっては、パウロが自分を「イエス・キリストの僕」として、「奉仕の栄光以外の別な栄光について知ろうとしなかった」という点において、パウロは模範的な、人間的形姿なのである（同）。（二）感謝、謙遜、ユーモア。栄誉は人間の自由な所有物ではない。神から与えられるものである。だからこの三つの態度こそが人間にとって残されている。ここでバルトがユーモアを挙げているのは興味深い。ユーモアは自己賛美の反対である。ユーモアを「重みのない概念」だと言いながらも、こう述べる。「神によって栄誉を与えられた人間は自分自身を……まことに不思議な驚くべきものとして見出さなければならないというのと違った事情ではありえない」、「人間自身と神によって彼に与えられた栄誉との間の対照は、実際、人間が自分自身を栄誉の担い手および所有者としてのその性質において、もったいぶって仰山に受けとることができるにしては、すなわち、彼がそこで自分自身について笑わないでいられるにしては、あまりにも大きいのではないであろうか」と（同210頁）。（三）栄誉の形。神から与えられる栄誉はこの世においてはどのような形をとるのであろうか。一面では一般的に人間的な考え方に対応するような「この世的な栄誉」もあるだろう。しかし他面、その反対の形もある。この面に関してバルトは、「イザヤ書五三章を、文字通りそのまま抜き書きしなければならない」と述べ、また新約聖書では「世との関係において屈辱、軽蔑、迫害を経験しなければならないということ、しかしまさにそれこそが実は彼ら（キリスト者たち）の栄誉であるということが考えられている」（同231頁）と述べる。（四）栄誉を脅かすもの。人間の栄誉が脅かされる場合があるが、その際にはどう対処して栄誉を守ればよいのだろうか。栄誉は神から与えられたものであり、栄誉を与えるのも取り上げるのも神の権限の下にあるのだから、多くの場合は気に病む必要はなく、無頓着でいることである。次に、しかし、自分に委託された奉仕や召命に従事している中で攻撃された場合には、何らかの防御がなされねばならない。奉仕のなされることがここでは基準となる。また、栄誉を脅かしているのは自分自身ではないだろうかと入念に注意を払いながら、誤認と誹謗に対しては「霊と力の証明」（Ⅰコリント２・４）が必要であり、これに対する直接的な対抗運動は信仰の中心的な運動であらねばならない。そして最後に、自分の栄誉を護ろうと対抗するとき、攻撃する隣人にも神は栄誉を与えていることを知らなければならない。だから、「自分自身、尊重（されること）を手に入れたいと望むものは、汝自身、（ほかのものを）尊重しているか、と問われているのである」（同249頁）。なぜなら、人間の栄誉は、神ご自身の栄誉の反映だからである。

第四巻　和解についての教説――『和解論』

1　僕としての主イエス・キリスト

和解論において、神の人間に対する契約のドラマ、大いなる物語としての『教会教義学』はいよいよ中心部に達する。創造論においてドラマの舞台は整った。創造された世界は舞台であって、そこで行われるのは神と人間の契約、契約破棄、契約の成就、和解という、神と人間のドラマである。だから、創造が和解の前提ではないし、また創造の完成が和解ではない。すなわち、善き被造物として創造されたにもかかわらず人間が罪を犯したということが、つまり罪論が和解論の前提でもない。そうではなく契約が和解の前提である。人間の罪に抗する神の契約意志の貫徹が和解の出来事である。その意味でバルトの和解論は救済論を内に含むとしても救済論と同じではない。和解論は、契約の成就としてのイエス・キリストの歴史の展開であり、イエス・キリストにおける神と人間の歴史の展開である。キリスト論の展開において神の恵みと人間の存在、罪、教会、信仰等が論じられる。また、それ以前の各巻の論述がこの和解論から遡及的に理解されるなら、それらは一層良く理解されるであろう。

バルトが和解論の講義をしている時の世界は、第二次世界大戦後の東西対立という冷戦状況だった。バルトは教会的にも政治的にも東西対話と和解の道を探った。そのことで、スイスの新聞からは「反共」主義者ではないとして、むしろ「容共」主義者として批判されることにもなった。また最後の秘書だったエーバハルト・ブッシュによれば、バルトの家の電話は盗聴されていたということである。

1 和解論の構造

キリスト教使信の中心は神の和解の業、つまりイエス・キリストの十字架と復活において出来事となった和解の業である。バルトはこれを概括して「神われらと共に」（インマヌエル）とする。これは先ず救済の行為における和解の神についての言表であり、次に契約破棄の罪にもかかわらず和解せしめられた人間についての言表である。具体的には、「神われらと共に」において、真の神であり真の人であるイエス・キリストが言われている。したがって、「イエス・キリストがインマヌエルであり、『神われらと共に』であり給う」とバルトは言う（『**和解論**』**I**／**1**、30頁）。

このイエス・キリストを中心において展開される和解論は、他の巻も構造的なのだが、それよりもさらに論述の展開が構造的なので、はじめに和解論の構造を明らかにしておこう（構造図を参照）。ただしバルトの論述はこの図表を機械的に展開しているとは限らないので、大まかな見取り図として参考にしてもらいたい。和解論のテーマとしては、先ずキリスト論が来る。イエス・キリストの出来事、本性、状態、職務である。続いて罪論が来る。伝統的な教義学では罪論は創造論と和解論の間で独立した位置を占めていたが、バルトは和解論の中に含ませる。なぜなら、罪は人間の本性に反することでもなければ、律法主義的に解釈された律法違反でもなく、神への背反、神の恵みへの反対であって、神の恵みの光の中で認識されるべきものだからである。人間の罪を論じた後に来

和解論の構造図

	第一の局面	第二の局面	第三の局面
イエス・キリストの出来事	十字架	十字架	復活
——の本性	真の神	真の人	真の神・人
——の状態	卑下	高挙	和解の保証・啓示
——の職務	祭司	王	預言者
人間の罪	高慢と堕落	怠慢と悲惨	虚偽と滅び
和解の実現	判決と義認	訓令と聖化	約束と召命
教会・聖霊の業	存在	建設	派遣
キリスト者・聖霊の業	信仰	愛	希望

るのが、人間の罪に対する神の決定的な反対、つまり神の契約意志の貫徹を論じる「和解の実現」であり、狭義のいわゆる救済論である。イエス・キリストにおける客観的な出来事としての和解の出来事は、生けるキリスト、すなわち聖霊の働きによって人間的主体に届けられる。そこに教会が起こされる。そして、その教会に個人としてのキリスト者が連なるのである。こうしてバルトの和解論は、キリスト論、罪論、救済論、教会論、人間論を、その内に含むべきテーマとする。

これらのテーマは三つの局面において論じられる。三つの局面とは、第一にイエス・キリストにおける神の卑下、第二にイエス・キリストにおける人間の高挙、第三に神・人としてのイエス・キリストにおける和解の保証・啓示である。和解論の各テーマはこの三つの局面に従って展開されることになる。すなわち、第一の局面では、イエス・キリストにおいて真の神が十字架にまでご自身を卑しくされ、罪人としてわれわれ人間に代わって裁かれ、祭司としての職務を果たされた。真の神の卑下に反抗する人間の罪は高慢である。罪人に対する判決は十字架による死であるが、だがしかし、この十字架を神の子イエス・キリストが担ってくださったことによってわれわれ人間には神の義、「然り!」が与えられた。そしてこの世におけるキリストの体としての教会が存在し、神の義を信じる信仰をもってキリスト者がこの体に与るのである。第二の局面では、真の人としてのイエス・キリストが十字架に高く挙げられた。その罪状書きにはユダヤ人の王と書かれていた。真の人の高挙に反抗する人間の罪は怠慢である。十字架における和解の実現によって、聖化へと向かう訓令が与えられる。教会が建設され、キリスト者には愛の行為が求められる。第三の局面では、真の神・真の人としてイエス・キリストが神によって甦らされ、十字架が然りとされることによって、和解の出来事が保証された。同時に復活のイエス・キリストは能動的に十字架の秘義を啓示し、大いなる預言者としてこれを世界に告げ知らせた。この告知に反抗する罪とは虚偽である。この復活者イエス・キリストは同時に将来に向かって、神の国の初穂である。和解の出来事は約束と召命として実現され、そのために教会の派遣が起こり、キリスト者に希望が与えられる。

ここでバルトにおける神学の方法論的特徴を記しておこう。バルトは和解論の序文において、ブルトマンと「烈しい、しかも大体において静かな対話を行わざるを得なかった」と言う。それはいったいどの点なのだろうか。三点のみ挙げてみよう。第一は、バルトが「和解は歴史である」という点である。バルトの言う歴史は一般的な歴史（ヒストーリエ）ではなく、イエス・キリストの出来事としての歴史（ゲシヒテ）である。この個別的な歴史は普遍的な和解の基礎づけであり、包括的である。この歴史が普遍的なインマヌエルを基礎づけ、もしくは「人間実存」の一般的な「歴史性」を基礎づける。しかしその反対ではない。ここに個別から普遍へ、出来事から存在論へという、バルトの神学的思考の方向が示される。第二に、バルトが和解論においてキリスト論と救済論を統一していることである。それは、バルトがキリストの存在と行為、人格と業を分離するのでなく、統一的に捉えていることによる。これによってバルトはプロテスタント正統主義が存在・人格を強調して、キリスト論の存在論化を引き起こしたことに反対する。またその逆に、ブルトマンがキリスト論を人間論化、機能主義化していることへも反対する。ブルトマンは、「救済の出来事であるがゆえに、キリストの十字架なのである」と言うからである。バルトは「あれか・これか」ではなく、分離できない一致を主張する。第三に、ブルトマンが pro me（わたしのために）を解釈原理としているのに対して、バルトは初めに神の pro se（かれご自身のために）があって、次に pro nobis（わたしたちのために）、そして pro me（わたしのために）を含むと主張する。こうして神の自由な恵みがバルトの和解論を貫いているのである。

イエス・キリストの和解の歴史の第一の局面は真の神の卑下である。彼の歴史は真の神の歴史である。神自身が行為し、神自身が人間となられた。神は高きにおられるのみでなく、低きにもおられる。主である神は僕となられた。イエス・キリストは僕としての主である。彼はわれわれ人間に代わって審かれた審判者であり、神の判決を受けた方である。ただし、この判決は神の「然り！」であった。このような方として彼は和解を与える神であり、そのようにして彼は祭司としての職務を遂行されるのである。

ここでバルトはイエス・キリストの十字架から語っている。十字架において真の神が示されるのである。キリストの神性は十字架の受難と死を含む。バルトのキリスト論はW・パネンベルクが言うような「受肉のキリスト論」ではなく、「十字架の神学」（H・G・ガイヤー）である。

また、バルトは、十字架における真の神の卑下は、神の神性にとって相応しいこと、本質的なことだと言う。それだから、バルトは決して、十字架を神の本性の非神格化（十九世紀のケノシス・キリスト論）としても、神の本性における亀裂、痛み（J・モルトマン、北森嘉蔵）としても理解しない。

2　神の子の従順

バルトによると、新約聖書が伝えるナザレの人間イエスにおいては、その人間性は何ら疑問の余地がないのと同時に、他の全ての人間と比べて「質的な他者」が現れている。すなわち、彼においてで「神の行為」を見るのである。彼はメシア、主、神の子、神の言葉と呼ばれる。後の教会もこの告白の上に建てられた。これはブルトマンや他の神学者たちが言うようなケリュグマでも、宗教的評価でも、付与された尊称、タイトルでもない。バルトは、「この人に対しては……本来ただ神に対してだけ捧げ得る信仰を、捧げなければならないということを、人々が意識していたということ。そのことの何らかの証しでないような地層は、新約聖書の伝承には、認められない」と述べる（『和解論』Ⅰ／2、11頁）。人々がイエスを呼ぶ以前にイエスはキリストであり、主であり、神の子である。逆に言えば、神の子、主とは人間イエスについて、しかもユダヤ人としての人間イエスについて、人間イエスの現実存在の秘義として言われるのである。この人間イエスが父なる神の意志に対して真の神として従順であり、この従順において人間イエスは神の苦しむ僕であり給う。

バルトはイエス・キリストにおいて啓示された神の子（キリストの神性）を、この世的でない最高の彼岸的な存在の総括という概念からではなく、十字架の出来事と関連付けて論じる。その際、二重のことを述べる。第一は、イエス・キリストの神性の内的契機である。これは彼の「従順」であり、父との関係における子としての神の内的存在・従順である。第二は、イエス・キリストの神性の外的契機である。これは彼の「自己卑下」、「異郷に赴く神の子の道」であり、外界に向かっての姿、すなわちこの世における「苦難」の姿である。

バルトは後者の外的契機から論じる。神は罪責と滅びという悲惨の中にある人間をご自身に引き受けるために、棄てられた人間となられた。その際にイエス・キリストの神性が失われるのではない。神は、その卑下においても依然として神であって、その神的本質は変化、縮小、変更、混淆、廃棄されることはない。神がこの被造物・人間と一つとなり、この人間の本性において神であり給う、ということが肝要である。バルトはこう述べる。「もし、キリストにおいて（しかも、ベツレヘムの馬小屋の中で生まれゴルゴタの十字架で死に給うた卑賤なキリストにおいて）、不変にしかも完全に、神が神御自身であり給うのでなければ、この卑賤な方において神によって起こった神とこの世との和解について、われわれが語るすべてのことは、架空のことになってしまう」と（同48頁）。

その場合、神の本質と神の自己卑下との関係の見解について、さらに次のような二者択一が生じてくるであろう。すなわち、そこに矛盾と裂け目を見るのか、それとも、この関係が神の本質に相応しいと見るのか、という二者択一である。前者は、バルトはこれを否定するのだが、「神自身の本質」と「苦難の姿における神」との間に存在的な裂け目、認識的なパラドックスがあると見る、すなわち「神に反しての神」を見る見解である。その場合には十字架でのイエスの叫びを引き合いに出して、そこから推察して、「神に反しての神」であろうとするのが神の自由意志・決心であり、これこそが神の底知れぬ憐れみだ、ということになろう。そして、罪人なる人間の救いのために神はご自身を捧げ給うというだけでなく、神としてのご自身を手離し、放棄し給う、それほどに神の愛は深い、ということになろう。しかし、バルトはこの見解を否定する。そして後者の理解に立つ。バルトはこう述べる、すなわち、神が人間となり給うとき、「神は、そのことによって、神であることをやめ給わない。神は、そのことによって、御自身と紛争し給うことはない。神が、人間イエスとの一致において、罪人の只中に歩み入り、罪人の代わりとなり給う時、神は、罪を犯し給うのではない。また、神が、この人間イエスとの一致において、死に給う時、死が神に対して力を得るのでは決してない」（同52頁）。さらにこう続ける、「神は、御自身に反対する人間の存在を、御自身のものとし給うが、そのような反対を共に為給いはしない。神は、この反対の呪いのもとにある人間の存在をも、御自身のものと為給いはするが、しかし、それは、この呪いを忍ぶことによって、それを廃棄するためである」（同）と。バルトはこのように神の中に矛盾、裂け目があるとする見解を否定して、むしろ、イエス・キリストにおける神の自己卑下は神の本質に相応しいとして、こう述べる。「神は、キリストの中にいますことによって、……その神的愛の自由を示し、神的自由の愛を示し給うたのである。したがって、その神的本性にふさわしいことを、為しまた示し給うたのである」（同55頁）。だから、神はこの世において「僕の形」（forma servi）を取ることによって、ご自身における「神の形」（forma Dei）を放棄するのではない、むしろ「完全に一つにする」（同56頁）のである。このように、キリストの神性の外的な契機について、これはイエス・キリストにおける神の恵みの行為であり、また、これがイエス・キリストの神性の秘義である、とバルトは述べるのである。

この「異郷に赴く神の子」、神の自己卑下、つまりイエス・キリストにおける神性の外的な契機は、神の気まぐれや偶然によるのではない。これには明確な基礎づけがある。それは神性の内的な契機、つまり父への子の従順である。そして、父への子の従順は神の自由であり、「聖にして義なる自由」である。

ここで、命ずる父と従順な子の関係について、子・キリストの神性を本来的神性よりも一段と低い、第二の神性とする主張がある。これはテルトゥリアヌスに代表される聖子従属説（Subordinationismus）であって、バルトはこれに反対する。なぜなら、この説は結局はキリストの「真の神」たる神性の除去に通じてしまうからである。或いはまた、ここで、キリストの神性は真の本来的神性ではなく、これに単に接触しただけであり、この世における神性の現象、仮の姿だとする主張がある。これはイレナエウスに代表される様態論（Modalismus）であって、バルトはこれにも反対する。なぜなら、これだとわれわれはこの世においては真の神に出会わないことになってしまうからである。

この二つの異説を否定しつつ、バルトは次の三点を強調する。第一は、新約聖書に従って、われわれはイエス・キリストにおいて「唯一の真の神の顕現を見るのだ」ということ。第二は、イエス・キリストにおける唯一の真の神の存在は唯名論的にではなく実在論的に理解されるべきであって、「神はキリストの中にいました」ということ。第三に、この二点を受けて中心的に主張されるべきは、「イエス・キリストが死にいたるまで、十字架の死にいたるまで従順であられたという事実」においてこそ、「唯一の真の神の本来の存在」を見出さなければならないということである（同78頁）。バルトはここで神の内的な、永遠の三位一体を念頭に置いている。すなわち、父・子・聖霊という在り方において、「神御自身の中に、上方と下方、先と後、優位と下位がある」ということが、またそこにおいて「従順」があるということが「神の存在にとって本質的なこと」、また「神の内的生活に属している」ことなのである（同80頁）。イエス・キリストの在り方はこの内的三一性に対応している。すなわち、イエス・キリストは人となった神の子であり、そのような方として父なる神と一つであり、その神性において父なる神と等しく、聖霊において結ばれてい給う。そのような方としてイエス・キリストの生涯は父なる神に従順な生涯なのである。

イエス・キリストの生涯は苦難の生涯であり、それは父なる神への従順によるということを、バルトは「異郷に赴く神の子の道」という表題で示す。これは伝統的な教義学ではイエス・キリストの人格についての教説に当たり、特にキリストの神性に関するものであった。神の子の異郷への道は目標を持つ。この目標は、「何のために」神の子は僕となり異郷に赴かれたのか、或いはアンセルムスの言葉を用いるなら「何ユエ神ハ人トナッタカ」（Cur Deus homo?）という問いに対する答えでもある。伝統的な教義学ではこれはイエス・キリストの業についての教説に当たる。ここでバルトは、イエス・キリストはわれわれを審く方として来られたのに、われわれに代わって審かれたということを論じる。だから、イエス・キリストを「われわれに代わって審かれ給うた者としての審判者」として逆説的な言い表し方をしている。

イエス・キリストは「われわれのための神」（Deus pro nobis）であるが、それより前に、神は先ず「ご自身のための神」（Deus pro se）である。なぜなら、神は神であるためには何の負い目を持たず、愛の充満した内的存在において何ら欠けるところはないからである。そして次に、ご自身における存在の満ち溢れとして、神はわれわれ人間のための神であり給う。さらに、この「われわれのため」は、「われわれに代わって」という代理的行為を意味している。これは単に「われわれとの関係において」とか、「われわれと共に」とかよりももっと包括的であり、また深みの次元に属する。すなわち、創造論的次元にではなく、契約・成就関係の次元に属することである。バルトはこう述べる。「『われわれのためのイエス・キリスト』ということは、イエス・キリストが、このような一人の真の人として、一人の真の神の権威・全権・権能をもって、われわれの代わりとなり、多くの人々の代わりとなり、神とのわれわれの和解の事柄において、従ってわれわれの救済のために、われわれの共働なしに、われわれの代理として、われわれの名において、有力有効に、われわれのために働き給うた、ということである」（同134頁）。

では、イエス・キリストはどのようにしてわれわれ人間の代理なのであろうか。これについて、バルトは四点を挙げて論じる。

第一は、「イエス・キリストは、審判者としてわれわれの代わりとなり給うたことによって、われわれのためにいましたし、またいます」（同137頁）ということである。人間は善悪を知る知識を神に委ねないで、自分のものとし、それを自分の価値また誇りとすることによって、自分自身には自由と義を、他の人間には有罪を宣告する権能を持っていると思い、またそう実行している。こうして自分が自分の、また隣人の審判者であろうとしている。罪とは、根底と根源においてこの不遜さである。この堅固な城のような人間の不遜はイエス・キリストによって破壊される。すなわち、バルトは言う、「イエス・キリストが、真の人にして真の神の子として、一人一人の人間の代わりとなり、すべての者がその内奥において最も甚だしく自分自身のもとにおり自分だけでいる場所に、歩み入り給うたのである」（同138頁）。こうして、審判者はイエス・キリストであり、われわれ人間ではない。しかし注意せよ。彼は最高裁判所の判事のような方ではない。つまり、「われわれに対して」審判者であるのみではない。そうではなく徹底的に、全面的に審判者である。ということは、彼は「われわれのために」、「われわれに代わって」審判者であり給う。ここから二つの観点が開けてくる。それは先ず、自分を支配しているのは自分だということが無効にされ、「他の者」が自分を審くということによって、人間がその「他の者」によって屈服せしめられ、脅かされるということである。次に、これとは対立的なことであるが、イエス・キリストが審判者であることによって、われわれは、「自分は無罪だ」、「自分は正しいのだ」といつも心の中で確信しなければならないという極度の緊張や苦痛から解放されるということである。この解放は真の審判者に対する真の恐れでもあり、また喜びと希望でもある。

この「イエス・キリストが審判者である」という命題は倫理的次元をも持つ。それは次のイエスの言葉とパウロの言葉が示している。すなわち、イエスは、「人を裁くな。あなたがたも裁かれないようにするためである。あなたがたは、自分の裁く裁きで裁かれ、自分の量る秤で量り与えられる」と言われ（マタイ7・1以下）、またパウロは、「わたしにとっては、あなたがたから裁かれようと、人間の法廷で裁かれようと、少しも問題ではありません。わたしは、自分で自分を裁くことすらしません。自分には何もやましいところはないが、それでわたしが義とされているわけではありません。わたしを裁くのは主なのです」と書いている（Ⅰコリント4・3以下）。

第二は、「イエス・キリストは、われわれ罪人の代わりとなり給うことによって、われわれのためにいましたし、今もいます。」（同144頁）ということである。

イエス・キリストはわれわれ罪人の代理として審かれ給う。イエス・キリストは「罪を知らない方」（Ⅱコリント5・21）であったが、われわれの只中に、罪人の群れの一人として、群れの先頭に立って歩む。それによって人間の罪の道は彼の道となった。罪人に与えられる告発、判決、呪詛は彼のものとなった。彼は世の罪を担う小羊であり、彼によって、この世は罪をもはや担う必要がなくなった。バルトによると福音書においてこのことが確認されるのは、ゲッセマネの場面である。すなわち、これ以後、キリストの生涯が受難として明確となった。イエスはゲッセマネの場面以後、審きの主体から審きの客体になった。告発者が告発される者に、聖なる神が神なき者と名付けられ、取り扱われるようになったのである。またバルトは、ルターの註解は本質的に正しいとしつつ、これを引用する。ルターに従えば、キリストは全ての罪人を救うために最大の罪人となったのであり、またキリストは、「スベテノ中デ最大ノ強盗、人殺シ、姦通者、盗人、瀆聖者、冒瀆者等々、彼ヨリ大ナル者ハコノ世ニ嘗テ唯一人イナカッタ当ノ者」（同150頁）として存在したのである。

このイエス・キリストがわれわれの代わりに罪人になったということから、これに対応するキリスト教倫理の次元が導き出される。それは、悪をもって悪に報いるのではなく、敵を愛するという倫理である。その模範をキリストが示された。すなわち、Iペトロ2・22以下にある通りである。「この方は、罪を犯したことがなく、その口には偽りがなかった。ののしられてもののしり返さず、苦しめられても人を脅さず、正しくお裁きになる方にお任せになりました。そして、十字架にかかって、自らその身にわたしたちの罪を担ってくださいました」。

第三は、「イエス・キリストは、われわれに代わって苦しみ、十字架につけられ、死に給うたことによって、われわれのためにいましたし、またいます」ということである。代理的苦難、十字架、死はイエス・キリストの受難の本来的な出来事である。彼に起こったことは「受難」でありつつ、彼の「活動・行為」であり、多くの人々の殉教の死とは異なり、彼ご自身が知っており欲していた、自由な自己犠牲の「行為」である。また、彼の受難は神話ではなく、具体的な時間と場所における、名前を持った一人の人の「一回的な出来事」である。さらに、彼の受難は「神の」行為、「神の」受難である。これについてバルトはこう述べる。「この人間としての行為・苦難が、神御自身の活動として、従って神御自身の受難としても、述べられ理解されなければならない」(同163頁)。この一回的出来事は、ブルトマンの意味において、神の事柄として普遍的な、「有意義性」を持つというのではない。むしろこの出来事によってすべての人間の状況が客観的・決定的に変化したのである。このことの認識はただ信仰において起こる。また信仰において、キリストの受難はまさしくこの世のために起こったと証しされ、われわれのために、自分のために起こったと告白されるのである。

このイエス・キリストの受難の秘義は彼の人格・ペルソナと使命の中にある。彼の人格は、「それは、人間であるために、そして人間としてあのような人間的受難を身に負うために、御子において御自身を捧げ給うた唯一の永遠の神御自身だということである」（同165頁）。神はその卑下の在り方において、「例えば一九四五年における日本の天皇のように」（同166頁）神性を放棄したのではない。また彼の使命は、「彼が審くために来たり給うた人々のために、この受難において代わりとなり、この受難において彼らに代わって審かれ給う審判者だということである」（同165頁）。したがって、神は創造において、また支配において神であるだけではなく、最奥までの降下において最高度に神であり、この最も悲惨な死において最も生きていましたのである。このようなペルソナにおけるイエス・キリストの果たした使命とは、「神とこの世の和解」（同166頁）である。それは、彼が契約を破った罪人の代わりとなり、彼において「人間に対する救いの審き」（同）が起こったということである。神が御自身の身をもってわれわれの代理となられ、審判者である神が御自身を審かしめ給うた、これが「聖金曜日の福音」である（同174頁）。

ここで注意しなければならない。和解の前提は罪ではない、契約である。和解においては契約が貫徹されたのである。また和解において中心的な問題は罪ではない、そうではなく罪の除去である。新約聖書によれば、罪の支払う報酬は死である（ローマ6・23）。この死（Tod）は永遠の死、滅亡、破壊の力であって、罪なる人間の結果であり、「神の審きの死」である。この死は、全ての被造物にそなわった、時間の終わりとしての「自然的な死」（Sterben）とは別物である。和解において問題になるのは、この罪の支払う報酬としての死であるが、神の子はこの審きの死をわれわれ人間に代わって死なれたのである。この刑罰（Strafe）としての死、従って人間が受けるべき刑罰を、神が自ら受け給い、それによってこの審きを遂行されたと言うことも出来よう。だが、バルトはここで、この「刑罰」をアンセルムスのように主要概念にまで高めることに反対する。むしろ、バルトはイエス・キリストの十字架の死において、神が「罪人としてのわれわれ人間に結末を与え、それと共に、罪そのものに結末を与え給うた」（同179頁）ということの方が決定的であると主張するのである。

第四は、「イエス・キリストは、われわれに代わって、神の前に（従って、真に）正しいことを為し給うたことによって、われわれのためにいましたし、またいます」ということである（同184頁）。今までの三点においては、イエス・キリストにおいて起こった和解の出来事は否定的な姿を呈していたが、しかしそれは外見上のことに過ぎなかった。正しいことだったのである。積極的に言えば、これは神に敵対するこの世に対する「神の偉大な態度」であり、「神の義」である（同）。すなわち、イエス・キリストの苦難と死は神の「否」であったが、これにおいて、これを通して、神は人間に「然り」を発し給うた。イエス・キリストはわれわれに代わって正しいことを行い給うたのである。

以上の四点がバルトにおける「十字架の神学」であり、その内容は四つの「われわれのために」という点における「代理」（Stellvertretung）の教説として論じられる。これは伝統的な神学におけるキリストの業、それも「大祭司」としての職務に対応している。「イエス・キリストにおいて、祭司そのものが、出現し給うたのである」（同230頁）。

3　父の判決

イエス・キリストの十字架の出来事において真の神が何を為されたのかということを、四点においてみた。そしてそれは「われわれのために」なされた事であった。だが、ここで大きな問題が論じられねばならない。それは、「われわれのために」ということがいったいいかにして言えるのか、と言う問題である。すなわち、イエス・キリストの十字架の出来事と現在のわれわれとの関係の問題である。

二千年前にエルサレムで起こった「嘗てのわれわれのためのキリスト」と今此処での「今日のわれわれのためのキリスト」との関係が問題である。これはレッシングにとっては「醜悪な幅広い溝」の問題であり、ブルトマンにとっては非神話化・実存論的解釈の問題であった。この問題は、しかしバルトにとっては、形式的で技術的な問題であって、本来の問題ではない。本来的に困難な問題は、「主よ、わたしから離れてください。わたしは罪深い者なのです」（ルカ5・8）と言った、ペトロの言葉に包括されている。また、イザヤの次の言葉も思い出される。「災いだ。わたしは滅ぼされる。わたしは汚れた唇の者。汚れた唇の民の中に住む者。しかも、わたしの目は王なる万軍の主を仰ぎ見た」（イザヤ6・5）。

したがって、本来的な問題とは、神である「主との出会いの直接性」、もしくは「神の歴史的行為との同時性」（同247頁）なのである。換言すれば、レッシングの「幅広い溝」とは罪の問題に他ならない。恵みの契約の神とこれを破った罪なる人間の間にある罪の溝に他ならないのである。そして他方、考慮しなければならないのだが、イエス・キリストの十字架における「われわれのために」という代理的行為は、十字架の死で終わっている。そうであるなら、それらのことから導き出される決定的な答えは、イエス・キリストの十字架は「終焉」ではない、十字架の「彼岸」(Jenseits)があるということでもって答えられねばならない。これに対応してバルトは新約聖書に従って述べるのだが(同264頁)、十字架は終焉ではない、その彼岸がある、それは十字架につけられ死に給うたイエス・キリストの死人の中からの復活であると説く。イエス・キリストの十字架における肯定的な答えは復活から与えられるが、それは「神とこの世との和解」である。そしてこの復活こそがイエス・キリストの十字架を振り返る根柢であり地盤であり、全新約聖書が考えまた語っているのは、まさにこの基点からなのである。

そこでバルトは「父の判決」という見出しで復活について論じる。そしてそれは五点にわたっている。

第一、復活は神の行為であり、しかも独占的に、排他的に神の行為である。十字架における審きが神の行為であったように、復活も神の行為であり、神が審きを廃棄せずに、審きの恵みを現わされたのである。バルトはガラテヤ1・1やローマ6・4において、イエス・キリストの甦りの主体が一般的な神とは呼ばれないで、「父なる神」と呼ばれていることを引用して、真の神にして真の人であるイエス・キリストの全体が死んで葬られたこと、この全く無力な死者、イエス・キリストが父なる神によって甦らされた復活を、ドイツ語でAuferweckungと表現する。井上訳では「甦らせ」となっている（同272頁）。すなわち、イエス・キリストの復活の受動的側面である。復活には別の、能動的側面もあって、イエス・キリストがご自身を弟子たちに対して生きた方として示し、顕し給うという側面である（使徒言行録1・3）。バルトはこの側面の復活をAuferstehungと表現する。井上訳では「甦り」「復活」となっている。積極的な側面を盾にとってイエスの死についての仮説（シュライエルマッハー）に近づいてはならない。また、神の子であることを盾にとって自力で復活したと理解してはならない。むしろ二つの側面の関係について言えば、イエス・キリストの復活は先ず、「甦らせ」という受動的側面があり、これを起点にして「甦る」・「復活する」という能動的側面があるのである。バルトはこう述べる、すなわち、「イエス・キリストは、その十字架の死においても、人間としてだけでなくまさに神の御子として、ただ全く従順な僕であり給うたのと同様に、この甦りにおいても、人間としてだけでなくまさに神の御子として、全く受け容れる者・受け取る者・与えられる者であり給う」（同273頁）と。

第二、復活は十字架に対して「独立的な・新しい神の行為」である。復活は十字架の出来事の認識上の裏面とか十字架の肯定的な意味（ブルトマン）とかではない。

復活は十字架の死に対する神の答え、神の承認、神の判決である。すなわち、われわれに代わったイエス・キリストの死に対する神の是認であり、彼の従順の承認であり、犠牲の受け入れであり、われわれのために起こったのだという神の判決である。こうしてイエス・キリストの甦りは三重の意味で神御自身の義認である。すなわち、天地の創造者にして支配者であり、この出来事の計画・

実行者なる父なる神の義認、この出来事をその究極の深みの底まで忍び給うた御子イエス・キリストの義認、そして、「わたしが生きているので、あなたがたも生きることになる」（ヨハネ14・19）とあるように、イエス・キリストの代理において罪なる人間全体の義認である。

第三、イエス・キリストの十字架と復活の間には積極的な連関がある。十字架と復活は、相共にまた相次いで起こった、神のこの世に対する「ただ一つの歴史の二つの出来事」である。包括的な意味で、イエス・キリストは「われわれのために」「死んで甦り」給うた。十字架はわれわれの背反のための出来事であり、復活はわれわれの義認のための出来事である。十字架は肯定的な意図を持った否定的な出来事であり、和解の出来事の出発点であり、復活は否定的な前提を持った肯定的な出来事であり、和解の到達点である。

このような十字架と復活の実質的な関係は、さらに、時間的な関連において論じられねばならない。時間的な関連においては、先ず、時間的な「相共に」（Miteinander）が語られる。十字架と復活が相共に起こったということは、十字架につけられたイエス・キリストは過去の存在でありつつも、過ぎ去った方ではなく、時間の中にいまし、常に現臨し給うということである。「彼は、生ける救い主であり給う」（同291頁）。それだからまた、この「相共に」は全ての人間の状況の変化を基礎づける人間の義認の現実根拠である。次に、時間的な連関においては、二つの出来事は時間的に「相次いで」（Nacheinander）起こったのである。一方には死に向かう時間があり、他方には別の新しい生命の時間がある。ここで注意せよ。バルトは、二つの時間が互いに続いているということは、復活後の時間である「あの四十日間にも、イエスの最初の生の姿と同様に、その始めと共にその終わりを時間の中に持っているということを意味している」（同299頁）と述べる。復活のイエス・キリストの四十日の来臨（Parusie）は時間的な出来事だった。その終わりは彼の昇天である。イエス・キリストの昇天とは、彼が「永遠の現在」へと移行したことの徴であるが、彼の四十日の第一の来臨には終わりがあったのである。そして、バルトは言う、「この特別の出来事の時が終わると共に、彼に来臨の別の姿の時が……彼の生ける現臨の時が、始まったのである」（同300頁）。これによってバルトは「この世における教団の時」が始まったことを述べている。すなわち、教団・教会の時においては、イエス・キリストは宣教、伝承、想起を通して、彼の甦りの力である聖霊によって、現臨し給う。この世においては、教会の外では隠された姿であり給うお方が、教会の奉仕を通して、キリスト者の証しを通して現臨し給うのである。この教会の時がイエス・キリストの昇天後に始まったのであるが、これは事柄の一つの面であって、さらにもう一つの面がある。それは、新約聖書はイエス・キリストを「今日ここですでに戸をたたき給う方」として理解しているのであるが、彼がかつていまし、今在し給うのみでなく、将来来たり給うことを「待望する時」、「希望する時」の開始という面である。このもう一つの面から言えることであるが、教会がこの世に存在しているその教会と時とは、十字架につけられたイエス・キリストの復活における第一の現臨と将来来たり給う第二の現臨の間にある中間的な時、すなわち「時の間の時」（Zeit zwischen den Zeiten）なのである。この二つのイエス・キリストの現臨に挟まれてわれわれ人間はいるのであって、ここにおいて人間の現実存在、人間の罪と義認の問題、教会と信仰の問題が見られねばならない。「まさに彼こそ、『後ろから前から私を囲み』（詩編139・5）給う」のである（同314頁）。

第四、イエス・キリストの死者の中からの甦りは出来事として「起こった」。すなわち、「時間の只中で、一般的な人間歴史の中における特別な歴史として、具体的に起こった」（同326頁）のである。ここで論じられるのは歴史（Geschichte）としての復活の性格についてである。バルトは二つのフロントと対決している。先ず、復活の出来事を、歴史学的な意味で証明できる史実（Historie）と理解することに反対する。次に、神話（Mythus）として捉えて、これを非神話化して「信仰の成立」（ブルトマン）として解釈すること、つまりイエスはケリュグマへと復活したと解釈することに反対する。そして、バルトは復活の歴史は、時間と空間の中で起こった出来事であり、「史実以前の出来事」（prähistorisches Geschehen）であり、口碑とか説話として理解されると述べる。使徒たちは復活のイエス・キリストが自分たちに出会い給うたということを証しした。イエス・キリストは、死の否の下に隠されていた神の然りを、そして同時に使徒たちと全ての人間に対する神の然りを、此岸において示された。それによってご自身を使徒たちの信仰と証しの根柢、対象、内容とされたのである。

第五、イエス・キリストの十字架と復活の関係は不可逆的な関係である。十字架につけられ死なれた方が復活されたのであって、われわれが十字架につけられた方に接するのは、復活された方としてのみである。裸の十字架ではない。復活を捨象した「抽象的な」十字架の説教とか信仰はあり得ないのである。バルトにおいては、復活は十字架の信仰の根拠であり、十字架は信仰の対象であると言えよう。十字架と復活の区別と順序を持った統一性に対応して、信仰の対象と信仰の根拠は、このような統一性において理解されねばならない。

4　人間の高慢と堕落としての罪

バルトは罪の教説を論じるに当たり、キリストの認識から独立して罪を語るという、伝統的な罪認識を否定する。そうではなく、罪認識はキリスト認識に含まれると主張する。すなわち、人間の罪はキリストの鏡に映ったものとして、キリストの後から、論じられるのである。キリストが神の子として父なる神に従順であったという十字架の出来事に映し出されるなら、人間は自分自身を神、主、審判者、救助者としようとする高慢な人間、従って神から離れ、罪人である高慢な者であることが判る。そして、この高慢と共に人間の堕落も起こるのである。

もしも、被造世界の光と影、生成と消滅、強さと弱さ等の緊張関係を人間の罪かと問うなら、それらは罪の問題ではない。それらは神によって善く創られた世界に属する。また、人間は不完全な存在であり、問題の多い存在であると理解するとしても、これは罪の問題ではない、これはむしろ人間存在の限界の問題である。罪の問題は神との関係における問題である。人間が神に反逆し、隣人に反逆し、自分自身に反逆する者であるということを、人間は自分自身から知ることはできない。自己認識、自己洞察からは罪は認識されない。また、それらは罪認識の準備でも先行的理解でもない。罪の認識は神の認識においてのみ起こる。

だがしかし、バルトはここで一般的な神と神の律法のことを言っているのではない。そうではなく、具体的に現実的に、イエス・キリストにおける神であって、彼以外の神ではない。すなわち、バルトは「キリスト論抜きの神論」における罪認識を、つまり「キリスト論抜きの罪論」を批判する。そのような罪論においては、罪を罪として確定するために一定の善の尺度を設定せねばならないだろう。そして、道徳や哲学や聖書から、はたまた世間の空気・世間の目から抽出し組み合わせた風習、慣習、善、最高善、純粋精神等を、暗黙裡にか声高にか、あの鋳造された子牛（出エジプト32・4）のように仕立てて、それらを尺度にして「罪」を論じるであろう。このような罪認識は、バルトによると、結局は自己認識、「人間の自己認識の、劇的なものとされた一形式」であって、真の罪認識ではない。このような考え方が一般的で自明な、伝統的な神学における罪論であったとして批判し、バルトは次の命題を示す。「人間が罪の人間であるということ……人間の罪とは何であり、罪が人間にとって何を意味するかということは、イエス・キリストが認識されることによって認識される。ただそのことによってだけ、認識され、そのことによって真に認識される」（『和解論』Ⅰ／3』57頁）と。

では、人間の罪が、神の子としてのイエス・キリストの従順の鏡に映し出されて、真に認識されるという時、その罪とは何であろうか。これに対してバルトは、「人間の罪は人間の高慢である」と答える（同102頁）。一般的には罪は不信仰、不従順と呼ばれてきた。バルトはこれに反対はしない。しかしこれは具体化されねばならないとバルトは言う。「罪とは何か、また従って、不従順を生み出す不信仰とは何かということは、イエス・キリストとの人間の関係において、イエス・キリストとの人間の対照において、明らかになる」（同104頁）。そして、イエス・キリストがその神性において父に従順な子であり、またその人性において異郷に赴く卑下の現実存在である時、人間の罪はイエス・キリストとの対照において「高慢」として具体化されるのである。

この人間の高慢について、バルトはさらに四つの観点から述べる。第一、「神はわれわれの如くになり、われわれの如くであり給う」ということが神の謙遜であるが、これに対する人間の高慢とは、「われわれは、神の如くであることを欲し、自ら神であることを欲する」ということである（同111頁）。この、人間が神の如くあろうとしているということは、人間自身には分からない。これは神によって教えられねばならない。これが分かるためには信仰が必要である。

第二、イエス・キリストの存在と行為において言えることは、「主は僕となり給うた」ということである。これを鏡として言える人間の罪は、「人間は、主であることを欲する僕である」ということである（同136頁）。人間はそう欲し、またそう振舞うが、しかしそうはなり得ない。ただその役を演じるのみである。バルトは世界の歴史を指摘してこう述べる。「ネロ、カリグラ、ナポレオン、ニーチェ、ムッソリーニ、ヒトラー等の、その時々に現れた世界史的な大カリカチュアのことを、考えてみるがよい。しかし、彼らは、人間の企ての不可能性、グロテスクさを、暴露したに過ぎない」（同137頁）と。

第三、イエス・キリストはご自身を審かしめ給うという仕方で、神的な審判者であり、正しい審きを行い給うが、人間はその反対に、「自ら審判者となろうとする」ことによって不正を行う（同160頁）。創世記三章において、人間に蛇が教えたことは、木の実を食べることによって、目が開け、神のように善・悪を知る者となることであった。そして、善・悪、正・不正を知る者は審判者であることができる。しかし本当は、人間はそう欲するに過ぎず、自分は高い玉座に座っていると思っているが、それ自体が人間の高慢なのである。人間は自分を審判者とし、自分の正義を樹立することによって、正・不正の判断の倒錯が起こり、そこに闘争が生まれる。敵を見誤り、味方を見誤る。その場合、戦争が生まれ、戦争は「万物の父」となる。「聖なる戦争、正しい戦争、必然的な戦争」。バルトはこのような戦争を挙げながら、ここに当時の世界状況と関連させて、戦争ならぬイデオロギー戦争をも、すなわち「神の目から見れば、恐らく一層恐ろしく、また一層破廉恥な戦争」であるような「冷たい戦争」（同170頁）をも指摘している。したがって、イエス・キリストの「人を審くな」（マタイ7・1）という言葉は、神の国と対立し地上を荒廃させる、悪魔の支配する国の中心部に命中する言葉なのである（同頁参照）。

第四、イエス・キリストは十字架において「全く助けのない状態の深みまで赴き給うた」。それを鏡として人間を見るなら、「人間は自ら自分を助けることができる」と考えるような者なのであり、また、「そのような自助に専心することによって神の助けを要求する権利がある」と考える人間である（同182頁）。人間は自分を自分自身の救済者、解放者と思っているが、これは単なる思い込みに過ぎない。それができるのは超越者であって、人間ではない。そこで次に、人間は自分の救済者として「神」を要請する。この場合の「神」とは「人間の単なる手伝人」（同188頁）に過ぎない。これに対してイエス・キリストはどういう方であろうか。バルトはこう述べる。「彼はあの甦りにおいて義とされ、神の自由な憐れみは彼を受け容れ、彼は神の創造者としての力によって神と共なる不朽の生命の中へと招き入れられ給うたのである。すなわち、自分自身を助けようとはせず、神の助けに対して何の要求も発しようと為給わなかった」方である（同183頁）。

このように、「人間の罪とは何か」という問いに対して、「それは高慢である」とバルトは答えた。次に、「そのような罪を犯す人間とは誰か、また何か」という問が浮かんでくる。これに対してバルトは、「罪の人間は、堕落した人間である」と答える（同217頁）。人間は自分を高く挙げることによって堕落するのである。この堕落は人間の自己理解によって認識されるのではなく、「福音の生ける言葉」によって認識される。ここで堕落という概念について、制限と先鋭化の意味があることが指摘されねばならない。制限について言えば、堕落は人間が虚無の中に落ち込んでしまって神の手から離れてしまったということではない。バルトは、「人間は、その神喪失によって、神を人間を喪失した神にすることはできない」と言う（同221頁）。この制限はまた同時に先鋭化でもある。それは、罪人としての人間が生ける神の然り（Ja!）の領域から決して引き離されないことによる。人間が罪を犯すとしても、神に反抗するとしても、それは神の領域の中で起こることである。それは、神が自分の敵であるかのように振舞う人間はすべてそうであるように、「神を実際に自分の敵として持たねばならない」ということを意味しているのである（226頁）。

この人間の堕落の状態とは、これはまた人間の滅亡とも言われるが、どのようなものだろうか。神の介入によらなければ除去され得なかった「堕落ノ状態」とはどういうものだろうか。人間はどのように、どこまで堕落しているのだろうか。これについてバルトは三つの答えを与える。

第一、返済不可能な負債者の状態。人間は神に対して負い目がある負債者（Schuldner）である。

人間はこれに対して責任がある。しかしそれにもかかわらず人間にはこの負い目を償うこと、清算することはできないのである。ただ神だけがこれを清算することができる。しかも神による清算は罪に対する単なる反作用ではなく、神の恵みによる。人間の負い目に直面した場合、この負い目の除去が起こり、破壊された秩序の回復が起こり、自由な恵みの行為として神の赦しが起こる。このことによって、まさしく、人間の負い目がいかに重大であるかということが明らかにされたのである。

第二、堕落の徹底性と全面性。人間の堕落は、イエス・キリストが和解のために死なねばならなかったほどに、徹底的、全面的である。それにもかかわらず、人間は神との結びつきから離れることができない。この神からの結びつきがあるにもかかわらず、神に背いているという点に人間の堕落の重大さがある。罪なる人間の状態について、罪にもかかわらず人間の中には善の核、善の残留物が存在すると自然神学は主張している。これに反対してバルトは述べる、「人間に関する限り、人間の存在はその行為においてまたその業として残りなく転倒した存在」（同247頁）であると。また他方、この善の残留物という主張は、「あまりに弱々しい表現」である（同）。なぜなら、人間はその全体性において神からの結びつきにあり、そのような者として神の前での存在だからである。

この堕落の徹底性と全面性に関して、バルトは、「人間が罪を犯す場合、単に人間が罪を犯すというだけでなく、人間が罪人なのである」（同250頁）と言い、ここで人間の原罪について述べる。そして原罪を、昔から言われているアダム以来の人間に備わった「相続的な罪」（Erbsünde）という理解に反対して、これは「絶望的なほど自然主義的・決定論的・或いは宿命論的」であると批判する

（同258頁）。そして、むしろ、人間の「根源的な罪」（Ursünde）と理解する。すなわちこう述べる、原罪の教説が教えていることについて、「神の言葉において人間に対して発せられる告白が目指すのは、人間そのものであり、その現実存在の全体における人間であるということ。その告発は人間の一つ一つの行為に対しても語られ、特別には一つ一つの行為に対して語られはするが、何よりも第一には、人間の生の行為全体に対して語られ、人間の行為がその最初の時にもまたその経過全体にわたって持っている性格に対して語られるのだということ」（同255頁）であると。

第三、堕落の普遍性。バルトはパウロの言葉、「神はすべての人を不従順の状態に閉じ込められましたが、それは、すべての人を憐れむためだったのです」（ローマ11・32）を引用して、「神がすべての者を憐れみ給うたということが真実であるのと同様に、神がすべての者を不従順のなかに閉じ込め給うたということも、真実である」（同259頁）と述べる。神の意志によって人間は二つの脈絡の間に存在している。すなわち、後方に向かっては神による閉じ込めであり、前方に向かっては神の憐れみである。神の御子の支配する国に将来を持っている者は、闇の力の勢力圏の中に自分の過去を持っている。イエス・キリストの十字架の死によって初めて、「われわれは、罪の人間、高慢と堕落の人間であった。われわれは、あの閉塞のうちにあり、あの別の力の領域の中にあった」ということが分かる（同263頁）。そしてこの閉塞のもとにいたのは、「すべての人間」だった。ここに罪の普遍性がある。「人類そのものが、罪を犯し、従って、神の栄光を喪失したのである（ローマ3・23）」（264頁）。そして、「聖書は……『すべての人間』に『アダム』という名の標題を与える」（同271頁）とバルトは言う。アダムは固有名詞を持って登場するが、神によって直接に創造された最初の人間、原人（Urmensch）であり、「人間」である。また、この原人は原罪人（Ursünder）であって、代表者として登場したのである。だから、アダム以後の人類は、「すでにアダムの人格と行為によって代表された者たち」（同277頁）である。パウロにとってアダムとは、彼一人によって人間が罪人とされたような人間である。しかしまた、一人のキリストによって人間が義人とされた。ここに「キリスト－アダムの並行」が存在する。

5　人間の義認

イエス・キリストの死は神の審きの遂行であり、甦りは神の判決であった。このイエス・キリストにおける神の審きと判決には二重の意味がある。すなわち、神御自身に対して信実である限りでは、また罪の人間に対する神の怒り、焼き尽くす熱である限りでは、否定的である。そして、人間に対して信実である限りでは、また神の恵みによる救いの業である限りでは、肯定的である。この神の判決の肯定的な意味を論じるのが義認についての教説である。義認論においては、人間に与える神の義を示すこと、また神から与えられる人間の義を示すことが重要である。したがって義認論は、神なき、死せる人間の現実存在が、神に生きる人間の現実存在へと方向転換し移行したということである。バルトにおいて、この「移行」は和解論全体の中では、第一局面では義認論として、第二局面では聖化論として、第三局面では召命論として展開される。義認論についてバルトはルターを批判して、「周知のように、義認論を福音の言葉そのものとして特記し取り扱ったのは、やはり誰よりもルターであった」（同296頁）と述べる。確かに義認論の意義を否定することは論外であり、また一定の状況の中で、強調が必然的であったのは当然である。だが、義認論がいつでもどこでも福音の言葉そのものと同一視されるならば、「それはあまりにもヒステリックなまた不正な排他的行為を意味するであろう」とバルトは言う（同299頁）。そして義認論そのものでなく、義認論の根柢が、すなわちイエス・キリストの存在と行為についての認識が「教会ノ立チマタ倒レル条項」であるとするのである。

人間の義認は神の審きの出来事において起こる。この審きにおいては神の気まぐれや恣意が行使されるのではなく、「神の法」が行使される。神の法とは、人間の法の最高のものでも総体でもないし、また自然の法則や道徳の法則から規定されるものではない。そうではなく、神が法をもち、神が法の中におられるのであり、神が正しいのである。この神の法は人間に対して行使される。神の法が行使されることにおいて、人間の不義が除去され、新しい人間の義の回復と樹立が起こるのである。

神による人間の義認は神と人間の間の一つの出来事、運動である。この運動においては、二様ではあるが一つのことが起こっている。すなわち、上では「断罪し且つ釈放し・殺し且つ生かす神の義と恵み」が起こっており、下では「神の審きを経験するただ一人の（この神の行為に対応する）暗い由来と明るい行く手」が起こっている。こうして人間は神への不義から、従って自己自身の死から歩み出て、新しい義へと、新しい生命へと移行するのである。このような移行の出来事として義認は起こるのであるが、これは「真の・本来的な謎」であると言うより他はない。われわれはこのような出来事を自らにおいて体験できるだろうか。われわれはあの過去とあの将来を、その区別と統一において、自分自身の中で見出すだろうか。自分が神によって義認された者だということを表象し得るのだろうか。これは謎である。

この疑問に対して、バルトは、これはわれわれにとっては、謎でなければならないと言う。その理由について、「われわれのリアルな今日は――不義から義へ、死から生命へというわれわれの真実で現実な移行の今日、従って、神の義と恵みによってわれわれに与えられる審きの今日は、われわれにとって、実は他なる（fremd）今日なのである」（同344頁）と述べる。そして、このわれわれにとって「他なる今日」とは「イエス・キリストの今日」なのだと同定する。すなわち、人間に与えられる審きの出来事、われわれの不義と神の義との衝突が起こる出来事、われわれの不義と死が過去のものとなり、われわれの義と生命が将来となる出来事、この出来事は実にイエス・キリストの出来事なのである。そしてこの出来事・歴史は、イエス・キリストの出来事でありつつ、まさにそれによって、われわれの出来事なのである。しかも、彼の歴史・出来事は、「われわれがわれわれ固有の歴史として知っていると考える一切のものよりも比較を絶してはるかに直接的で親切なあり方で」、「まさにわれわれの最も固有の歴史」なのである（同345頁）。こうして、「ワレワレノ義・私ノ義」の根源は、他者の義認についての認識、「キリストノ義」なのである。

さらに、キリストの義・神の審きの義についてみてみよう。そのために先ず問うべきは、イエス・キリストにおいて何が起こったかである。イエス・キリストにおいて起こったことは、神が人間に対向する審判者であり給うということであり、またそのような方でありつつ、罪人のかたわらに立ち、人間の立場を取り、人間の代理となり給うということである。すなわち、人間のための神の代理と神のための人間の代理がイエス・キリストにおいて起こった出来事である。それ故に、罪人の義認があるとすれば、それはイエス・キリストの中に求めなくてはならない。彼において義認は真実となり現実となったのである。換言すれば、われわれ罪なる人間の義認は、第一に、イエス・キリストの十字架の死における人間の不義の否定と、不義を行う者としての人間自身の除去によって起こり、第二に、イエス・キリストの甦りにおける人間の義の樹立と、それと同時に、神の前に義なる新しい人間の生命の導出によって起こる。このイエス・キリストの十字架と甦りの「区別」を持った「関連」において、しかも「不可逆的」な関連において、人間の義認は起こった。

こうして、バルトにおいては、「栄光ノ神学」(theologia gloriae) は、もし「十字架ノ神学」(theologia crucis) を包含しないなら、抽象的で無意味であり、また「十字架ノ神学」は「栄光ノ神学」を包含しないなら、同様に抽象的で無意味なことになる。イエス・キリストの十字架は義認の「起点」(terminus a quo) であり、彼の甦りは義認の「目標」(terminus ad quem) である。こうして、イエス・キリストにおいて、われわれの義認の起点と目標が与えられているのである。

では、人間の義認は神御自身にとって何を意味するのであろうか。和解の出来事は神にとっては、何の意味もないような外面的なものであろうか。これに対してバルトは、「この不義なる人間の義認の業において、神は、御自身をも——そして、先ずもって御自身、義とし給うのである」と答える(同368頁)。ただし、神は御自身の義認を必要とされたのではない。神は御自身義なる方であるので、義とされる必要はない。むしろ、罪なる人間の義認を通して、神は御自身が義なる方であることを認識せしめられたのである。しかも義なる神は、「人間を実際に最高度に愛し、最も真剣に御自身のもとに引き寄せ給う」（同379頁）として、認識せしめるのである。

「赦免」（Freispruch）、これが人間の義認である。イエス・キリストの死と甦りにおいて人間の赦免が発せられた。この赦免は神が下した判決であり、神が告げる言葉であり、従ってまた、絶対的な拘束力を持つ権威・力である。

赦免は歴史である。赦免は人間の「状態」ではない。赦免の歴史は開始と完成、「以前」と「以後」とを持っている。これは、イエス・キリストの死と甦りと同様に、逆転不可能な仕方で連続している。この両者を持つということが神の赦免の業である。先ず、「以前」について言えば、赦免は「罪ある人間」に対する神の赦免であるが故に、赦免が自分の身に起きるときに、その者は、「自分は神の前では罪人だということを認識せざるを得ない者以外の者ではなかった」ということを発見するのである（同392頁）。したがって、赦免を受けた人間は、「われらの罪を赦し給え」、「罪人なるわれに恵みを与え給え」と祈るように召し出されている。こうして、赦免の「以前」は、人間は神によって義とされた「罪人」であることを示す。次に、赦免が「以後」を持つということについて言えば、人間は神によって「義」とされた罪人であることを示している。ここには逆転不可能な方向がある。すなわち、人間の不義と死から人間の義と生命への移行・運動という方向があり、前者に対する後者の優位がある。したがって「義とされた罪人」という場合の弁証法は、義と罪人の関係が、シーソーの両方の板が上がったり下がったりするような具合に、二つの契機が交互に循環する「上下左右の運動の弁証法」ではなく、「義とされた者の不義が背後にありその義が眼前にあるという一つの歴史の弁証法」である（同424頁）。このように、人間の赦免は過去からの解放である。またそれと同時に、将来へ向かっての約束である。そしてこの約束は一つの目標に向かって身を伸ばすということを含んでいる。すなわち、赦免を受けた人間は、フィリピ3・12で「わたしは、既にそれを得たというわけではなく、既に完全な者となっているわけでもありません。何とかして捕らえようと努めているのです。自分がキリスト・イエスに捕らえられているからです」とあるように、「罪の赦しと神の子の身分」の未来完了（Futurum exactum）を生き、喜びと確信に満ちたものとして進みゆくのである。バルトは「人間の赦免、その義認の完成とは、そのような旅人（喜びに満ちた旅人）と定められることであり、大いなる希望という地位に任ずることである」（同446頁）と述べる。

バルトは「人間の義認」について論じるに際し、義認論の客観的側面としての「神の審き」と「人間の赦免」を論じてきたが、最後に主体的側面としての「ただ信仰による義認」を論じて締めくくりとする。

「信仰」と対立的に理解される場合が多いのは「行い」であるが、バルトによればパウロは「行い」（エルゴン）について、旧約聖書における「律法の行い」をそれ自身として非難も軽視もしていない。ただ、それがイスラエル民族の律法理解において、人間を義とする行いとして信仰と並置されたり信仰の補足とされたりすることに反対した。宗教改革者たちはこのパウロの状況を、自分たちの時代のローマ・カトリック教会の文化秩序や生活秩序と同一視して、「信仰のみ」を主張したのである。

バルトは「信仰による義認」を、先ず境界を設定することから論じる。すなわちこう述べる。「信仰による義認」とは、「人間が、自分の平常の悪しき行いを為さずに、また様々の偽りの善き行いの代わりに、この信仰の行いを選びまた行うことによって、自分自身を赦免し、従って義とする、というようなことでは決してない」（同467頁）。それはすなわち、われわれ罪人である者が、他の救いの道ではなく信仰を選んだとしても、それは罪人の行為であって、罪人は自らを義とすることはできないのである。このような意味での信仰は「自己義認の最高の形」であり、「高慢という形における人間の罪の最高の形であり、その最も本来的な形」である（同469頁）。ここで、「信仰による義認」における信仰について言えば、信じる人間が罪人である限り、信仰とは自己栄光化の断念であり、自己自身に対する絶望である。また、信仰は徹頭徹尾「謙遜」を意味する。だが、強いられた謙遜ではない。したがって信仰は、信頼に満ちた絶望であり、信頼に満ちた謙遜、しかも従順に満ちた謙遜であり、喜ばしい自由な決断である。

このような境界設定をした上で、バルトは信仰義認について二つの点を確認する。第一は、否定的・消極的に、人間のどのような行いも、信仰の行い自身も、人間の義認ではない。第二は、信じる人間の信仰は事実上、神によって義とされた人間の信仰である。このような確認の根拠は何か。それはイエス・キリストの出来事である。イエス・キリストの十字架の死と甦りにおいて起こったことは、神の御子がわれわれの代わりとなって罪と死を引き受け、それらを終焉せしめ、それによって正しいことをなし、新しい義なる人となり、しかもわれわれ全ての人間のためにそう為し給い、そのことを啓示し給うた、ということである。信仰とはまさしくこのイエス・キリストへの信頼、告白、認識である。したがって、「ただ信仰による義認」とは「ただキリストによる義認」に他ならない。これは消極的に言うなら、一九二一年の『ローマ書』で信仰を「空洞」(Hohlraum)と呼んだことと対応する。だから、「『タダ信仰ニヨッテ』とは、『タダキリスト』(solus Christus)ということの弱いしかし必然的な木霊《こだま》以外の何ものであろうか」(同496頁)と、バルトは述べるのである。

このようにただ信仰によって罪なる人間が義とされたのなら、そこから生じざるを得ない人間の態度と行いは、キリストに従うこと、キリストを写すことであろう。ここからバルトは和解論における倫理学を展望している(同505頁を参照)。そして和解論の倫理学は、和解論を第三局面まで論じた後から展開される予定であった。しかし残念ながらこれは完成されることはなかった。ただ、その「断片」として「洗礼論」が『教会教義学』の最後の巻に入れられている。

6　聖霊とキリスト教団の集まり

罪なる人間の義認は「ただキリストによってのみ」現実化され、その必然的な反響として、主体的には、「ただ信仰によってのみ」現実化される。それは具体的にはキリスト教団・教会であり、キリスト教信仰・キリスト者である。しかし人間は罪人であるが故に、自分自身によってはキリスト教会とキリスト教信仰へと至ることはできない。それはただイエス・キリストの出来事に包含されてのみ可能なことなのである。イエス・キリストの力、人間を目覚めさせ照明する力は聖霊である。「ワレハ聖霊ヲ信ズ」という告白は、イエス・キリスト「と」教団、イエス・キリスト「と」個々のキリスト者という、「と」でつながれた両者の関係・交わり・統一性を語っている。したがって、「聖霊とキリスト教団の集まり」なのであり、「聖霊とキリスト教信仰」なのである。

キリスト教会・教団は、生けるイエス・キリストによって聖霊を通して集められ、自ら集まる時に存在する（die christliche Gemeinde はキリスト教会ともキリスト教団とも訳されるので、適宜文脈に応じて訳語を使い分けることにする。確かにドイツ語の Kirche は制度面に、Gemeinde は集まりの面に力点があると言えるが、日本語の教会は両面を覆っているので、厳密に教団と教会とに訳し分ける必要のない場合もある。引用文においては翻訳者に従った）。「教会は、教会が生起するときに、存在する」のである（『**和解論Ｉ／4**』、19頁）。教会の存在は人間的活動の関連において、世界史の一つの現象として生起する。その限り、教会は可見的教会（ecclesia visibilis）である。可見的になるのは、「集合」（congregatio）、「交わり」（communio）等の出来事である。それは、神の子が自ら地上的な存在の低みにまで降り、真の神でありつつ同時に真の人となったのと対応して、生けるキリスト、聖霊が地上的現象としてキリスト教会とキリスト者を呼び起こすからである。したがって、教会が不可見的ではなく可見的であるというのは、「ただ極めて特別な仕方でだけ可見的」であるということである。さもなければ、教会は社会の中の組織の一つであるに過ぎず、一つの宗教団体のようなものとして理解されてしまうことになるだろう。教会は聖霊によって呼び出された存在であるが故に、「自分の現実存在の第三次元」について知らねばならない。「我ハ教会ヲ信ズ」という信仰告白は、教会がシュライエルマッハーが理解している意味での「敬虔な共同体」ではなく、「生ける主イエス・キリストの生ける教団」として、ただ「信仰の視力」（同27頁）によってのみ可視的であることを意味しているのである。

他方、教会がイエス・キリストの力とその御霊ではなく、その代わりに、自分自身と自分の説教、自分のサクラメント、自分の（カトリック的な意味での）「準サクラメント」（Sakramentalien）の働き等をもって自分を偉大とするなら、たとえその教会が世界規模の大きさを誇っても、最も小さい教団として身を低くしたとしても、証しの能力を失った、不適格な教会であるだろう。そうしたいということは、教団の誘惑であろう。では、教団は何を為すべきであろうか。それは、「教団は、その可見性の中にあって、その不可見的な栄光を――すなわち、人間を義とし給う主の栄光と主によって義とされた人間の栄光を、証しすることができるし、また証しすべきである」（同29頁）。教団の栄光とは、教団が神に栄光を帰することを許されて、そうすることを止めないということである。教会は三次元において、すなわち聖霊の目覚ましめる力によって、生きるのである。

教会の可見的な存在に隠された不可見的な存在の秘義とは何であろうか。それに対してバルトは、「教団はイエス・キリスト御自身の地上的・歴史的な現実存在の形である」、すなわち新約聖書の表現に従えば、「教団はイエス・キリストのからだである」と言う（同35頁）。キリストの体である教会は、「彼によって、他のすべての者たちに先んじて、今すでに、彼の死によって行われ死人の中からの彼の甦りにおいて啓示された神の判決のもとに生きることを欲しまたその用意のある者とされた者たち」の集まりである（同36頁）。ここにおいて肝心なのは、「からだ」は教会についての良い比喩だというのではなく、イエス・キリスト御自身が本質的に「からだ」であり給うということである。教会の秘義は根源的には教会自身の秘義ではなく、イエス・キリストの秘義なのである。イエス・キリストは教会のかしらであり給う。同時にまた、全世界の罪のために死に（Ⅰヨハネ2・2）、すべての人間の義と生命の啓示者として死人の中から甦り給うた（Ⅰコリント15・21以下）のであるから、イエス・キリストは全人類のかしらである。しかし、全人類が「キリストのからだ」であるのではない。新約聖書においては、ただキリスト教会に対するみ言われている。それは、教会においてパンとぶどう酒によるからだの交わり・コイノニアが可見的となり、イエス・キリストの現存が証しされるからである。教会において、特定の人々の地上的・歴史的な行為と経験として、「具体的に」、イエス・キリストと人間との交わりが示され、告げられ、表明される。したがって「キリストのからだ」という概念は、教会の具体的な生活において秘義として認識されるのである。

バルトはキリストのからだという概念に包含される教会の存在について、さらに、ニカイア・コンスタンティノポリス信条（三八一年）において、「教会」が「一ニシテ・聖ナル・公同ノ・使徒的・教会」と告白されている点について論じる。

教会の「一性」とは、和解者なる神は唯一者であり、これを信じる信仰者も現実的には多元的であっても統一があり、統一へと集められていることを意味する。また、イスラエル民族とキリスト教会も「分離し難い仕方で一つなる教団である」とバルトは主張する（同51頁）。両者の区別は二つの相、二つの姿、二つの「経綸」（Ökonomien）であるが、全体の上に張られているのは「ただ一つの契約の弧」である。なぜなら、「イスラエルで始まり・イエス・キリストの中にその中心を持ち・教会においてその目標に向かって急ぐのは、ただ一つの歴史」（同53頁）だからである。さらに、教会の一性とは、個々の教会が部分をなしているような組織からなる総合教会・「全体教会」（Gesamtkirche）にあるのではない。むしろ、教会の「一性」は、個々の教団がそれぞれ唯一の教団であり、かつそれ自体で全体であるという、その全体性（Ganzheit）の中にあるのである。またさらに、教会分裂によって生まれた諸教派の存在は、確かに躓き（Skandal）ではあるが、しかし「イエス・キリストのために自分にはそうする義務がある」と真剣に考える場合には是認されることができる。そこにおいては自己絶対化がなされるのではなく、「ただそこを出発点として一なる教会へと身を伸ばすために」そうするのであって、生ける主イエス・キリストによって肯定されることを求めつつ、「謙遜な信実」を願うのである。

教会の「聖性」とは、「イエス・キリストの聖性の反射」（同82頁）であって、それ以外ではない。教会は他の共同体から区別された共同体である。この区別が聖性の原意であるが、この区別つまり教会の聖性は、聖霊が創った。だが、教会は聖でありつつも、被造世界の一部であって、それを神のように信じるなどということは論外である。かくて、教会の聖性は聖霊が教会に付与したと言うべきである。教会の存在と行為がそれ自体で自動的に聖なるものなのではない。教会が聖なる教会であるのだから、また、聖霊によって信仰へと呼び覚まされ、教団に加えられた個人も「聖ナル人々」との「聖徒ノ交ワリ」に入れられるのである。否定的に言えば、一定の人間が教団の成員となることによって自動的に聖性を帯びるのではない。「真のキリスト者」とはわれわれが決定すべきではなく、「主の為し給う事柄」である。イエス・キリストに目を注ぎ、彼の判決に服する事柄である。また、教会はその聖性を聖霊なる神から与えられていることによって、教会は「破壊され得ない」。イスラエルが神との契約の相手として、いかなる歴史的な激変においても選ばれた民であることを止めないように、今やイスラエルの継続として、イエス・キリストの教会がそうなのである。だからと言って、このことは、教団の現実存在と働きが自分の自由に任せられ、自主独立に我が道を行けばよい、ということではない。その理由をバルトはルターと共に、「教会の聖性は能動的な聖性ではなくて受動的な聖性である」（同107頁）と主張するのである。

　教会の「公同性」とは、聖霊を通して父と子を信じる信仰において教会の本質は普遍的である、ということを意味する。公同性（Katholizität）を「ローマ教会」に投げ渡すべきではないし、実際、宗教改革と十七世紀のプロテスタント神学は自分たちの事柄の公同性を主張することを止めなかったのである。教会の公同性についてバルトは総括的に、「私は、キリスト教団が、すべての所と時において、すべての他の（異なった）共同体の内部にあって、その一人一人の成員すべてとの関係において、その本質において同一のものであることを信ずる。そのような同一性においてだけキリスト教団であり得ることを信ずる」（同120頁）と述べる。信仰なしには教会の一性も聖性も見ることができないように、教会の公同性も信仰なしには見ることができない。教会の公同性は教会の大小とは関係ないのであって、「公同性は、イエス・キリストにおいて輝く光の反射として、教団の上に注がれる」(同125頁)のである。

教会の「使徒性」とは、教会が使徒たちの「規範的な権威・教え・導きのもとにいる」(同133頁)ということである。このことは一つの運動であって、使徒たちと教会の歴史に参与するということである。この運動は具体的な、他の出来事からは「聖霊によって」区別された出来事、その意味では「霊的な出来事」である。ここでバルトは「使徒伝承」を曖昧な概念だとして批判する。その理由は、この概念が歴史的(historisch)な証明に支えられた超自然的な法学の下で、「使徒の権威・教導権・使命が技術的に儀式的按手によって相続され或いは譲渡される」(同134頁)ことを意味しているからである。それによって、使徒の権威が教会の最高の聖職者すなわち司教からその後継者へ、そしてまたこの後継者が按手によって聖職に叙する下級の聖職者へと、或いはさらに次の後継者へと、いわば流れて行くことが示される。この場合には使徒性は儀式的按手という「導管」を通して伝承されていくことになる。このような脈絡においては一定の法的思想があれば十分であって、「聖霊も信仰も」必要ではないことになるだろう。教会の使徒性において中心的なことは、「イエス・キリスト御自身において始まり、その使徒たちにおいて継承され、その教団において完成される歴史であり、すでに起こった・そして絶えず繰り返し起こらなければならない歴史である」(同144頁)。したがって、使徒的教会とは、「その特別な性格を持った聖書を、昨日も今日も生き給うイエス・キリストの直接的証しとして認識しまた読み・それを正典として尊敬し・それに準拠する教会のことである」(同147頁)。

教団の存在は被造的な歴史の中における存在だから、時間的な存在であり、始まりと終わりとを持つ。この「教団の時」は、イエス・キリストの復活後の四十日間における彼の第一の来臨（Parusie）とすべての生ける者と死せる者の審判者として最後の到来における第二の来臨との間にある。すなわち、教団の時は「中間時」（Zwischenzeit）である。

キリスト教会が中間時において存在しているということは、教会の強さと弱さを成している。強さとは、背後との関連から、教会はイエス・キリストの死において行われ、甦りにおいて布告された神の判決、つまり罪人の義認を知り、証しすることが許されていることである。また教会の強さとは、前方を眺めるとき、教会はあの第一の来臨に起源を持つ教会の時の結末と目標を知っており、教会の存在の目的論的方向づけを持っているということである。

他方、中間時における教会の存在には教会の弱さもある。弱さとは、教会の時が、「もはや復活の時ではなく、またいまだ彼（イエス・キリスト）の再臨の時、再臨の瞬間ではない」（同158頁）ということである。教会の創始者であり完成者であるイエス・キリストは隠れてい給うから、教会はただ信じることができるだけである。そして、神の和解の出来事はすべての人のための出来事であるといえども、信じる人は少数者である。教会は世界史の中にあっては少数者の群れなのである。しかも、この群れは、「心（プネウマ）は熱しているが、肉体は弱い」（マルコ14・38）群れである。しかし、弱くてうめくより他ない（ローマ8・19以下）群れであるにもかかわらず、「教団が御霊に従い、従ってうめき求めるとき、教団は強い」のである（同168頁）。

ここでバルトは「しばらく空想してみよう」と言う。すなわち、イエス・キリストの第一の来臨が第二の来臨をも含んでしまって、すべての時間と天地の存在とそこにある全被造物の存在を一瞬にして終結させるとしたらどうだろうかと問う。つまり、中間時がなくなったとしたらどうだろうかと問うのである。だが、これは決して空想ではなく、むしろ中間時の意味を問うているのである。人間にとって中間時がある意味とは、この中間時において和解を与えられた人間が感謝をもって神に応答し、神を賛美するためである。神は人間なしに独りで存在し給うとはされない。神は人間と共にあり、たとえ少数者であっても人間が神を信じ、認識し、告白することを求め給うのである。神に応え、「地上の貧しき賛美」を捧げるために、今やキリスト教団の時、中間時がある。また、中間時はこの世のためにも存在する。それは神による義認を証しし、すべての時の終わりであるあの大いなる光、「神の栄光」（ヨハネ黙示録21・22）が出現するまで、この世の中で輝く光であるためである。

7　聖霊とキリスト教信仰

イエス・キリストにおける和解の出来事は、教会の存在において主体的出来事となった。そして次に、個人としてのキリスト者の存在においても主体的出来事となるのである。すなわち、信仰は、客観的な和解の出来事が個人の主体においても現実化されて、出来事となるということである。ここから信仰について言えることは、第一に、信仰は自発的で自由な人間の活動であるが、対象において根拠と基礎を持っているということである。第二に、そのようなものとして信仰は承認、認識、告白という人間的な行為であるということである。

バルトは近代の神学が教義学を「信仰論」から始めることに反対する。なぜなら、それは一般的な人間学から信仰の可能性を証明しようとするからである。これに対してバルトは信仰の対象の優位性を説く。彼は、「信仰は、信じている者にも信じていない者にもすでに存在しているものを発見するにすぎない」（同183頁）と述べ、また「信ずるということは、従うことである。その対象に従うということである」（同）と述べる。こうして、信仰は、人間の活動として、客観的な出来事の主観化であると言えるのである。

この信仰の対象とは、言うまでもなく、イエス・キリストである。このイエス・キリストに対する関係からキリスト教信仰の特徴としてバルトは三点ほど挙げる。

第一は、「人間の方向づけ」であって、信仰はイエス・キリストに対する信仰であるのだから、信じる者は彼を仰ぎ、信頼し、より頼む。否定的に表現するなら、存在の中心を自分の外部に置き、自分自身には置かないという断念を意味する。

第二は、「信仰は、イエス・キリストに関連を持つというだけでなく、彼の中に基礎を持つ」（同187頁）ということである。これが意味するのは、人間自身には「信仰の可能性」は無いということである。だがしかし、「信仰の必然性」が存在する。すなわち、信仰の対象であるイエス・キリストが人間に迫り、しかもイエス・キリストにおいて罪の人間が根こそぎにされ、古い人間の消滅と新しい人間の誕生が起こり、信仰の根が創られたということが、すべての人間のために妥当するのだから、信仰の必然性はすべての人間にとって客観的に存在するのである。ここにおいては信じるか、信じないか、という二者択一ではなく、人間には信仰を選ばざるを得ないという、信じる自由へと目覚ましめる聖霊、つまり生けるイエス・キリストの力が働いているのである。この方の強い力によって目覚め、立ち上がる時、信仰は単純であるとして、バルトは次のような興味深い文章を書く。「信仰は、最も不可思議なものであると同時に、最も単純なものである。すなわち、信仰において起こることは、人間が目を開いて、一切が……どのようであるかを見、一切をそのあるがままに受け取るということである。信仰は、子供が、自分は父親の家に居るのだとか母親の膝の上に居るのだとかいうことを知るような、単純な発見である。しかし、まさにこのような単純なことが、同時に信仰の秘義でもある」（同195頁）。

第三に、信仰は「キリスト者の主体の確立」が起こることである。この主体が主体であるのは、行為の独創的な性格に基づくのではなく、信仰がイエス・キリストに向けて方向づけられ、また基礎づけられることによってであり、」「被造的主体」としてである。しかし、まさに人間の新しい特別な存在が始まるのである。ここに付加せねばならないが、（一）イエス・キリストにおける神との和解はこの世に与えられたのであるから、これを信じる「信仰による人」が存在するのである。この存在は、先ず、「真の人」としてのイエス・キリストである。彼は、「神がイエス・キリストにおいて身を向け給うた人類とこの世との初穂であり代表者である」（同198頁）と言わねばならない。また（二）「信仰による人」としての被造的主体は、この世にあるキリスト教団であり、「主の祈り」を祈る「われら」である。そしてこれを受けて、（三）この主体は「単独のキリスト者」である。すなわち、我、汝、彼という個人のキリスト者が「信仰による人」の具体であって、これを抜きにした教団というのは抽象に過ぎないであろう。信仰は確かに単独のキリスト者の信仰である。その意味でイエス・キリストは「私ノタメ」（pro me）におられるのである。この点でバルトはルター、古今の敬虔主義、キルケゴール、ヴィルヘルム・ヘルマン、また現代の神学的実存主義とも一致点があることを認める。しかし「私ノタメニ」が体系的原理にまで高められたり、また、教団の信仰の「我々ノタメニ」や信仰なきこの世の「ワレワレ人間ノタメニ」が、この「私ノタメニ」に埋没したりしてしまうことに対して、バルトは警戒するのである。重点はイエス・キリストにあるのであって、イエス・キリストが「私ノタメニ」も、あなたのためにも、また一人一人の人間のためにも、おられるという、イエス・キリストの業に懸けられているのである。

信仰の対象、根源、信じる主体・キリスト者の誕生と存在について述べた後で、バルトはさらに「人間の自由な行為」としての信仰について論じる。信仰は、愛や希望と同様、キリスト者の生の行為の一つである。しかし信仰は、それらの行為を、また一切の人間の行為をも、キリスト教的なものとして性格づける「根本行為」（同214頁）、「根柢行為（Grundtat）」（同231頁）と呼ばれるべきものである。しかもイエス・キリストの聖霊の力に基礎づけられてはいるが、石が太陽に照らされるというようなことではなく、人間の能動的な行為である。この信仰は承認（Anerkennen）、認識（Erkennen）、告白（Bekennen）という三つの認知（Kennen）の出来事として展開される（同214頁）。

第一、キリスト教信仰は、「承認」である。信仰の行為においては承認が「認識」よりも先に来る。その理由は、信仰の対象である和解者なるイエス・キリストは信仰の根拠でもあることによって、このイエス・キリストの迫りが先行するが故に、信仰においては彼への従順が第一の事柄であり、このことの認知作用はまさしく承認だからである。このイエス・キリストを承認し、出会うということは、「地上的・歴史的出来事という平面においては」、直接的或いは間接的にキリスト教団とその奉仕・宣教とに出会うということである（同216頁）。すなわち、「イエス・キリストの教団との出会いにおいて、イエス・キリスト御自身に出会うということであり、教団の相対的な権威と自由において、イエス・キリストの絶対的な権威と自由に出会うことである」（同217頁）。だが誤解してはならないが、信仰における承認は教団の教説や神学、信仰告白や教義を承認するのではなく、聖書に教えられて教団が宣べ伝えるイエス・キリスト御自身を承認するのである。

第二、キリスト教信仰は「認識」である。認識は承認の中に含まれるが、これをカルヴァンは「従順からこそ、神についてのすべての正しい認識は生まれる」と表現した（同220頁）。イエス・キリストについての認識が「正しい認識」であるのは、彼への従順における認識であることによってである。そして、このイエス・キリストは聖書の証しにおいて、また教会の宣教において、人間に出会うのであるから、正しい認識は現実的には聖書と教会において起こる。

また、認識としての信仰は、反主知主義に対立しつつ、「知ること」（Wissen）である。信仰者は信仰の対象を、どのような形においてであれ知っているのである。この知るという点について言えば、「あらゆるキリスト者そのものが、同時に神学者（未熟な神学者か訓練を積んだ神学者かということは問題でない）」である、ということになる（同227頁）。そしてまた、信仰の知はイエス・キリストについての知でありつつ、信じる人間についての一定の知をも含んでいる。したがって信仰は、イエス・キリストは「私の主」であり、彼は「私ノタメニ」おられるということの認識である。そしてさらに、信仰における知は、能動的性格として、自分自身についての知であり、しかも「全人間（des ganzen Menschen 全人的な人間）の自己理解と自己把握にまでのびてゆく」（同230頁）のである。そうして、イエス・キリストはわたしのために死んで甦り給い、わたしのために存し、わたしは彼のものだということを知る時、わたしの全存在に「全面的な震撼」が起こり、根底的行為として特徴づけられる信仰が起こるのである。

ここでバルトはカトリック教会の秘跡の教義とブルトマンの実存論的解釈とに反対する。なぜなら、イエス・キリストにおける救済の出来事はカトリック教会の秘跡論によっては、ミサ聖祭の頂点でパンとブドウ酒の聖変化の行われるのと同時に繰り返し起こると主張され、またブルトマンによっては、信仰においてイエス・キリストの歴史は信仰者自身の歴史となり、イエス・キリストの救済の出来事は信仰において現前化・現在化（Vergegenwärtigung）され、継続的な出来事とされると主張されるからである。これに対してバルトはこう述べる。「イエス・キリストの歴史の真の現在化とは、イエス・キリストが御自身を信仰の対象および根源となし給うときに、その聖霊の御業において自ら行い給う現在化である」（同232頁）。イエス・キリストにおいて「ただ一度」起こったことと、ミサ聖祭においてまた信仰において起こったこととを混同することはできないのである。それだから、信仰はわたしの全存在の「全面的」な震撼とは言えても、「絶対的」な震撼と言うべきではない。

信仰の認識は、信仰が全面的な震撼であることによって、イエス・キリストに対応しつつ自分を形成しなければならないということである。バルトは、「自分のために死んで甦り給うた方としてのイエス・キリストに対する比喩としてだけ、人間であることができ、人間であることを欲する」（同235頁）と言う。ここにおいては類比・比喩という概念が肝要である。では、イエス・キリストとの類比的関係において信仰の認識として示されるものは何であろうか。それは、先ず自分の高慢と堕落を後悔と悔い改めをもって思い起こすことである。昔の人が自己を「殺スコト」と呼んだものである。次は、昔の人が「生カスコト」と呼んだこと、つまりわたしの義と生命の回復である。信仰は神の救いの出来事ではないが、しかしこれに従うことであり、認識、覚醒という一つの出来事である。

第三、信仰は「告白」である。告白とは一般的に言えば外に向かって、人間に向かって立つということである。イエス・キリストに対する信仰の行為としての告白とは、「人の前で私を言い表す」（マタイ10・32）ということである。信仰告白は隣人に対してなされる。というのは人間は隣人なしにではなく、他者と共に生きるのであり、人間性とは共同人間性（Mitmenschlichkeit）だからである。バルトは、私的実存（Privatexistenz）は盗人の実存（Räuberexistenz）であると言う（同251頁）。次に、信仰告白はキリスト教会に向かってなされる。キリスト者は教会に対して、また教会の主に対して義務を負う者であることを公然と告白するのである。最後に、信仰告白はキリスト者を取り囲んでいる人間世界に対してなされる。神がイエス・キリストにおいて和解せしめ給うたのは、他ならぬ「この世」である。しかし、この世はイエス・キリストを承認せず、認識せず、告白しない。キリスト者は知っているが故に、黙ることはできない。キリスト者に求められていることは、「この事実を人間の言葉で人間の耳に対して知らせることであり、彼の人間的生の行為によって人間の目に対して知らせることである」（同254頁）。イエス・キリストによって神と和解せしめられ、自由へと解放された者は、告白する教会、告白するキリスト者であるより他はないのである。

2　主としての僕イエス・キリスト

1　人の子の高挙

バルトは和解論をイエス・キリストの出来事に即して三つの局面において展開していると述べたが、ここでは第二の局面を見てみよう。この局面は第一の局面に対応している。イエス・キリストの十字架の出来事に即して、第一の局面での「真の神」に対応して「真の人」が、「上から下へ」の運動に対応して「下から上へ」の運動が論じられる。

十字架における真の神の卑下は真の人の存在の基礎づけであり、同時に真の人の高挙の基礎づけでもあった。それに応じて、イエス・キリストは真の人として、人間の神との交わりの回復のためにわれわれ人間のために高く挙げられた。僕になった主として、今や、彼は主に挙げられた僕である。この人間イエスをバルトは「王的人間」と呼ぶ。バルトは、地上の人間イエスを「いわゆる史的イエス」（historischer Jesus）として論じることはしない。筆者が一九六八年八月にバルトを自宅に訪ね、その中で「あなたは史的イエスについて語っておられませんが」と問うた時、バルトは和解論第二分冊のキリスト論において、史的イエスではなく、歴史的イエス・キリスト（geschichtlicher Jesus Christus）を論じていると答えた。そして、卓上のグリューネヴァルトの磔刑図を示しながら、

「この十字架上のイエスはたしかに史的イエスです、しかしあのヨハネの指はキリストを指しています」と語った。

和解論の第二の局面においては「人の子の帰郷」が論じられる。なぜならイエス・キリストにおいて起こった和解は、神の子が人間の被造性と破壊という二重の異郷へと赴いたという卑下（第一局面）と、人の子が神との交わりの中へ帰郷し給うたという高挙（第二局面）との「交換」の出来事だからである。バルトは、「神と人間の間の契約の恢復と革新とは、神の卑下を人間の高挙と換えるというこの交換のことである。神は異郷に赴き、人間は帰郷する。この二つのことが、ただ一人のイエス・キリストにおいて起こったのである」と述べる（『和解論Ⅱ／1』、34頁）。

ここにおいてはイエス・キリストの人間的本性、「真ニ人」（vere homo）が問題になる。その際、イエス・キリストの人間性には二重の意味が含まれている。すなわち、われわれの人間本性と同じ歴史的本質、および罪によって規定された「肉」なる人間本性とである。これによって、仮現論的キリスト論とは峻別される。仮現論においてはイエス・キリストの人間性は仮の現れ、単なる現象に過ぎないとされ、従って彼の神性は単なる観念に解消されるのである。このように、イエス・キリストの人間性と他のわれわれ人間の人間性とには同等性がある。だがまた不同性もある。イエス・キリストの人間的本性を人間一般についての教説、つまり普遍的な人間学から規定することはできない。この彼とわれわれの不同性は、彼は神の本性をも持つ神の御子であるが、われわれはそうではないという点にあるのではない。むしろ人間性そのものにある不同性であって、彼が神の御子であるが故にその人間性はわれわれと同じではない、と言うべきである。ではその不同性とは何か。それはイエス・キリストの歴史において人間性の高挙（Erhöhung）が起こるということである。高挙とは「神のかたわらにまで高く挙げられた」ということである。

では、この高挙は何を意味するのだろうか。それは、イエス・キリストの人間性が一つの運動の中に置かれていることを意味する。それは、「ここで人として働き給う神の御子が赴き給うた異郷から、その故郷へと引き返すという運動」（同50頁）である。こうして、イエス・キリストは神の子として祭司の職務をなしつつ、人の子として王の職務をなし給う。また、こうして、イエス・キリストは、「神に対してもまた御自身に対しても信実な人間であり、神との和解を与えられた人間であり、真の人であり、われわれ他のすべての者との関係において新しい人間であり給う」、すなわち、「三日目に死人のうちよりよみがえり、天に昇り、全能の父なる神の右に座したまえり」というような方なのである（同52頁）。

「人の子の帰郷」、すなわち、真の人としてのイエス・キリストの高挙という、大いなる「神の道と業」について、バルトは（一）神の恵みの選びにおける出発点、（二）受肉におけるその遂行、（三）復活と昇天における啓示の根拠、という三つの観点から論じる。

（一）神の道と業の出発点としての神の恵みの選び（選びの教説・予定論）。イエス・キリストの人間としての本質はレッシングの意味での「偶然的な歴史的事実」ではない。むしろ、被造物の存在より以前に、またあらゆる時間と歴史より以前に、永遠の昔から、神の恵みの選びの第一次的内容であった。というのは、神の選びとはイエス・キリストの選びだからである。イエス・キリストは、神の御子としては、人間を選ぶ方また従って御自身の卑下を選ぶ方であり、人の子としては、神によって選ばれた方、また従って元々の高挙へと選ばれた方であるという、選ぶ神にして選ばれた人間の両方であり給う。したがって、故郷へと帰還する人の子について言えば、彼は第二次的に存在するのではなく、神の永遠の選びにおいて最初から存在したのである。これを受けてバルトは、「われわれはイエス・キリストの人性においても、彼の神性におけるのと同様に、『第一真理』に接するのだ」（同62頁）と言う。このようにイエス・キリストの人性が神の選びの対象として、神の道と業の出発点に存在するのであれば、「この真の人である彼は、その現実存在が他のすべての人間の現実存在に必然的に関わりを持つところの唯一者であり、……彼においてまた彼によってすべての人間も選ばれているのだ」（同）と言わねばならない。真の人としてのイエス・キリストは他の人間の模範以上の方、むしろ神のもとで他の人間の代理者なのである。

（二）受肉における高挙の歴史的現実。人間イエスの存在の秘義は、神が神であることを止めずにこの人間で「も」あることを欲し、また人間に「も」なり給うたという、神の業である（同70頁）。この「も」は神の業が自由な愛であることを示している。だから、この神の受肉の業は、人間存在を御自身との一体性の中に「加えて受け取り給うた」ということである。これを昔の教義学は「肉の受容」（assumption carnis）と言い表した。すなわち、イエス・キリストにおいて真の神が身を低くして人間・肉となったということは、別の観点からすれば、真の人が神との統一の中に受け入れられ、高く挙げられたということでもある。受肉によるイエス・キリストの存在の秘義をバルトは四点にわたって更に展開する。

（i）「神であり御子であるこの方が、人間ともなり、人間でもあり給う」（同78頁）。ここでは一回限り完了形として起こった神の行為が示される。この行為の主語は御子なる神であり、そして対象は人間的存在である。人間的存在とは「一人の人間」のことではなく、「人間的なもの」（das Menschliche）、人間を人間として他から区別するものを意味する。したがってここで述べていることは、「イエス・キリストにおいては、神との統一の中へと移され高められたのは、単に一人の人間ではなく、むしろすべての人間の人間的なものである」（同86頁）ということである。また、非実体性（Anhypositasie）、非位格性（impersonalitas）という伝統的な神学概念を用いて、バルトはこの事態を説明する。それは、これらの概念が語っていることは、イエス・キリストの人間性が神的実体や位格なしの自立的現実存在を有しない、ということである。すなわち、「彼は、われわれ他のすべての者たちとはちがって、ただ神の御子としてだけ、現実の人間でもあり給うのであって、従って彼の人間性の固有の自立的な現実存在は問題になり得ない」（同87頁）ということである。

（ii）「神の御子の現実存在は、一人の人間の現実存在ともなったし、一人の人間の現実存在でもある」（同88頁）。神の御子は、実存論的規定としてではなく共同人間性の理念としてでもなく、まさに「汝」として、把握可能な仕方でも、この世的にも、地上的・可視的にも存在し給う。今やイエス・キリストにおいて神が人間となり、人間であり給うのである。だから、この人間が語り、行動する時、神御自身が語り、行動し給う。また、この人間の苦しみや勝利は直接われわれに関わりを持ち、彼の人間としての歴史はわれわれのための神の歴史、救済の歴史なのである。この事態をバルトは伝統的な教義学の概念である実体的統一（unio hypostatica）として論じる。すなわち、神の御子の現実存在における神的実体とナザレの人間イエスにおける人間的実体との直接的な統一である。この統一がつくられるのは、イエス・キリストの降誕においてではない。むしろ、実体的統一が降誕の秘義の根拠と力であって、聖霊によるマリアからの降誕は実体的統一の徴なのである。この実体的統一の教説を基礎にして、イエス・キリストにおいて神的本質と人間的本質が変化も混合もなしに、また分裂も分離もなしに共在しているという、「両本性の共在」（communio naturarum）の教説が展開される。

（iii）「ただひとりのイエス・キリストにおいて、神的本質と人間的本質は、合一されたし、また合一されている」（同107頁）。ここで問題になっているのは「両性論」（Zweinaturenlehre）である。両性論は、本来相容れない神的本質と人間的本質が一定の主体においては合一されることができるのだ、というような一般的、抽象的な命題を扱っているのではない。そうではなく、具体的な唯一の主体であるイエス・キリストとの出会いにおいて語られるのである。バルトは、「この主体が、唯一人のイエス・キリストが、この命題を要求し給う」と述べる（同109頁）。この命題は、真の人として存在する神の御子であるイエス・キリストについて、事後的（a posteriori）に、「信仰の素朴な敢為」（das kindliches Wagnis）として、あるいは敢為としてよりも「従順」として理解されるのである。

このイエス・キリストにおける両性の合一（Vereinigung）は、「参与」とも言われる。すなわち、イエス・キリストにおいて神的本質の人間的本質への参与が起こり、この「上から下へ」の運動に基づいて、「下から上へ」の運動、すなわち人間的本質の神的本質への参与が起こる。この参与としての合一から生ずる結果は共在、つまり「両本性の共在」である。バルトは両性論において、ルター派の強調するこの「両本性の共在」よりも、むしろ神の御子の主体的行為としての両性の合一を強調し、この点で古改革派の伝統に立つのである。

（ⅳ）「彼（神の御子）は、人間的本質を御自身の中へと高め、真の神でありつつ真の人にもなり給うた」（同123頁）。ここにおいて、今までの三点で論じられてきたことの結論が述べられる。それは、神御自身が御子において神的本質と人間的本質を合一し、それによって人間的本質を高揚し、高挙し給うということである。しかも、「この人間（ナザレのイエス）において起こることは、すべての人間に共通な本質の高挙」（同）である。それによって、彼は「われわれの長子」、「すべての人間のかしら」であり、「われわれの主」であり給う。かくして、イエス・キリストにおいて人間的本質の高挙が起こったのである。

この人間的本質の高挙は、神的本質が人間的本質に参与することに基礎づけられたところの、人間的本質が神的本質に参与することである。ただし、この参与はもう少し分け入って見なくてはならない。すると、そこには両本質の双方の側での参与に関して、その参与の仕方で二重の差異が存在するのである。先ず、「言は肉となった」のであるから、神的本質は参与を与え、しかし人間的本質は参与にあずかり、受け取ったのである。次に、神的本質は人間的本質を取り、神の御子は身を低くして、人間となったのであるが、しかし人の子としての人間的本質が高く挙げられたからといって、それが神化されたのではない。むしろ、神的本質との完全な交わりの中に入れられたのである。この事態についてバルトは更に、「分与」（「イディオーマー交通」）、「贈与」（「恵ミノ交通」）、「共同の現実化」（「働キノ交通」）の概念に細分化して論じるのである。

(二) イエス・キリストの復活と昇天における高挙の啓示根拠。イエス・キリストにおいて起こった人間の高挙の根拠と歴史的実現について、いったい、どこからわれわれは知るのだろうか。これに対してバルトはイエス・キリストの現実存在の事実から、と答える。ここから、高挙の根拠としての神の永遠の選びについてもアプリオリ(先験的)ではなく、回顧的に語ることができる。イエス・キリストの現実存在と歴史が神の自己啓示であるのであって、「復活以前」のイエスの歴史における復活と昇天の出来事を決定的な啓示としているのである。その際、バルトは、イエス・キリストの歴史はこれに包含されているのである。バルトはこう述べる。「ゴルゴタで最後に語られた神の『否』と『然り』において、卑下せられた神の御子及び高挙せられた人の子としての彼の存在は完成され、彼の存在のこのような統一において、神とこの世の和解は完成された。そして、彼の御業のこのような完成においてこそ、彼の存在は、その甦りと昇天において啓示されたのである」と(同256頁)。したがって、「甦りと昇天は、イエス・キリストの完成された御業に対応する、その完成された啓示である」と言われるのである(同)。

ここでバルトは甦りと昇天について形式的確認をする。第一、これらはイエスの死に至るまでの生前の出来事と同様に、一つの「世界内的な出来事」である。第二に、復活は甦ったイエスの自己告知であり、この出来事のイニシアティヴは彼ご自身にある。またこの復活のイエスは、十字架で死んで葬られた方と同一の方であり、そのような方としての自己告知である。第三、復活は成し遂げられた神のこの世との和解の啓示である。この和解の啓示において神の意志と行為が人間に伝達され、それによって人間の認識を引き起こす。そしてこの認識は神への愛をも引き起こし、このような認識と愛が起こされるのであるが、それがイエス・キリストの教団である。

ところで、この啓示の出来事は神の主権性（Majestät）に基づく出来事である。これは人間の認識を引き起こすが、しかし神の啓示に相応しい仕方においてであって、聖なる不可解性、把握不可能性（Unbegreiflichkeit）において起こる。すなわち、この出来事は「奇跡」という性格を持つのである。奇跡は神の啓示を含まないが、神の啓示は神の主権的働きとして奇跡の性格を持つのである。また、この出来事に対するわれわれの認識は史実的（historisch）な認識ではあり得ない。むしろわれわれの認識は、「聖書本文自身の問題提起に関与し、聖書本文自身の答えに心を打ち開いて」なされなければならず、それが「偏見のない態度」ということである（同271頁）。

では、イエス・キリストの復活と昇天の関係はいかなる関係だろうか。これについてバルトは、二つの出来事は、「同一の出来事の、区別されなければならないが分離されてはならない二つの要素である」（同271頁）と述べる。復活と昇天の間には、甦らされたイエス・キリストの様々な顕現、彼の自己啓示の出来事があるのだが、この出来事の起点が復活であり、到達点が昇天である。キリストの昇天について更に言えば、これは一方では、既述のように、顕現における啓示の出来事の到達点、人間が到達し得ない世界の現実を示している。しかし他方では、「天ニ昇リ」には「父ナル神ノ右ニ座シ給エリ」と続いていることに注目すべきである。これは何を意味しているのか。これはイエスが神化されたというのではない。そうではなくバルトによれば、イエスが、「人間として神の右に移され、神との直接の交わりの中に移され、神の支配への完全な参与へと移され給うた」ということである（同277頁）。われわれ人間がそこに赴くのではないが、ただ一人の人間イエスはそこに赴き給う。そこには、つまり天には、神がいますとき、この人間もそこにいますのである。

2　王的人間

バルトによれば、イエス・キリストにおける神の御子の従順と卑下は、真の人・人の子の高挙を引き起こした。この人の子の高挙は十字架での死において完成された。復活はこれを啓示したのであった。そして、バルトは、イエス・キリストが十字架に挙げられ給うたということは、同時に彼が父の御許に挙げられ給うたということであると述べる（同278頁参照）。

この十字架の死において完成された、地上の生を生きたイエス・キリストを、バルトは「王的人間」と呼ぶ。バルトはこの「王的人間」という表題の下で、本性論（真の人の子）、状態論（高挙）、職務論（王）とを視野の内に置いている。「王的人間」とは、バルトによれば、共観福音書におけるナザレの人間イエスのことである。イエス・キリストについての新約聖書全体の認識は、弟子たちに対して復活と昇天において啓示された彼の自己告知に基づいている。否定的な仕方で言えば、「……彼（イエス・キリスト）の自己告知の光を人為的に暗くしようとし、復活以後を抽象した復活以前だけを注視しようとするならば、それに応じて、彼についての新約聖書の証しは無用のものとなり、彼の歴史も王的人間としての彼も、認め難くなるであろう」（『和解論Ⅱ／2』、5頁）と述べる。すなわち、バルトは地上の人間イエスについて、いわゆる「史的イエス」として語り論じることに反対して、新約聖書と教会という「学校」において考えまた語らねばならないことを主張するのであり、そこから地上の人間イエスを「王的人間」として論じるのである。

新約聖書の伝承において、王的人間としての地上の人間イエスは、当時の人々にとってどのような仕方で存在したのだろうか。彼の存在の固有性とはどのようなものであろうか。それについて言うべきは、第一に、彼は「見すごし難く聞きすごし難い仕方で」（同6頁）存在したということにある。彼について「人々は皆驚いて、論じ合った。『これはいったいどういうことなのだ』……イエスの評判は、たちまちガリラヤ地方の隅々にまで広まった」（マルコ1・28以下）とあるように、彼自身が人々にとって驚くべきもの、新しい存在だったのである。

第二に、彼は人々に、どうでもいいような局外中立的な仕方で存在したのではない。むしろ、「決断を単に促すというだけでなくそれを惹き起こし実現するという仕方で」（同8頁）存在した。それは突き詰めるとどういうことか。これについてバルトはこう述べる。「彼に面する（対面する）場合には、すべての人にとって、正当な可能性は、ただ一つしかない。すなわち、それは、『悔い改め』の可能性であり、徹底的な考え方の転換と回心との可能性である。そして、それは、彼がいますときに告知される喜びの音信に対する信仰と、同じものである」（同9頁）。

第三に、「彼は……忘れることのできない仕方で」（同11頁）存在した。それはどのようにしてか。こう問うと、バルトは、「それは、彼が、その人間仲間の間において主としていまし、まさに王的人間としていましたからである」（同14頁）と答える。ルカ11・20に「わたしが神の指で悪霊を追い出しているのであれば、神の国はあなたたちのところに来ているのだ」とあるように、イエス自身が王国・アウトバシレイア（自己王国）である。彼の教団はそのように理解したのである。

第四に、「彼は、取り消すことのできない仕方で、そこに存在し給うた」（同17頁）。福音書が人間イエスを想起するとき、単なる過去としてではなく、むしろ現在完了としてである。それは、「彼の存在がその死によって問題化され断絶されるというようなことのない仕方で、そこに存在し給うた」（同19頁）ということである。彼の十字架における死は破局ではなく、福音書にとってもパウロにとっても「彼の存在の目標（テロス）」であり（同）、また、死に至るまでの地上の生は死の後の甦りの生によって排除されない。したがって、十字架につけられた方こそが、今日在し、やがて来たり給う、生ける主なのである。この人間が地上的現実として、しかも第一級・最高級の現実として、だから王的人間として存在し給うたし、存在し給うし、再び存在し給うであろう。聖書と教会はそのように証ししているのである。

王的人間としての地上の人間イエスの外形上の固有性を見たが、しかし事柄に従って言えば、「彼は、神のかたどり、人間でありつつ神の『かたち』（エイコーン）であり給う」（同24頁）。それなら、神の現実存在と類比・対応する人間イエスの現実存在とは、どのようなものであろうか。これについてバルトは四点を挙げる（ここでも、他の箇所においても同様だが、詳細な聖書の引用・解説が付せられている）。

第一、王的人間イエスは、この世の人々の中では「最も貧しい者」として生き給う。彼は、この世において神が受け給う不思議な運命を共にし給うのであるが、人々によって軽んじられ、侮られた。彼の王国には光輝もなく、権力もない。人々の前では、彼の力は無力な姿を、勝利は敗北の姿をとり、最後には棄てられて、苦難と死において隠されてしまった。これらは何を意味しているのか。それは、「彼は、人間として、孤独と異郷の中に生きることを甘んじて受け、神から離れ落ちた世界において神が住まわなければならない恥ずべき片隅に生きることを、甘んじて受け給うた」(同26頁)ということである。これはこの世における王的人間イエスの隠蔽の姿であって、これは神の隠蔽に対して並行・対応しているのである。これは、復活と昇天における自己告知、つまり聖霊の証しが無ければ世界史の中に埋没したままであるだろう。

第二、王的人間イエスは、この世において何らかの意味で「貧しい人々の味方」となり給う。彼は、この世の社会的な地位に関して言えば、地位の高い、偉大な、力強い、富んだ人々を見過ごして、地位の低い、小さな、弱い、貧しい人々に眼を注ぎ給う。道徳的秩序に関して言えば、義なる者たちではなく罪人に、更に宗教的秩序に関して言えば、イスラエルではなく異邦人に眼を注ぎ給う。これは、王的人間イエスが、この世における神との一致にあることを示している。この神について聖書は「マリアの賛歌」においてこう記している、「主はその腕で力を振るい、思い上がる者を打ち散らし、権力ある者をその座から引き降ろし、身分の低い者を高く上げ、飢えた人を良い物で満たし、富める者を空腹のまま追い返されます」(ルカ1・51以下)。

第三、人間イエスが既成の価値秩序と生活秩序に対してとった態度は「革命的な性格」を持つ。その性格は原理的・体系的ではなく、一方を攻撃して他方を代わりに味方するというものではない。また、或る党派に属したり、或るプログラムを擁護したり、排除したりもしなかった。彼は様々な秩序に対してそれらの限界を示し、「一つの王的自由」を持って、「神の国の自由」を示したのである。このようなイエスの性格を形成したのは「神御自身との一致」であった。なぜなら、神御自身が同じ態度を取り給うからである。バルトによれば、「神御自身も、原理的にではなく、一つのプログラムの遂行としてではなく、しかしそれゆえにこそいよいよ革命的に、新しい歴史的方向転換と歴史的措定において、『すべてのなわめを破る者』として振舞い給うのである」（同35頁）。すなわち、神はわれわれの世界全体に対立し給う方として、審判者として出会い給うのである。

第四、人間イエスは「人間のためにいます」。神御自身がそうであるように、彼は人間に反してではなく、人間のためにいます。人間に対する神の「否」を自分の中に含み、それを強力にたずさえてはいるが、神の「然り」を写している「然り」である。この神の然りとは神の愛であり、「他ならぬ御自身をこの世に贈り給うことによってこの世に与え給うた救いと光栄との希望である」（同48頁）。したがって、とバルトは述べる、「人間イエスは、決定的には、彼が人間として、神の憐れみ・福音・平和の国・和解の御業と啓示であり給う」（同49頁）。

王的人間としての地上の人間イエスの「行為」と「歴史」は、新約聖書の伝承において、どのようなものであろうか。それについては伝承において様々な外見上の不統一があるにもかかわらず、一貫した内面的統一があるとして、バルトはイエスの「言葉」「生涯の行為」（Lebenstat）について二つの局面があると述べる。第一の局面はイエスの「言葉」である。伝承における人間イエスの具体的な行為は、彼が「語り給うた」ということである。彼は人間的な言葉で、しかし御自身の言葉として、語り給うた。教団は彼の言葉を、ラビの教えと似たものでありながらも「極めて特別な言葉として、極めて明確な言葉として」聞いた。彼の言葉は「あらゆる制約を破り・そのために与えられたあらゆる障害に打ち勝つ……力」を持っていると教団は見た。イエスの言葉は、「すべてのプリズムを貫いて、神の王的支配についての王的人間の王的言葉として、教団のもとに達し、教団に出会い、教団を照らし、教え、確信せしめた」のであり、そして教団は彼の言葉を「この世に向けられた和解の言葉」として聞き、またそれによって教団は、「外に出て、この世に対して、彼がこの世に宣べ伝え給うたことを宣べ伝えるべきだということを知った」のである（同74頁）。

第二の局面は、イエスの「行動」である。彼の行動とは、バルトによれば、神の国についての宣教と神の国の出来事そのものとの一致、否、同一性を示すものである。彼の言葉はこの世の歴史を作り出す。バルトは、「彼の言葉は、天におけるように地においても、神の意志による出来事を実現する」（同99頁）と述べる。その際、イエスが引き起こした出来事は、一つの新しいもの、「近づき来たった神の国の徴」である。それだから、その出来事は異常なあり方、つまり「奇跡」という性格を持つ。その際に気を付けねばならないが、一般的な異常現象や超自然的出来事は、イエスの奇跡行為とは根本的に違うのである。イエスの奇跡は神の国の迫りが引き起こした、神の国の徴の出来事である。神の国それ自体が不思議なもの、不可解なものなのである。イエスの奇跡はこの神の国の奇跡という性格を持つが、それは「神の力」による「力ある行為」である。それは人間を苦しめ、破壊しようとする力、つまり「虚無的なもの」に対する王的戦いに他ならない。

こうして、人間イエスの生涯の行為は、「神の国の新しい救いの現実の自己表現」であり、「この神の国の開始を指し示すと共に実現する言葉と行為における彼の力ある行動」なのである（同167頁）。

では、人間イエスは何処において王の冠をかぶせられるのだろうか。これに対してバルトは十字架と答える。真の神の卑下は十字架への卑下であるが、これに対応して、人間イエスの高挙はまさしく十字架への高挙なのである。彼の王としての命名も十字架においてなされたように、彼は十字架の高みに挙げられたことにおいて王的人間である。

聖書に従うなら、人間イエスの歴史は受難の歴史によって疑問視されたのではなく、「むしろ受難の歴史において完成された」（同173頁）。「彼（人間イエス）が父としての神の御心の鏡である」（同168頁）のだから、彼の受難において神は崇められる。バルトはこう述べる。「彼の受難においてこそ、彼において働き御自身を啓示し給う神の御名は、究極的に崇められ、その御こころは、天におけるように地においても成り、御国は来る」（同173頁）と。この事態を人間イエスについて言えば、バルトはこう述べる。「彼（イエス）は、ゴルゴタの最も深い闇においてこそ、この上もなく御子の父との統一の栄光の中に生き、あの神に棄てられた状態においてこそ、神によって直接に愛せられた人間であり給う」（同）。これがイエスの受難の秘義であり、この秘義は復活によって啓示されたのである。

この点から出発して、バルトは福音書の叙述に従って、復活以前のイエスの生涯について四点を確定をする。第一、イエス自身の志向と覚悟は受難と死の方向へ向いている。第二、このイエスの自己規定は、彼が忍ぶべき、「彼の生涯とその経過を支配する神の配済（Verordnung）である」（同184頁）。第三、イエスの受難の出来事には、使徒ユダ、ピラト、イスラエル等、彼を取り巻く「周囲の世界」も関わっている。第四、イエスの十字架は彼の弟子たちにおいて、「同じ対照像というのではないが見まごうべくもない類似性のある対照像を持っている」（同192頁）。弟子たちがイエスの十字架を担うのではない。それは問題外である。そうではなく、イエスの十字架の確かな希望と確信の喜ばしい徴として、各自が自分の十字架を忍び、イエスに従う（nachfolgen）のである。

3　御子の訓令

王的人間である人間イエスは人間にとって、どのような「現実存在の力」、支配力を持つのか。「御子の訓令」（die Weisung des Sohnes）との見出しで、バルトはこの問いに向かう。

その際注目すべきは、バルトは抽象的に人間一般について論じているのではなく、具体的にイエス・キリストの鏡に映された人間について論じていることである。彼はこう述べる。「イエス・キリストの力・支配・智慧のもとに立つ人間についてまた人間たちについて語られるすべてのことは、すべてのものの原型としての彼御自身から読み取らなければならない」（同203頁）。なぜなら、イエス・キリストにおいて起こった歴史は確かに彼の歴史であるが、しかし私的な歴史ではなく、代理的な、公の歴史だからである。「イエスは生きています。彼と共に、私も生きる」（同207頁）のである。

まさしくそうだから、このイエス・キリストにおいてわれわれは罪を赦され、神の子らとして神に受け入れられたのである。したがってイエス・キリストはわれわれの「義認」であり給う。また、このイエス・キリストにおいてわれわれは新しく生まれ、回心した者、神に向かって従順な者、つまりキリスト者と見なされている。だから、イエス・キリストはわれわれの「聖化」でもあり給う。バルトは人間における和解の実現として、和解論の第一の局面においては義認を、この第二の局面においては聖化を挙げる。まさしく、この聖化のテーマをバルトは「御子の訓令」の下で展開するのである。

前に、「イエスは生きています。彼と共に、私も生きる」と述べた。それは、イエス・キリストの存在についての言表はすべての人間存在についての言表を包含しているということである。ここでバルトは、「イエスの存在と罪ある人間の存在の間の存在論的関連」（同225頁）があることを主張する。また認識論的に言えば、自己認識とはイエス・キリストにおける自己認識である。われわれはイエス・キリストという客体的存在に対応する主体的確実性の中にいる。それはパウロが、「わたしは確信しています。……（天地の何ものも）わたしたちの主キリスト・イエスによって示された神の愛から、わたしたちを引き離すことはできないのです」（ローマ8・38以下）と言う通りである。

このような事態は自明なことではない。では、このような事態はどのようにして起こったのか。この問いへの答えは、人間イエスの存在の力にある出来事、われわれ人間との関連を論じる際の根柢の出来事になるのだが、これについてバルトは王的人間イエスにおいて確認したことを再度強調する。では、あの根柢において何が起こったのか。それについてバルトは、イエス・キリストが最後に苦しみを受け、十字架につけられ、死んで葬られたという事実においてこそ、福音書は、彼を

（まさにその甦りに基づいて）王として証しし、その事実においてこそ、王としての彼の加冠を見た」（同243頁）と述べる。この受難の出来事においてイエス・キリストは王として生の目標に達したのであった。そして、彼が死の中から甦らされ生き給うのであれば、それはわれわれの代理人として死に給うたのと同様にわれわれの代理人としても甦らされたのであるから、彼と共にまたわれわれも生きるのである。彼の生の目標である受難は彼の新しい生の発端でもあるのであり、この発端はわれわれ人間の再生と回心のための発端でもある。すなわち、弟子たちは自分たちの生を、「彼（イエス・キリスト）の死において救われ、彼の死によって神との御自身の交わりの中に移された生として宣べ伝えた」（同244頁）。実にイエス・キリストの十字架・復活・新しい発端は、われわれに代わっての、われわれのための出来事なのである。

ではイエス・キリストの出来事が、われわれに代わって、われわれのために起こった出来事であるということを、われわれはいかにして知るのであろうか。それはイエス・キリストの復活の力によって知るのである。復活はイエス・キリストの人格と業の奥義を啓示し、「われわれの目・耳・心・良心・理性」を開き、われわれを動かし、認識させる。そのように、復活はわれわれの新しい生の発端であって、一人の人間をキリスト者とする。だから、反対側から逆説的に言えば、「われわれがキリスト者たり得るのは、自分ではキリスト者たり得ないときだけである」（同275頁）と言わねばならない。一人の人間が悔い改めるとき、われわれ自身が行った跳躍としては説明できない。「ここでは、誰も、跳躍しはしない。ここでは、人は（そしてキリスト者こそ、そのような人であるが）鷲の翼のようなものによって運ばれるのである」（同276頁）。イエス・キリストの復活の力はこの世において働きはするが、この世の一つの力ではなく、機械的・有機的な力でもない。むしろ、復活の力は特有の性質を持つ。それらは、暗闇の中へ差し込み、悲しみの中に喜びを作り出す「光」であり、われわれをキリスト者つまり「あの高き王的人間の兄弟」（同281頁）とする「解放」であり、イエス・キリストにおいて働く神を理解する「認識」であり、そしてまた和解、救い、癒しと同義語である「平和」、つまり分割不可能な関係にある「神との平和・人間との平和・自分自身との平和」（同287頁）である。

このようにして、イエス・キリストの復活の力がわれわれの生を新しくし、一人の人間をキリスト者とする。人間イエスの現実存在の力とはこのようにして彼の復活の力に他ならない。

バルトはイエス・キリストの力、その現臨と活動を「聖霊」として、さらに議論を深める。彼は、「聖霊は、いわばイエス・キリストの伸ばし給うた腕であり、その甦りの力における（その甦りにおいてまたその甦りと共に始まり、そこから働き続ける、啓示の力における）彼御自身であり給う」（同300頁）と言う。聖霊の聖性は、イエス・キリストの霊であることによる。また聖霊には二重の働きがあるのであって、聖霊はわれわれに向かって、イエス・キリストの啓示の力であると同時に、またわれわれをキリストに向かって方向転換させ、キリスト者をキリスト者たらしめる力である。ただし、バルトが指摘しているように、新約聖書は聖霊を「イエス・キリストの霊」と名付けるのみでなく、さらに「神の霊」、「主の霊」、「父の霊」と呼んでいることも考慮しておかねばならない。

このように聖霊の働きを見たが、では聖霊はどのように働き給うのであろうか。その働きの仕方について、バルトはどう述べるのであろうか。彼はこう述べる。「聖霊は、人間イエスの力と支配であったしあるゆえに、また人間イエスは神の御子であり給うたしあり給うゆえに（また、そのときに）、聖霊の働きの仕方について、わわわれは、正確にかつ非陶酔的に、聖霊はそのような現実的・動的な意味で訓令（Weisung 指示、指令）でありまた訓令を与えたもうと、言うことができる」（同366～367頁）と。一般的に言えば、一人の人間、賢人が他の人間たちに課題を与え、命令を与え、訓令を与える。賢人は人々の模範として彼らの知恵であり、知恵を与える。人間イエスは神の御子としてわれわれに対して訓令であり、訓令を与え給う。聖霊は人間イエスの力であり給うのだから、訓令を与え給う。そのように聖霊は働き給うのである。

聖霊の働き、従って神の御子の訓令については、こう言わねばならない。先ず、御子の訓令は一種の道しるべとして、われわれの出発点と解放の方向性について「指定」を与える。ここに「使徒の倫理」の根本問題もあるのだが、それは「主に依り頼み、その偉大な力によって強くなりなさい」（エペソ6・10）という言葉によってまとめられる。次に、御子の訓令は「叱正」の要素を持つ。「神の言葉は生きており、力を発揮し、どんな両刃の剣よりも鋭く、精神と霊、関節と骨髄とを切り離すほどに刺し通して、心の思いや考えを見分けることができるからです」（ヘブル4・12）という言葉は、最も鋭い正義の言葉である。神はわれわれに味方してわれわれを聖化へと召し、汚れへと落ち込もうとする者に抗して戦い給うのである。最後に、聖霊の働きは「訓導」（Unterweisung）である。これは教示、教導、方向づけとも呼ばれる具体的な指令である。ローマ書に、「神の憐れみによってあなたがたに勧めます。自分の体を神に喜ばれる聖なる生けるいけにえとして献げなさい」(12・1)とあり、これが「霊的な礼拝」であると言われている。これについてバルトは、「……自己放棄に対する求めが人間的存在の中に場所と妥当性と力を得るということ――それが、人間の聖化であり、その結果としての『キリスト教生活』(vita christiana)であろう。人間は、そのような求めに服することを許され服さざるを得ないことによって、王的人間イエスの高挙に与ることができる」(同392頁)と述べるのである。

4 人間の怠慢と悲惨としての罪

王的人間イエスの復活の力が一人の人間をキリスト者とし、また聖霊として働き、神的訓令を与えるということを見た。こうして、この世界においてキリスト教団とキリスト者が存在することになった。だが、このような人間はどのような人間だったのだろうか。そう問うなら、バルトは、それは「罪なる人間」だと答える。問題の中心はこの罪なる人間の克服であるのだから、この罪なる人間は、イエス・キリストの光の中で、彼によって「克服された罪人」として、「古い人間」として理解されなければならない。罪なる人間についてバルトは、御子の訓令は、「すべての人間・一人一人の他の人間の面目失墜(Beschämung)をもたらす」と言い、それは「恥があらわになるということである」と述べるように(『和解論Ⅱ／3』、13頁)、キリストの光の中でキリスト者が自分の罪を認識するときには、この「面目失墜」が認識の共通分母とされる。人間は神と向き合うとき、具体的には人間イエスと向き合うとき面目失墜が出来事となるのである。われわれは皆、人間イエスに測られるとき彼によって面目失墜せしめられた者であり、彼の前で自らを恥じなければならない。

イエス・キリストの光の中で自分を見るとき自分を恥じざるを得ないのであるが、では、実質的に人間の罪とは何であろうか。バルトは和解論の第一の局面において、神の子のへりくだりに反抗する人間の罪としての「高慢」を挙げたのに対して、第二の局面においては、人の子の高挙に反抗する人間について「怠慢」を挙げ、「人間の罪とは、人間の怠慢だ」（同47頁）と述べる。人間の高慢は罪の英雄的な姿・プロメテウス的な姿であったが、人の子の高挙に対する反抗としての罪は怠慢であり、これは「何かをする」のでなく「何かをしない」という仕方においてある。この局面における罪なる人間は、バルトのユーモラスな表現を用いれば、「まったく単純にのらくら者であり、寝坊助であり、ぐうたら兵衛であり、うかれ烏である」（同49頁）。怠慢はその尖端的な形においては不従順、不信仰、無感謝、不信頼という姿である。

バルトは怠慢の罪について四点にわたって論じる。怠慢の罪は、（一）「愚かさ」である。神の言葉は肉となり、人間イエスの現実存在において人間の形でわれわれに語りかけ、神についての認識を与え、またわれわれは彼の訓令によって賢明になるように召されている。ところが、われわれは闇に固執し、神についての無知にとどまる。われわれは、人間イエスによってあるところの者であろうとしないで、自分自身のもとにとどまろうとする愚か者である。愚かな者は心の内で「神はいない」と言う（詩編14・1）。愚かさは自分を愚かさとして知らせようとしないで、自分を隠蔽して、反対に転倒した仕方であらわれる。すなわち、それは知恵と自称する。それは「この世の知恵」（Ⅰコリント1・20）である。だが、この世の知恵にとっては、神の知恵であるキリストの十字架は愚かとしてしか受け止められないのである。このように愚かさは神との関係の認識を壊す。さらにそれのみでなく、隣人との関係の認識、精神と身体の統一としての自己の構造の認識、自己存在の限界づけられた時間性の認識をも破壊するのである。

怠慢の罪は、（二）「非人間性」である。神の言葉は肉となり、真の神は人間イエスにおいて現実に存在する。「人間であるということは、彼（人間イエス）において生じたその実現においては、他の人間たちに結びつけられ義務づけられているということである。したがって、彼（人間イエス）においては、人間は、単に神に向けられているというだけでなく、まさにそのことによって同時に他の人間にも向けられている」（同99頁）。人間イエスはそのような方であることによって、他のすべての者のための訓令であり、呼びかけである。しかし、われわれはその呼びかけに従わない。人間イエスは他の人々の隣人・兄弟であるが、われわれはそれを拒み、孤独と敵意の中に留まる。こうしてバルトは「『非人間的』ということは、まさに他の人間なしにということである」（同102頁）と述べる。また、人間性が「こと」（事・Sache）の中に隠されることによって、非人間性は自分の正体を隠蔽する。それらの「こと」とは集団、組織、制度等であって、それらにおいては人間はアノニムにされ、名前の代わりに番号になる。ここでは人間の神との人格的関係も他者との関係も壊される。また自己同一性も破壊され、また自己の歴史は他者の歴史の中に埋没させせられてしまうのである。

怠慢の罪は、（三）「淪落・零落」（Verlotterung）である。人間イエスは真に人間的な生を生きる。彼は、「まったく魂」であり「まったくからだ」であるという人間本性に「一致」した関係を生き給う。その一致した関係において、彼は「そのからだを自由に処理する魂であり、その魂に自由に仕えるからだ」（同133頁）であるという順序がある。このようにして、われわれ自身も、人間イエスの人間的本性の真理、すなわち真に人間的な生へと選ばれ・創られ・定められたものであるということを認識するのである。しかし、人間イエスと対比するなら、われわれは「自分に贈られた肉における霊の自由を用いることを怠る者たち」（同）である。そのようにして、「霊のない肉としての存在の中に、無秩序の中に留まり、それにふさわしい生活をする」、それは淪落・零落の生活である。自分の本性の無秩序・分裂・崩壊を生きる人間、すなわち放蕩人間である。放蕩人間は「快楽の力」の中にいるのであって、それは、ちょうど子供が玩具をばらばらに分解してしまう衝動に似ている。そしてまた快楽の力が人間の本性の力を奪うことにもなるのである。このような快楽の力に零落した人間の罪は、その姿を「自由と自然性という二重の口実」の中に隠蔽する。すなわち、「魂をからだに対するその拘束から解任し、からだの主・見張人であるという義務から解任し、からだを魂に対する奉仕、魂の統御から解任する」という「解放」である（同145頁）。このような零落と無秩序の中にある人間は、「無秩序の神ではなく、平和の神である」（Iコリント14・33）ところの神に敵対し、他の隣人との相互的関係を持つことができず、自己の存在の時間性に怯えるしかないのである。

怠慢の罪は、(四)「憂慮」(Sorge)、思い悩みである。人間イエスは自分の生命を神と人間のために捧げ、死に赴き、十字架につけられた方として、新しい人間・聖なる人間・高挙された人間であり給う。彼はわれわれのために、われわれと共にいます故に、われわれも彼と共にいる。われわれは彼と等しい者ではないが、しかし、われわれの結末と最後は、彼の結末と最後の光の中に移される。したがってバルトはこう述べる。「彼は、われわれの希望であり、彼は、われわれに、希望せよと命じ、希望せしめ給う」(同161頁)。しかし、われわれは、静かに安心せよというだけでなく、希望することをも許されているまさにそのところで「後ずさり」する。「後退し、遅延する」。そして、それもまた責任を負わねばならない背反であり罪である。この罪をバルトは「憂慮」と呼ぶのである。これは、前に別の名前で述べた愚かさ、非人間性、淪落の果実である。憂慮は徒労であり、空しい。それによって、われわれは自分の寿命をわずかでも延ばすことはできない(マタイ6・27)。それにもかかわらず、われわれは神の言葉と働きが無いかのように、イエス・キリストが復活されなかったかのように振舞う。自分の憂慮を隠蔽して、西洋的人間は労働の義務(義務的労働)という「高貴な概念」に立って能動的立場に立つ。すなわち、彼は何かの成果を示すという目標に向かって努力し、達成の度合いによって自分や他者を計る。そこには優越感やその反対の劣等感が生まれてくる。その活動の底には人間の憂慮が潜んでいるのである。これに対して、東洋的人間の憂慮には受動的という刻印が捺される。彼も人間の限界、死から迫ってくる脅威を知っている。彼は自分の憂慮を知り、これを隠蔽しようとする。その際、彼は「諦観」という高貴な概念によって解決しようとする。彼にとって価値があるのは労働ではなく、瞑想なのである。こうして、ここには、勤労の倫理と諦観の倫理の対立的な二つの倫理が生じてくるが、その根は同じであって、憂慮を隠蔽することにあるのである。憂慮は神からの疎遠、人と人との交わりの不和・対立、「人間性の崩壊」をもたらし、また人間に希望の無い死への恐怖を生ぜしめる。しかし、まさにこのような人間に神はイエスを与え、イエスはこのような人間のために生き給う。それ故に聖書の言葉は真実である、すなわち「主は近い。何事も思い煩ってはならない」（フィリピ４・５以下）。

人間の「悲惨」（Elend）は怠慢の結果である。すなわち、愚か者、非人間、放蕩人間、思い悩む者が作り出す状況は、人間の悲惨である。人間イエスがわれわれを伴いつつ故郷へと高挙されたのにもかかわらず、われわれは彼がおられなかったかのように人間的な低地を選び、堕落の状態にある。しかし、人間がどのように悲惨な状態であっても、神の恵みの勢力圏の外にいるのではなく、内にいるのである。それによって、むしろ、人間の悲惨の厳しさが示される。それだから、人間の悲惨とは何かということは、何らかの経験や観念によって得られるのではなく、人間イエスにおける希望から、「われわれの過去」（同192頁）として述べられるのである。

すなわち、（一）、人間イエスによって開始された新しい生命によってのみ終わりを告げられ克服され得るような、そのような人間の悲惨は、死に向かって墜落して行くという人間の顚倒した状態である。（二）、神に喜ばれ、従順な、新しい人間イエスが現れ、われわれも彼において新しい行為の主体とされているにもかかわらず、われわれは人間イエスとは別の源から行為する。それによって、われわれは罪人である（原罪）のみでなく、罪を実行している（現行罪）のであり、罪の歴史を生きているのである（行為の罪責性）。（三）、悲惨からの解放は、イエスの王的自由において、彼の自由意志によって起こったのであるが、彼によって解放されねばならない人間の悲惨についてバルトは、「われわれの悲惨は……『奴隷意志』（servum arbitrium）としてのわれわれの意志の規定である」（同207頁）と述べる。罪なる人間は罪の奴隷であって、自由な人間ではない。彼は自由意志によってではなく、奴隷意志によって罪を行うのである。なぜなら、自由とは何らかの能力や選択の自由ではないからである。バルトはこう述べる。「自由な人間は、神とのその交わりにおいて真に人間たり得る人間である。したがって、彼は、何か曖昧な選択によって自由を行使し所有するのではなく、彼がそれによって自分のそのような能力を確証する極めて確然とした選択によって、自由を行使し所有するのである」（同208頁）。こうして怠慢な人間の悲惨は、自分に与えられた自由の拒否から出発し、自由に相応しい行為を行わないという点に存するのである。

5　人間の聖化

人間イエスの高挙に照らすなら、人間は怠慢という罪を犯す者として示される。そのような怠慢という姿における不従順・不信仰・無感謝の中に生きる人間は悲惨という他ない。この和解論の第二の局面において、和解の出来事として人間に起こることは人間の聖化である。聖化は義認と同一のことではなく交換不可能な事柄である。バルトは、ブルトマンが義認を聖化に解消しようとすることに疑義を唱える。同時に、聖化を義認に解消しようとしているとして若きルター、ツィンツェンドルフ、コールブルッゲにも疑義を唱えている。しかしまた、バルトは義認と聖化の間に「先と後」という順序は認めず、「同時的」なことであると主張する。それによって、聖化を宗教的・道徳的心理学にしてしまう恐れのある敬虔主義以来のプロテスタンティズムの流れに反対を表明するのである。

「人間の聖化」は「神への人間の転向」であり、神は聖なる人々の群れを作られる。神はすべての人間に対して、神に属するようにという招きを発しておられる。その意味では、この世におけるすべての人間が「法的ニ」（de iure）は聖化の対象である。しかし、「事実的ニ」（de facto）はすべての人が信仰へと目覚めているわけではなく、少数の信じる人たちがいる。ここに聖なる人々の群れが生まれるのである。

ここでバルトは聖化についての伝統的で一般的な理解を批判する。それは、イエス・キリストの十字架の死にいたる卑下の出来事はわれわれの義認のための彼の行為であるが、他方これに対応するわれわれの行為がわれわれの聖化として委ねられている、という理解であった。すなわち、「それを、私は、あなたのためにした。あなたは、私のために、何をするか」というシェーマであった（同247頁）。

これに対して、バルトは、これはイエス・キリストの卑下の局面のみを見て、高挙の局面を理解していないと批判する。そして、バルト自身は、イエス・キリストが「聖化し給う人の子」として「われわれに代わって、われわれのために行動し給う」と主張する（同246頁）。したがって、バルトは聖化するイエス・キリスト（聖なる方）と聖化された人間（聖徒たち）との関係についてこう述べる。「われわれの聖化とは、イエス・キリストの恵みの働きと啓示に基礎づけられて、彼の聖化にわれわれが与るということである」（同248頁）。

こうして、イエス・キリストの聖性に対する聖徒たちの参与、「キリストヘノ参与」（participatio Christi）が主要な事柄になるのである。イエス・キリストは怠慢の罪の低みにいる者たちを攪乱し給う。その意味で彼らは神に見放されているのではなく、攪乱された罪人、呼び出された罪人である。そして、「身を起こして頭を上げなさい」（ルカ21・28）というのが呼び出しの声である。その声は何を語るのか。バルトはこう言う、「目を上げて、私を見よ。汝らのものとして、汝らの兄弟として、汝らのもとに来たところの、また来るであろうところの、そして今（私は高いところにいるし、汝らはその低いところにいるが）現臨している、高挙された人間、王的人間である私を見よ。聖なる者である私を見よ。そのように私を汝らの主また代理者として見ることによって、私の聖徒であるために、私を見よ」と（同267頁）。聖化は事柄としては、「法的ニ」全ての人々に与えられている。しかし実際には、事実としては、それを与えられている者はキリスト者である。キリスト者は「信仰の創始者また完成者であるイエスを見つめながら」（ヘブル12・2）生きる人たちである。そのように生きるということが「事実的ニ」彼らの聖化である。彼らは一人の「聖なる方」の聖性にあずかる「聖徒たち」なのである。

バルトは人間の聖化について、さらに、「随従への召喚」、「回心への覚醒」、「業の称賛」、「十字架の誉れ」として具体的に論じる。

「随従への召喚」。「わたしに従ってきなさい」というイエスの「随従への召喚」は、イエスに目を注ぐということの具体化である。イエスに対する随従（Nachfolge）は中世後期以来の「キリストノ模倣」（imitatio Christi）と同じではない。後者は福音書のイエスの生涯を模倣したり、イエスの与えた戒めに文字通りに従うというキリスト教的生活プログラムである。それに対して、随従は、イエスに召された弟子として「従う」ことである。バルトはボンヘッファーの著書（Nachfolge, 一九三七年、邦訳『キリストに従う』）を随従について書かれた「群を抜いて最上のもの」と称賛し、これに依存していることを喜んで表明している（同278頁）。

さらに随従について、バルトは四点を述べる。（一）随従はイエスの呼び出し、戒めの形を取る。それは、イエスにおいて起こった神の人間との和解の出来事、恵みの福音であるが、この福音は呼び出し、誡めという姿において人間に伝達される。随従は「誡めの姿における恵み」、律法の姿における福音である。ここでバルトは、『福音と律法』（一九三五年）において主張した、「律法は福音の形式であり、福音は律法の内容である」という命題を念頭においている。（二）随従への召喚は、人間を呼び出した方と結びつける。随従への召喚は理念でも思想体系でもない。「わたしに従ってきなさい」という戒めは、「それが与えられるあれこれの人間は、それを与え給う方のもとに来るべきであり、その方の後を追うべきであり、その方と共にいるべきだ」（同282頁）ということを言っているのである。随従を求めているのはイエスなのであり、彼が御自身に対する信頼を求め、従って従順という姿における信仰を求めておられるのである。（三）随従への召喚は、「その時々における明確な第一歩を踏み出せという呼びかけ」である（同286頁）。バルトは、それは「新しい日の決断」であると言い、また「昨日の存在としての自分に別れを告げ、自分を放棄して、……『自分を捨てる』――自己を否認する（sich selbst verleugnen）ということによってでなければ、行われないであろう」（同286頁）と述べる。自己否認とは何もしないということでは決してない。むしろ、自己否認なしにはイエスへの随従はあり得ないということである。自己否認を裏面にもつ随従は、「打ち開けたところ・自由なところへ向かう歩み」であり、「明確な決断と行為という自由」への歩みである。これをボンヘッファーは「単純な従順」と呼んだし、ツヴィングリはかつて「神のために、勇敢なことをなせ」と呼びかけたのである。（四）随従への召喚は「決裂」を惹き起こす。イエスに従う人間が決裂を行うのではない。そうではなく、イエスの呼びかけが、それが神の革命、神の国の啓示であるが故に決裂を起こすのである。何と決裂するのか。それは、絶対的な価値と有効性を主張する歴史的諸勢力や直接的権威や生活秩序、絶対化された所有、絶対化された人の前での誉れ、絶対化された権力や宗教の法等々である。イエスがそれらに対する征服者であり給う。この事実の証人がイエスに従う者なのである。

「回心への覚醒」。イエスの呼びかけに応じてイエスに従う人間は、かつては眠っていた者であった。その眠りとは怠慢の中に横たわり、下降・墜落という下に向かう運動の中におり、死の眠りにあることであった。キリスト者は、眠っているこの世とは反対に、イエスの呼びかけによって目覚めつつある者、覚醒しつつある者である。覚醒は神の行為である。しかし覚醒は人間抜きで起こるのではなく、人間において起こる。したがって、覚醒は神的行為でありつつ人間的行為であり、統一的なただ一つの出来事である。これをバルトは、「回心に向かっての人間の覚醒」と名付ける（同

320頁）。キリスト教会はこれを知っているのであり、神を信じる者は、回心に向かっての人間の覚醒をも信じるのである。また、旧新約聖書もこれを知っているのであって、神がこのような覚醒を与え、創り、生ぜしめ給うということを証ししているのである。

そして、この覚醒が人間の回心を惹き起こす。回心は変革であり、更新であるとも言えるのであって、回心とは一つの軸をめぐる方向転換の運動である。これは、「神は人間のためにいまし、まさにそれゆえに、人間は神のために存在する」（同325頁）という軸である。「神は人間のためにいます」が故に人間に「停まれ」が命じられ、「人間は神のために存在する」が故に人間に反対の新しい方向への「進め」が命じられて、この二つの「ために」の統一として「方向転換」つまり「回心」が命じられるのである。この回心は全人的な運動である。回心は他の人間仲間に波及するものであり、心情の問題であると同時に行為の問題でもあり、私事化できない公的事柄であり、そして人間の生活全体の断絶のない一貫した運動なのである。

このような回心を惹き起こす出来事とは何か。バルトは、イエス・キリストの出来事であると答える（同362頁）。イエス・キリストこそ「真ノ神」（vere Deus）として人間のための神であり、「真ノ人」（vere homo）として神のための人間であり、その人格において、二つの「ために」の統一である。イエス・キリストが人間の回心の根柢であり根源である。回心が直接的に語られるのはイエス・キリストについてであり、われわれに関しては間接的に語られる。われわれが古い人として死んだのは彼の十字架の死によってであり、われわれが新しい人として甦ったのは彼の甦りによってであった。かくして回心への覚醒はイエス・キリストの力であり、われわれに残るのは彼を信じ、従い、証しすることである。

「業の称賛」。ここで問題になるのは、キリストによって聖とされ、彼への随従へと召喚され、回心へと覚醒せしめられた者が行う行為とその成果、つまりキリスト者の業である。そして、神が彼らの業を称賛し、また彼らの業が神を称賛するかどうか、が問題である。

ここで想起しておかねばならないのは、パウロ及び宗教改革者の教説である。それに従えば、たとえ善き業であっても、業は人間を義とするものではない、人間が義とされるのはただ信仰によってのみである。だからわれわれが問うべきは、人間の一般的な善き業ではなく、信仰によって義とされたという前提で、キリスト者の善き業である。

聖書が業について語るとき、それは神の行為とその結果についてである。神が働き給うのである。そして神の働きは善である。「神はお造りになったすべてのものを御覧になった。見よ、それは極めて良かった」（創世記1・31）と記されている。人間の善き業があるとすれば、この神の善き業との関連においてであり、これとは別のあり方においてではない。人間の善き業を可能にするのは神の善き業である。それは、「神の業についての証しに参与する」ということに他ならない（同380頁）。それは、従ってまた、「神の業に対する奉仕として起こる」（同381頁）のである。

キリスト者はただ神の証人としてに過ぎないが、しかし実際神の証人として、神の業に参与せしめられる。キリスト者がイエス・キリストにおいてある者として行うこと、彼に対する愛において行うこと、神の業に対応して行うこと、それは善行である（同382頁参照）。

「十字架の誉れ」。イエス・キリストによって聖化されたキリスト者は、そのような者として十字架を担わしめられる。バルトはこう述べる。「イエス・キリストがその十字架の苦難を受けたもうたことが、この唯一の人の子・王的人間の加冠であったしまたあるのと同様に、一人一人のキリスト者が受けなければならない十字架の苦難は、キリスト者としての彼のものである栄誉・光栄・誉れを彼が受けとるということである」（同394頁）。キリストの十字架とキリスト者の十字架の間には間接的な関係がある。しかし、直接的関係ではない。キリスト者が自分の十字架を担うことによって初めてキリストの十字架がその実在性と有意義性を獲得するというのではない。両者の間に対応はあるが、しかし区別がある。

キリスト者の十字架にとって中心的なことは生の否定ではない。そうではなく、「生きるにしても死ぬにしても、わたしたちは主のものなのである」ことが中心的である。このように、キリスト者にとって生の限界は死ではなく、そこに立っておられる主なるキリスト御自身に他ならない。したがって、キリスト者の担う十字架は「キリストヘノ参与」なのである。

では、キリスト者の担う十字架とは具体的にはどのようなものであろうか。新約聖書においては、それは「迫害」を意味している。新約聖書の時代においては迫害は肉体的な抹殺を含んでいた。しかしもっと一般的に類比的に理解することが出来よう。キリスト者の道はこの世の道ではないし、キリスト者はこの世の流れと共に泳ぎはしないであろう。この世においては「よそ者」であるだろう。だから、キリスト者の自由な決断と行動に関して、この世は寛容を示すことはできず、苦々しい反応、拒絶と怒りさえ示すであろう。この世との断絶も迫害の一つの姿であると言えよう。

迫害とは言われなくても、「今のこの時の苦しみ」と言われているものも、担うべき十字架として理解してよいだろう。こう述べて、キリスト者以外の人間存在でも、被造物として持つ「無力さ」（Hinfälligkeit）をバルトは挙げる。それらは、「不幸と窮乏、病気と老化、最も愛する人を失うこと」、人間関係のもろさ、日々の糧についての憂慮、等々である。その中には、また、「われわれすべての者を待っている死（Sterben）そのもの」も含まれるのである（同416頁）。

迫害でなくても、また被造物的存在としての無力さと関係なくても、キリスト者が担うべき「苦難」（Leiden）がある。この苦難は「試練」、すなわち、イエスの和解の死によって与えられた、新しい神との関係においてもなお生まれ来る「試練」であって、キリスト者は信仰において、愛において、希望において試練を受けるのである。また、この苦難は「懐疑」でもある。例えば、「自分は、キリスト教の信仰告白を肯定し、共に唱えながら、父・子・聖霊の現臨と活動とを、自分としては、根本的には信じていないのではないか」、「神の恵みは、自分に対して、本当に与えられているのだろうか」、「神はその御顔を……再びそむけ給うたのではないであろうか」、このような懐疑・絶望の縁をキリスト者は動いている。この絶望と困窮はキリスト者の十字架の「最も苛烈な形」である。このような十字架は偉大なキリスト者に対しても課せられ、恐怖を呼び起こす。イエス自身も、「わが神、わが神、なぜわたしをお見捨てになったのですか」（マルコ14・34）と絶望の叫びを挙げ、十字架を担われたのである。これはわれわれにとって慰め深いことである。イエスはわれわれに代わって、われわれのために棄てられたのである。イエスは「あそこで神からの御自身の棄却について問い、われわれすべての者の棄却について問い、そして答え給うた方」である（同419頁）。彼によって、われわれは棄却されないであろう。だから、われわれが最も深い絶望と困窮にある時、われわれはイエスとの最も深い交わりの中にいるのである（同参照）。

バルトは補足として二点を記す。第一、自ら求められた苦難は「キリストヘノ参与」とは関係ない。ただ心すべきは、キリストへの随従において十字架を担わねばならないことになったら、これを回避したり投げ出したりしないように、また何らかの仕方で苦しまねばならない場合にも、「神のないように苦しみ、キリストと共に苦難を受けるという慰めと約束なしに、苦しむことがないように」（同419頁）ということである。第二、「十字架ヲ忍ブコト」（tolerantia crucis）は自己目的でも最後の言葉でもない。イエスの受難への参与におけるキリスト者の十字架は、イエスの受難がその甦りの力によって示すところにおいて終わりがあるのである。それゆえ、パウル・ゲルハルトがこう歌ったのは正しい、「われらの十字架には限りあり、……待つことを知る者には、苦しみの後に喜びあり」（同420頁）。

6　聖霊とキリスト教団の建設

イエス・キリストは「法的ニ」はすべての人間の和解者であり、従ってすべての個々の人間の和解者であり給う。この普遍的な和解の出来事は「事実的ニ」は、具体的に信じられ受け入れられるとき、この世界において具体的、現実的となる。その際、キリスト者の群れ・教団の存在が実現し、それによって、またそれと共に、個々のキリスト者の存在が実現する。和解の出来事を信じ受け入れるのは人間ではあるが、これを惹き起こすのは生けるキリスト、聖霊である。だから、聖霊によって先ずキリスト教団が建設され、次に個々のキリスト者が生まれると言わねばならない。

教会には二重の意味がある。それは、「そこでは神が働き給う」という意味と、「神がそこで起こされるのは人間の働きである」という意味である。この二重の意味において「実在の教会」が成立する。もしそこにおいて主体が神でないなら、もし人間の働きを通して神の業でなく自分自身を示すのなら、そこに生じているのは見せかけの「仮象的教会」（Scheinkirche）に過ぎない。実在の教会が可視的となるのは、「隠蔽状態」から「教会が現れ出で、輝き出でるとき」である。それはちょうど、バルトによれば、ネオンサインの暗い文字が、電流が通じることによって、見えるようになるのと似ている。すなわち、実在の教会においては、人間の働きを通して神の恵みと憐みが見えるのである。これについてバルトはこう述べる。「実在の教会が可視的になるのは、いつも、神の啓示によってである。そして、それが人間によって実際に見られるのは、いつも、啓示によって呼び覚まされた信仰によってである」（『**和解論Ⅱ／4**』、13頁）と。

教会が存在することは自己目的ではない。そうではなく、一つの目標を持つ。それは、人間世界の聖化を表示することである。ただし、聖化が成し遂げられるのはイエス・キリストにおいてのみであって、教会はこれを証しするのであるから、教会のなす表示は「暫定的表示」と言わねばならない。しかし教会は天使の群れではなく、人間の群れである。またイエス・キリストにおいて起こった聖化を示す代わりに、自分自身を示そうとするような群れである。このような群れに暫定的とはいえ表示の能力があるのは、その群れにおいて、ただ、「聖霊の活ける力における主イエス」がそこで働くことによってである。イエス・キリストがこの群れをそのような表示能力のあるものとなし、彼に奉仕することを許すとき、また、この群れにとっては不可能なことを彼の自由によって可能ならしめられるとき、彼は直接にこの群れなしに働くのではなく、この群れを通して働くのである。だから、教会において起こっている出来事、歴史とは、「そこでは神がこの群れを絶えず途上に置き運動の中に置き、絶えず彼らにその目標を示し、目標に至る方向を示し給う歴史」である（同19頁）。そして、それによって、教会は、「彼においてすべての人間のために起こったことの証人として、この歴史の直接的・包括的・決定的な啓示を望み見、またその方向」に向かって進んでゆく（同）のである。

教会が現実に存在するためには建設されねばならない。教会を建設するのは誰であろうか。教会の建設は「聖化の一つの特別な活動様式」であるから、教会を建てるのは神であると言わねばならない。そしてこの神は無名の・匿名の活動者ではなく、「聖霊の力における人間イエス」である。また、神は人間イエスだけでなく、彼において他の人間たちをも選び、聖化し給うのだから、教会を建てるのは「キリストと彼に属する者たち」によるのである。バルトは、「教団の建設は、徹頭徹尾神ないしイエス・キリストの業であると同時に、教団自身の業でもある」（同39頁）と述べる。建設はイエス・キリストと彼によって呼び集められた兄弟姉妹によって組み合わされ、支えあい、相互の間の愛によってなされるとき、教会は実在の教会になるのである。

そして、教会が実在の教会であるという出来事は、「共同の礼拝」である。礼拝だけではないが、しかし先ず第一に礼拝において、教団が神によって建てられ、教団が自分自身を建てるのである。礼拝において、神の言葉を聞く者またそれを行う者（ヤコブ1・22）として、根本的には同じ受動性と能動性をもって、すべての者がすべての者に身を向け、組み合わされる。礼拝は「交わり」であり、これが礼拝の中心である。また、バルトは礼拝と生活の関係についてこう述べる。「キリスト者の礼拝と日常生活の相互の関係は、相関関係ではあるが分離された二つの領域の関係ではなく、二つの同心円の関係である。礼拝は、この同心円の内側の円であって、外側の円は、この内側の円からその内容と性格を与えられるのである」（同49頁）。

バルトは実在の教会に関して、教団の建設は「聖徒ノ交ワリ」において起こる、すなわち「聖ナル人々」（キリスト者）相互の交わりにおいて、またこのキリスト者が「聖ナルモノ」に与るという参与において起こる、ということを前提として、さらに、教会・教団の「成長」、「保持」、「秩序」を論じる。

「教団の成長」。教団の出来事の内部に目を向けるなら、「そこでは成長が起こる」とバルトは言う。成長は外延的な成長として、キリスト者の数的な増大でもある。しかし数的増大は必ずしも成長を意味せず、成長は内包的な成長として、高みと深みに向かう垂直の成長であるときに正しく行われるのである。したがって、キリスト者が「聖ナルモノ」を受け、証しすることにおいて、またキリスト者が互いに他を励まし合い支え合うときに、「教団に内在する力」が働き、教団の成長が起こるのである。バルトは、「聖霊は、イエスの自己証示として、『聖徒ノ交ワリ』を実現し、（外延的にも内包的にも）成長せしめ給う」（同71頁）とも述べる。

では、教団に内在する力とはどのようなものか。それは主イエスである。イエス・キリストは教団に対して上から、「神の御座から」超越的に働かれるが、同時にまた、「罪人のただ中で」内在的にも働き給う。そのいずれの場合にもただひとりのイエス・キリストであるが、「彼は、かしこにいますが、ここにもいまし、かしらであり給うが、からだでもあり給う」（同73頁）。イエス・キリストが内在する力として御自身を証示される場合には、「彼は、御自身を現前し給う」。それは人間に対する自己現前化でもあり、自己分与でもある。だから、教団が存在するのは、イエス・キリストの業が地上で起こることによってであり、教団は彼の業に基づいてだけ認識されるのである。教団はイエス・キリストがその中で生き給うときに生き、彼のからだであるときに生きる。こうして、バルトは「イエス・キリストが教団である」（同76頁）という命題を示す。この命題は逆にはできない。すなわち、教団がイエス・キリストなのではない。まさしく、「わたしが生きるので、あなたがたも生きる」（ヨハネ14・19）のである。したがって、教団の成長はイエス・キリストの成長に基づくと言わねばならず（ヨハネ3・30参照）、その時には教団はイエス・キリストへと成長するのである。

「教団の保持」。ここでは聖徒の交わりを脅かす危険と、それに対して交わりの主イエス・キリストが対抗してくださることが述べられる。先ず、外部からの危険としては、ジャーナリズムや周囲の世界からの圧力が挙げられる。また、これよりも危険な迫害という形もある。それにはネロやヒトラーのような独裁者の名前や反宗教運動とか新手の国家宗教を挙げることが出来よう。或いは、これよりも数的に多いものとして、この世の人々の無関心、冷淡さもある。神の恵みとか神による人間との和解とかはまったく不必要という、この世の人々の反応がある。「おまえの神はどこにいるのか」（詩編42・10）という軽蔑の声がある。次に、このような外部からの危険のみでなく、内部から聖徒の交わりを脅かす危険がある。これによって教団は内部から腐敗し荒廃するのである。これには教団の他者隷属化・世俗化と自己栄光化・宗教化がある。前者に陥るのは、教団がイエス・キリスト以外の声の代わりに、またそれと並んで、他の声を聴き、その声に従うか、或いはその声と同一化してしまう場合である。また後者に陥るのは、教団が自分自身を誇り、自分自身の制度・職位・働きを絶対化する場合である。

このような危険が教団にはあるのであり、教団は破壊される可能性を持っている。「陰府の力」（マタイ16・18）が教団を押しつぶそうとし、教団はやがて終わりの時を迎えるかもしれない。それにもかかわらず、教団は「永遠ニ存続スルデアロウ」（アウクスブルク信仰告白第七条）と保証される。教団が保持されるとすれば、それはどうしてであろうか。もし、「わたしはこの岩の上にわたしの教会を建てる。陰府の力もこれに対抗できない」（マタイ16・18）という約束が保証されるとすれば、それはどのようにして起こるのであろうか。これに対してバルトは、「今日に至るまで旧新約聖書が……いつも新しく生きた声となり生きた言葉となった」（同109頁）と答える。確かに聖書は沈黙させられたり、礼典の朗誦においてのみ響かせられたり、道徳の源泉とされたり、「歴史的・批判的に」引き裂かれたりもしたが、しかし、聖書そのものは絶えず新しく繰り返し語ってきた。だから、困窮の中にある教会が祈り求めるのは、聖書における神の言葉である。教団は決して自分で自分を保持することはできない。そうではなく「聖書自身が、教団を保持したし、また保持しているのである」（同110頁）。では、この聖書は何を語ってきたのか、何を証ししてきたのだろうか。それはイエス・キリストである。聖書において世界に出会い、キリスト者に出会うのは彼である。イエス・キリストは聖書において文字ではなく霊と生命であり、過去の人物ではなく現臨し給う主であり、神の子にして人の子であり給う。このイエス・キリストが導き給うが故に、破壊される可能性を持った教団は、実際に破壊されることはない。「教会は、彼と共に、立ちまた倒れる。ところが、彼は、倒れ給わない」（同113頁）。教団の保持は彼に対する確信の内にあり、彼により頼むことによってである。なぜなら、彼が「わたしはすでに世に勝っている」（ヨハネ16・33）と語るとき、教団は喜ぶからである。そして、バルトは言う、「そのことを喜ぶときにこそ、教団は、自分に与えられた人間的な責任をも新しい感謝と新しい真剣さと新しい冷静さをもって受け取り、従って無為に過ごすのではなしに、先ず祈った上で、祈ることをやめずに、自分を脅かしている危険がないかのように、力強く仕事に立ち向かうことができるであろう」（同114頁）。

「教団の秩序」。教団の建設は混沌・カオスの中で無秩序に、不法に行われるのではない。教団はイエス・キリストをかしらとする彼のからだであるのだから、教団においてはこの関係を基準として正しい事と不正な事、法と不法という秩序が判断される。この秩序は教団における活動や制度等に関する「教会法」として明文化される。これに対して、ルードルフ・ゾームは教団を「霊の教会」・「自発的教会」またエーミール・ブルンナーは「純粋な人格共同体」「生命共同体」として理解し、彼らはそれによって教会の法制化を大害悪そのものであると批判して、教会法は「うすい信仰」また「霊の充満の欠如を埋め合わすもの」だから取り除かねばならないと主張する。これに対してバルトは、エーリック・ヴォルフと共に、「正しい教会法」が必要だと主張する。そして、「正しい教会法は、教会において力を持つ基本法、すなわち教団についてのキリスト論的・教会論的理解に基づいて、問われなければならない」（同124頁）と述べる。すなわち、教会法の前提は、教団は人間的共同体として、他の世界における共同体と同様に法と秩序を持たねばならないというのではない。そうではなく、イエス・キリストが教団の主であり、第一次的な主語であるのであって、教団との関係においても彼が活ける法則であり給う。このイエス・キリストは聖書において証言されているからと言って、聖書におけるあの時・あの所での形態を再現することが教会法の役割ではない。教団にとって大切なのはイエス・キリストのからだに従うことではなく、かしらなるイエス・キリストに従うことであるのだから、正しい教会法は、聖書において証しされたイエス・キリストの法に従うのである。

教会法がこのようなものであるとき、国家の法とはどのような関係にあるのだろうか。ここで理解しておかねばならないのだが、教会法は教会の信仰告白に基づいたイエス・キリストの秩序であるが、国法はイエス・キリストが主として支配していることを知らない国家の法であり、人間の内面性、良心の自由に関してではなく、人権、自由、平等という人間の外的生活の秩序に関する法である。したがって、国家は、教会の自己理解に従って教会を理解することはできないのであって、教会を国家の団体法ないし法人法の枠の中でのみ理解する。したがって、国家にとっては教会は、国法における教会に関する法・国家教会法の対象である。だからまた教会は国家に対して、国家がその枠を越えないように監視しなくてはならない。国家教会法は決して教会法ではないし、なろうとしてはならない。それは、国家が教会の秩序に介入することをもたらすであろう。

バルトはこのように教会法と国家教会法との区別を論じた上で、教会法の基本的な前提を挙げる。それは、教会法は、(一)支配ではなく正しい奉仕を問う「奉仕の法」であること、(二)礼拝と根源的に関係する「礼典法」であること、(三)教会のかしらなるイエス・キリストが生きておられるが故に教会法は生きた法であるべきこと、すなわち「改革サレタ教会」でなく「絶エズ改革サレルベキ教会」を目指すこと、(四)教会法は一般的な法の模範であること、である。教会は、この世が未だ知らない来るべき神の国の義を知っており、宣べ伝えるのだから、教会法は特殊的ではあるが、「政治的、経済的、文化的その他様々の共同体の法の模範である」(同189頁)。

7　聖霊とキリスト教的愛

キリストの霊はまた個々の人間に力を与え、神の愛に答える自由を与える。この自由の内にキリスト教的愛はある。義認に対応するのは信仰であり、この義認と信仰の両者はその性格において受容であった。聖化に対応するのは愛であり、この聖化と愛の両者はその性格において献身である。キリスト教的愛は、対象を自分のものにしようとする自己愛とは別である。自己愛は、赤ずきんもおばあさんも食べてしまった後に独り空しく残った狼のようなものである。しかし、神の愛に根拠づけられた愛は、自由な愛として他者の存在を喜ぶのである。

バルトはキリスト教的愛・アガペーを「贈与」という概念で説明する。これは自己否定に極めて近い。この愛は他者に向かってゆく。それは、愛する主体が自己の利害関係によって向かってゆくのではなく、「他者自身のために他者に向かってゆく」のである。キリスト教的愛において、愛する主体は自分自身を与え、他者に向かい、他者の自由処理にゆだねる。

キリスト教的愛とは「別の」愛、すなわちエロスもある。自己愛（Selbstliebe）がそれである。これも「愛」と呼ばれ、それなりの仕方で愛である。この愛も他者に関心を寄せ、他者を必要としている。しかし、これは自己否定とは無関係であって、自己主張を出発点とする。すなわち、他者を必要とするが、何らかの目的のためであり、他者を所有し、思いのままにし、享楽することを願う。このような愛は、真・善・美に向けられることも、神的存在に向けられることもある。しかし、それはどのような対象に向けられようとも、所有し、征服する愛、自己愛である。これはキリスト教的愛の反対である。この「別の愛」はキリスト教的愛の前段階だとして擁護されてはならず、また第三の一段高い愛があるとして結合されてもならず、これはキリスト教的愛から分離・区別されねばならない。

ここで問題になっているのは、エロスとアガペーである。アンデルス・ニグレンは両者の間には「元来互いに何の関係もない」として「根本的無関係」を主張するが、バルトは「両者が共有している一つの性質」を考え、それと同時に「それらが区別される場所と意味」を問う（同226頁参照）。そしてバルトは、両者が区別されるための共通の「出発点」が無くてはならないと述べるのである。

この出発点としてバルトは七点を示す。（一）エロスもアガペーも人間に関している、しかも同じ一人の人間に関している。（二）両者は人間の本性に基礎づけられているのではない。むしろ、歴史的規定である。すなわち、同一の人間が、偶発的に事実的に、このように愛することができ、またあのように愛することができるのである。（三）両者とも、気持ちや内面的感情に関しているのではなく、全人的な活動に関している。（四）両者の差異の根拠は人間の本性にあるのではなく、歴史的規定の中にあるのだから、エロスにおいてもアガペーにおいても人間の本質の変化は関係がない。両者において言えるのは、「人間がそのどちらの場合にもまったく違った仕方で同一の人間だという事実だけである」（同230頁）。（五）エロスもアガペーも人間本性に基礎を持っているのではなく、人間本性に対する関係の中にあるという点では共通である。違いはその関係の仕方である。これは、バルトによれば、「アガペー的愛は、人間的本性に対する対応において起こるが、エロス的愛は、人間的本性に対する背馳において起こる。前者は、人間的本性の類比物として起こり、後者は、人間的本性の対立物として起こる」、「前者は、人間的本性に対して積極的・肯定的な関係にあり、後者は、消極的・否定的な関係にある」ということになる（同231頁）。（六）人間の本性は、神との垂直的な関係において言えば、神に基づいて神と共に神を目指して存在するということによって、つまり「神に基づいて自由であり、神に対して自由である」ということによって、形作られている。しかし一人一人の人間の行為は、その全体において、また個々の行為において、人間本性に正しく対応しているか背馳しているかによって裁断される。そのような裁断に従って、人間が神に基づき神を目指す生き方に対応するアガペーが起こるか、或いはそれに背馳するエロスが起こるのである。アガペーにおいて、人は、自分が神に基づいてまた神のために自由であることに力を尽くし、自分についての不安から自由であり、他者への奉仕に対して自由であることに力を尽くす。エロスにおいて、人は、このような自由に対して自己を閉鎖し、自分の恣意を神的なものとなし、渇望、欲求、欲望を拡張して止まないのである。このように、「アガペーとエロスの両方とも愛であり、さらに神に対する愛である」ということは事実である、しかしまた、「ただ両者が神に対する互いに非常にちがった愛である」ということも事実である。（七）人間の本性は、水平的に他の人間との関係において言えば、他の人間と共にいるということにある。人間は他者なしにでもなく、他者に対立してでもなく、他者に対して局外中立的にでもなく、後になって初めて他者と結合されてでもなく、その本性において人間仲間（Mitmenschen）と共にいる。人間は我と汝の出会いへと方向づけられている。この人間の本性は不変である。しかし人間は、その歴史的状況における生の行為において、この本性に対応しているか背馳しているかが裁断される。アガペーにおいて、人間は共同人間性を喜び、我と汝の出会いが起こり、他者と自由に関わり、その愛は贈与である。他方、エロス的愛における人間は、人間仲間のことを考えず、自分自身のことを考える。他者を求めるのは自分の利益になるからである。エロスによって結ばれている「二人だけ」には「自分一人だけ」が潜んでいるのである。

バルトはキリスト教的愛について、エロスとアガペーをこれ以上比較することは不必要であるとする。なぜなら、「キリスト教的愛は、なるほどこの対立の中に生きてはいるが、この対立によって生きているのではない」（同237頁）からである。だからここで必要な言葉は、エロスとアガペーの対立を和らげる言葉でも調停する言葉でもなく、「和解の言葉」である。この言葉は「エロス的愛」に向けられるのではなく、「エロス的人間」に向けられる。彼は、自分自身に背馳し、神と隣人を回避し、神と隣人に反抗する人間である。このような人間も神の御手の中にいるのであり、彼のエロス的な愛ではなく、彼自身が神に受け入れられ、和解の言葉が伝えられているのである。

キリスト教的愛の「根拠」とはどのようなものであろうか。それは神の愛である。神が原像的・本源的に愛し給う。この神の愛が第一次的愛であり、これに対応して、人間の愛が模像的・比喩的に、第二次的愛として召喚されるのである。このような根拠のゆえに、キリスト者は愛する。だが、キリスト者の愛は、神の愛が「他の人々の中に絶えず流れゆくための器或いは管のようなもの」(ルター)ではない。また、「いわば神の愛の継続・延長」(ニグレン)でもない。キリスト者の愛は自由な行為である。自由な行為として、自由意志によって、他者に対する自己贈与なのである。

愛の根拠が神の愛であるということは、先ず神御自身の存在と本質について述べることから始めねばならない。すなわち、神の存在と神の愛は同義語なのである。「神は存在し給うことによって愛し、愛し給うことによって存在し給う」(同255頁)。さらに、神は、「愛し、愛することによってすべての真に存在するものの根源・総体であり、従ってすべての善きものの根源・総体であり給う」(同)。このように、神御自身が愛であり、他のすべての愛の根源であり総体であるということは、神御自身において、愛し、また愛されるという、永遠の愛の関係が成立しているということである。バルトはここで神の永遠の三位一体を起点においている。すなわち、永遠の三位一体において父は子を愛し、子は父を愛するというように、神ご自身が愛であり給う。この神御自身における永遠の愛の外に向かっての、「自由な横溢」(同255頁)が、神の人間に対する愛、すなわち、イエス・キリストにおける神の人間への愛である。われわれ人間のキリスト教的愛はこの神の愛に対応する模像、比喩であると言える。キリスト教的愛が神の愛と同一であるとか流出であるとかではなく、そこには類比性、類似性があるのである。

このように人間の愛の根拠は神の愛であるが、神の愛についてバルトはさらに三点にわたって詳論する。（一）神の愛は「選ぶ愛」である。選ぶ愛とは、神の愛が神の自由な行為であることを示している。愛の対象である人間は、神に敵対するものであり、愛されるに値しない。このような人間を神は愛されるのである。これは神の恵みに満ちた自由な選びに他ならない。（二）神の愛は「潔める愛」である。われわれが神の愛を具体的に語る場合、罪ある人間に対する神の愛であるのだから、この愛は「潔める愛」として示される。この愛は人間の腐敗、罪に対する神の愛の性格を示している。すなわち、神が罪なる人間を選ぶことによって「或ること」が生起する。それは、神御自身の人間への自己贈与において、人間の罪に対して「否」と断罪する審きであり、それによって人間に対して「然り」を宣言する恵みである。これが潔める愛である。（三）神の愛は「創造的な愛」である。すなわち、神の愛は、神に愛された者たちが、自ら「愛する者」になるような愛なのである。神は愛し返されるために人間を愛するのではないが、人間をまったく新しい行為へと自由にする。それに応じて人間の側でも、愛が起こり、自己贈与が起こるように解放されるのである。人間が自分自身で行為し、愛するのではない。それはエロスの行為である。真のキリスト教的愛は神のアガペーによって基礎づけられ、解放されるということを前提とする。神が自分を愛し給うことを知った人間は新しい「別の人間」になる。第二の神というような者ではないが、「神の子」

（Kind Gottes）、「父の子」（マタイ5・45）となり、神が神として愛し給うことを自分の行為によって模倣する自由を得るのである。新しくされた人間は自由に愛することを許され、実際に愛するであろう。

神の愛の行為と業は、選び・潔め・創造として、キリスト教的愛の根拠であるのだから、神の愛の行為と業を「聖霊の行為と業」と言い換えられる。バルトは、「ここで、われわれは、神の愛は聖霊の創造的な業であるという等値を、正式に敢えて語らなければならない」（同296頁）と述べる。この「等値」をバルトは初めから念頭に入れていたのであって、「聖霊とキリスト教団の建設」また「聖霊とキリスト教的愛」という表題を付したのである。

「愛の行為」としてキリスト者は何をするのであろうか。バルトは先ず愛するという行為の一般的形式について四点ほど示す。（一）キリスト教的愛は既存の事実から引き出されるような、予見可能な、期待されるようなものではなく、不可思議なこと、驚くべきこと、例外的なことであって、その愛において「神の現実的現在」（Realpräsenz）が知られるようになるのである。（二）愛は人間の自由な行為である。すなわち、人間の愛は神の愛の水路としてあるのではなく、自由な人間の責任ある主体としての行為である。また、神の愛に対する応答的な愛ではあるが、人間的な内的な志向や感情ではなく、「外的行為であり、全人間の行為」なのである。（三）愛は「分かち合うこと」という形と性格を持つ。すなわち、与える、施すという行為であるが、すべての良きものを与えるといっても、その中心は自己贈与である。エロスは受けて、保持し、さらに受けるが、愛はこの循環を断ち切るのである。（四）愛する者にとって、愛は「喜び」である。「愛する者の本来的な喜びは……端的に、神によって愛せられた者として、神の子として、愛することを許され、神の行為を模倣しつつ、神との交わりの中に生きることを許され、その聖霊に服従することを許される、ということである」（同315頁）。

では、愛するという行為の内容はどのようなものであろうか。誰を愛するのであろうか。キリスト教的愛は神の愛に対する応答なのだから、第一に、神に対する愛である。キリスト者は「キリストにおける神」を告白するのだから、神に対する愛はすなわちイエス・キリストに対する愛である。神ないしイエスを愛するとは神に対して自己贈与し、自分を神に委ねるということであって、神への「服従」を内に含んでいる。別言すれば、同じことなのだが、イエス・キリストに対する服従の行為である。第二に、キリスト教的愛の対象は隣人である。バルトは隣人のことを「一定の歴史的関連の中で彼（キリスト者）に与えられた人間仲間」と言い換える（同338頁）。バルトは、旧新約聖書は「すべての人間に対する愛、普遍的な人間愛」については語っていないと言う（同338頁）。愛は行為という性格を持っているから、何らかの時間と場所の中で起こるという限界づけがおこり、抽象的にではなく、具体的な出来事として起こる。具体的に人を愛するということは、一定の近さがあるということであり、しかもそれは場所的な近さと同様に時間的な近さ、つまり歴史的連関の近さでもある。具体的には、この歴史的連関とは、イエス・キリストを頂点とするイスラエルの歴史と教会の歴史を含む「救済史の連関」、「信仰の仲間」である。現実的には、このような人間仲間が隣人であるが、これを「原理的に」拡大して、「普遍的な人類愛」と理解することも、また「原理的に」制限して、自分の隣人以外は「愛さない」と否定的・消極的に理解することも不適切である。イエス・キリストは全世界の罪人のために死にまた甦られたのだから、今は未だこれを認識せず、信仰告白と洗礼まで至っていないからといって、その人が自分の隣人でないと原理的に断定することはありえない。バルトは、「誰がわたしの隣人なのか」という問いに関して、「自分が今認識していると思うものを越えて、新しく光を与えられ、新しく発見する覚悟を持ち、いつもその用意をしていなくてはならない」と主張する。キリスト教的隣人愛は「今日の」兄弟姉妹に対することによって、「明日の」兄弟姉妹を「先取り」するのである（同349頁）。

バルトは、「聖霊とキリスト教的愛」の論述を「愛の特性」（die Art der Liebe）という項目で、非常に少ない頁数で締めくくる。ここでの問題は、キリスト者の生活・行為の中で愛はどのような性質を帯びるのかということであるが、これをⅠコリント13章の聖書箇所から三点にわたって展開するのである。（一）この聖書箇所の1節から3節までを基にして、キリスト者の生活・行為を他ならぬキリスト教的なものとして規定するのは愛であり、愛だけが価値を持つと述べる。本来的にキリスト者の生活・行為と言われるものは、愛という形で起こるのである。（二）この聖書箇所の4節から7節までを基にして、キリスト者が或る行為をしたり、しなかったりする場合、様々な力が対抗してくる、換言すれば人間を捕えている暗い束縛する力が向かってくるのであるが、その時には愛だけが勝利すると述べる。「愛は弱い行為ではなく、強い行為である」（同389頁）。（三）8節から13節までを基にして、キリスト者の生活・行為は、愛という形でのみ、過ぎ行くことのない持続性を持ち、神の永遠の生命に与ると述べる。すべての行為は愛において為される限り、また愛の行為であるときにだけ存続する。「愛だけが存続する」（同397頁）のである。

3　真の証人イエス・キリスト

1　真の証人イエス・キリスト

和解論の第三の局面を見てみよう。第一と第二の局面は十字架における上から下への運動と下から上への運動であった。第三の局面はこの二つの運動に統一を与え、真なるものにする。バルトはこれを復活において論じる。ここでは十字架との不可分な関連における復活が重要である。

復活したイエス・キリストは和解の啓示であり真の証人であると、バルトは言う。伝統的なキリストの職務論に従えば、預言者の職務である。しかしバルトは伝統に反して、キリストの預言者としての職務を、地上の宣教者イエスに関して述べるのではなく、この復活者キリストについて語る。十字架が和解の現実であり、復活が和解の真理である。復活者キリストは和解の真理であり、和解の証人であり、その意味で預言者なのである。

イエス・キリストが和解の真の証人であるのは、彼が和解の現実性だからである。十字架では一人のイエス・キリストにおいて、真の神の卑下と真の人の高挙という二重のことが起こった。それによって人間の罪を裁く方が人間に代わって裁かれるということが起こった。かくして、十字架において「大いなる交換」が起こったのである。そして、この十字架の出来事を父なる神は「然り」

とされた。死せるキリストを神は甦らせ、死に死をもたらし、死を背後にした生を与えられた。これが復活である。こうして十字架と復活は、その区別と統一性において和解の現実性である。

こう見てくると、和解論を中心とする『教会教義学』におけるバルト神学を「十字架の神学」とか「復活の神学」とか決めつけることはできないであろう。むしろ、「十字架と復活の神学」と呼ぶべきである。彼は「十字架と復活の関連」を語る。すなわち、十字架は神の審判として和解の出発点であり、復活は神の判決として和解の目標点であって、これらは二つの区別ある出来事である。しかし、キリストが十字架で死んだ方として復活されたということから、十字架と復活は分離することはできず、関連・統一のあることとして理解されねばならず、一つの和解の出来事として理解されねばならない。

こうしてバルトは十字架と復活（厳密には死者からの甦りの側面）において和解の現実性を語り、また復活（厳密には甦った方の顕現の側面）において和解の真理を語るのである。

バルトにとって復活は和解の現実性でもあり、真理でもある。これに対してブルトマンにとっては、十字架は現実性であるが、しかし復活は現実性ではない。むしろ復活は、十字架が無意味でなく意味あるものであったということを表すための神話的な表象に過ぎないのである。

バルトは復活を十字架との関連で述べると同時に、将来におけるキリストの到来（パルジー）との関連でも述べる。復活は終末の開示であり、復活のキリストは初穂と呼ばれ、かくしてキリストの復活は到来（パルジー）の第一の形態である。それに続いて、第二の形態をバルトはペンテコステの出来事において理解する。そして第三の最終的な形態を、終末時の神の国の到来において述べるのである。ここにおいてわれわれは、モルトマンの終末論的な神学の展開がバルトのこの線の延長線上にあることを理解するであろう。

ここで和解論の第三の局面を展望しておこう。和解論の第一、第二の局面に続く第三の局面におけるイエス・キリストの認識は、十字架における上からと下からの運動という二重の運動に続いて起こる復活の出来事であり、復活における和解の保証（神の然りとしての判決）と「啓示」・告知である。キリストの認識に続いて、この啓示の光の中で人間の罪が（高慢と怠慢に続いて）「虚偽」として示される。そして人間における和解の現実は（義認と聖化に続いて）人間の「召命」として述べられる。さらに教会論において（教会の集まりと建設に続いて）「派遣」が、また個人としてのキリスト者の存在に関して（信仰と愛に続いて）「希望」が論じられるのである。

2 生の光

死から甦ったイエス・キリストは生き給う。彼は存在し、活動し給う。その活動においては、活動の主体は彼の名前・人格である。彼がその主体として生き給う出来事は、あの御自身の卑下と高挙において起こった和解の出来事であり、また和解の証しの出来事である。この和解の出来事の証しである復活者イエス・キリストは「生の光」と呼ばれる。そして「生の光」について語られるべきことは、バルトによれば、「イエス・キリストが生き給うとき、彼は、御自身を証明し、御自身の確かな証人であり、そのことによって御自身についての（彼の生についての）認識を、自ら基礎づけ、呼び覚まし、創り出し、現実化し、可能にし給う」ということである（『和解論Ⅲ／1』、73頁）。このイエス・キリストの生は光、すなわち御自身から発する光によって輝く光、つまり外部を照らす光源としての光であり給う。さらに、名であり、啓示であり、真理であり、いのちの言葉であり給う。

この「生の光」であるイエス・キリストは、職務に関して言えば預言者である。しかし、旧約聖書の預言者たちと比較することはできない。それは、(i) イエス・キリストは召命を受けて預言者になったのではなく、御自身が啓示者であり、また (ii) イスラエルに対するみでなく、普遍的に語る方であり、さらに (iii) 期待されるべき神の国の告知者ではなく、その人格の現在における神の国の告知者である。そして (iv) イスラエルの預言者は神と人間の間の仲保者ではないが、イエス・キリストの預言は「仲保者の預言」、「主とその僕、僕とその主という両方が同一人格である方の預言」である（同83頁）。これらの点から言えるのであるが、預言者イエス・キリストは預言者についての旧約聖書の概念を超越していると言わねばならない。このように確かに個々の預言者とは比較にならないが、しかし、「イスラエルの歴史」の預言はイエス・キリストの預言と比較可能である。それは四点において言える。すなわち、イスラエルの歴史は、(i) それが起こるとき、語りもする歴史、つまり「肉における神の御言葉の歴史」（同86頁）であり、また (ii) 神と諸国民との関係にとって範例的な歴史、普遍的な預言であり、さらに (iii) 人間の罪と咎による深淵においても契約の恵みの歴史として自分自身を証しする歴史である。すなわち、イスラエルの歴史の預言は、自分の混乱や破壊にもかかわらず、「最後的・決定的には神の存在がイスラエル民族の肯定であり最後的・決定的にはこの民族の存在が神の選びと召しの肯定であるような歴史として、自分自身を証しする」のである（同99頁）。そして（iv）イスラエルの歴史は、神と人間の統一を証しすることによって預言者的歴史として語る。そしてまた、この歴史は世界史における模範的で代理的な歴史であるという意味において、仲保者的な歴史なのである。

このようにしてイスラエルの歴史の預言はイエス・キリストの預言と比較することができる。前者は後者が後から語ることを、それに先立って語る。前者は後者の前歴史であり、序言である。さらに、ここで「意味ある言葉」として言うべきは、「イスラエルの歴史の秘義はすでにその中に隠されたイエス・キリストの歴史」であるということである（同109頁）。メシアの存在はイスラエルの歴史においては「間接的・非直接的」であったが、しかし、メシアはイスラエルの歴史の中に存在し、働き、語り給うたのである。したがって、「イエス・キリスト」と言うとき、「先立つ時」における隠された形態と「後の時」における顕な形態という二様の形態における「ただひとつの契約についてのただひとり預言者」、「ただひとつの生の光」、ただひとつの存在の名、歴史の啓示、行為の言葉・ロゴス、仲保者の栄光が、つまり「二様の形態においてひとつである彼（イエス・キリスト）の預言」が理解されねばならない。

ここで一つの問いが起こるであろう。それは、どのような根拠に基づいて、イエス・キリストの生そのものが光であるのか、彼が「生の光」であると言えるのか、という問いである。この問いは、しかしバルトによれば、われわれがイエス・キリストに対して「有意義性」を認めて、それに相応の「価値判断」を与えて、「生の光」というタイトルを与えるという、過程を経て立てられるような問いである、と言わねばならない。この問いは、「神学の秘密は人間学である」という、神の存在と働きを人間の意識の展開だとする、フォイエルバッハの人間学の特殊な変更である。この問いは、イエス・キリストを和解者、啓示者とは思っていない、だから外から根拠づけねばならないということを、またわれわれがそうする資格を持っているということを前提している、と言わねばならない。だがこの問いの立て方はバルトによると根本的に間違っているのであって、これに対して歴史的・世界観的・人間学的・心理学的な考察や説明を与えても、それには何の意味もない。本質的な問題はこの逆である。「われわれが彼から問われているのである」（同124頁）。イエス・キリストが和解者・啓示者・「生の光」であることを認識しているか、それにふさわしい振舞をしているかどうかが問われているのである。われわれが為すべきことは、イエス・キリストが「生の光」であることを証明することではない。そうではなく、われわれはそのことを、「イエス・キリストの生を真にわれわれの全生活の光たらしめ、われわれの全生活を真にイエス・キリストの生の光の中で営むことによって」（同129頁）証明するのである。

このようなバルトの主張は三つにまとめられる。先ず、イエス・キリストの生においては「神の現臨と活動」が出来事となっている。「神はイエス・キリストの中にいます」のだから、われわれがイエス・キリストの生について問うのではなく、われわれが問われているのである。次に、イエス・キリストの生における神の活動とは、神の自己開示、自己伝達である。人間にできることは、これを恵みとして感謝して受け取ること、そしてそこから思惟と言葉を展開することである。最後に、イエス・キリストの生は、真の神の生でありつつ、まさしく「一人の人間の生」である。人間としてわれわれのもとに来られ、出会い、語る。彼は生き給うが、それはわれわれの生ではなく、神の生を、恵みの生を生き給う。彼が出会ってくださることによって、われわれの生が真空であり暗黒であることを知らされる。だが、同時に、彼の生がわれわれの生を充満し照らし出す。このようにイエス・キリストの生の充満と輝きが人間の生におよぶのであり、そのように彼は一人の人間として出会ってくださるのである。これがイエス・キリストの現実性である。われわれはイエス・キリストの信仰を告白するのに躊躇する必要はない。だからバルトはこう述べる。「われわれは、フォイエルバッハに対して、何の恥ずかしさも覚える必要はないのである。われわれに必要なのは、ただ、子供のようになるのを、恥じないということだけである」と（同141頁）。

これまでにおいて理解されたことであるが、バルトは旧約聖書の預言者たちの預言に対置させつつ、またイスラエルの歴史と関連させつつ、イエス・キリストの和解の業の第三局面を和解の出来事の告知・啓示として、またこれに対応するイエス・キリストの職務を預言者の職務として、そしてこの職務におけるイエス・キリストを「生の光」として論じた。

バルトはさらに、この「生の光」論を二つの部分において詳論する。前半部分はキリスト論的な領域において、イエス・キリストの「生の光」の出来事の唯一性について（同142頁以下）、後半は創造論的な領域において、被造世界における唯一の光の「舞台」について（同226頁以下）論じる。

前半における命題は「イエス・キリストは生の唯一の光である」と言われる。バルトはここでバルメン宣言の第一項を引用する。そこにおいては、「聖書においてわれわれに証しされているイエス・キリストは、われわれが聞くべき、またわれわれが生と死において信頼し服従すべき神の唯一の御言葉である」と述べられている(同142頁)。この「イエス・キリストは神の唯一の御言葉である」という強調と限界づけは、イエス・キリストの光以外には、またそれと並んでは生の光は存在しないということであり、また唯一性については他の預言者たち、教師たち、真理の証人たちに関して言うことはできない。また教会や個々のキリスト者たちに委ねられた言葉についても言うことはできない。イエス・キリストは多くある中の生の一つの光、神の一つの言葉、一人の偉大な預言者ではない。彼は排他的に、独占的に、唯一の「生の光」、神の言葉である。だがしかし、この命題はキリスト論的な命題であることを忘れてはならない。この命題はキリスト教会やキリスト者の自己賛美とは何の関係もない。だから、この命題を告白する教会やキリスト者は、人間はキリストに直面しているのであって、彼を告白している者も告白しない者も同列に彼の前に立っているということを知っているのである。教会とキリスト者はこれを知っているが故に、これを語り、証しするのである。

イエス・キリストが唯一の「生の光」であることを教会とキリスト者は聖書から聞く。聖書の証人たちは別の歴史・文化・宗教や別の神々を持つ他の諸民族がいることを知っていた。しかしイエス・キリストが現れるとき、それらは背後に退き、視野には入ってこない。旧約聖書においてイスラエルの歴史が語り、新約聖書においてイエス・キリストの歴史が語るとき、別の神の子、別の主、別の真理の証人ではなく、イエス・キリストが唯一の光であるという「思考形式」がそれぞれの聖書箇所の根柢に示されているのである。この「イエス・キリストは生の唯一の光である」という命題はさらに四点にわたって論じられる。

（一）この命題の主語はイエス・キリストである。彼のみが神の言葉である。他にも多くの言葉がある。聖書の言葉、教会の言葉、キリスト者の言葉、あるいはまた「教会ノ壁ノ外デ」語られる言葉など。それらはそれなりの仕方で、それなりの程度において真実で良い言葉としても存在している。また他の様々な預言者も存在する。しかし、イエス・キリストは御自身が神の言葉である。彼は「自ら神の言葉であることによって神の言葉を語るただひとりの預言者」（同165頁）である。

（二）この命題の意味はさらに精密に表現される。すなわち、イエス・キリストが唯一の神の言葉であるという神の言葉は、（i）補充せねばならないものではなく、完全な言葉であり、（ii）他に「第三の側」、別の神の言葉というものがあってそれと競合したり、疑問視されたり、権威の脅かしに晒されたりするようなものではなく、（iii）他の真理や他の預言があってそれらと合併されるようなものではなく、（iv）また、それらによって内容において、深さにおいて、緊急性において、伝達の質において、凌駕されるものでもない。もし凌駕を語るとすれば、「神のただひとつの言葉としてのイエス・キリストの自己凌駕である」（同171頁）。それだから、イエス・キリストの再臨において終局的で究極的な姿で現れる神の言葉もイエス・キリストである。

（三）この命題の根拠を問う。この問いは、先に一般的な問いとして立てられたものが、さらに特殊化されて、「イエス・キリストは、どのようにして、ただひとつの光であり、神のただひとつの言葉なのか」という問いである。この場合の答えも先の一般的な問いへの答えと同じように言わねばならない。すなわち、「イエス・キリストは、われわれが聞いて生と死において信頼し服従しなければならない一者であり、ただひとりの方であり、そのような方として御自身を実証し、そのような方としてわれわれに対して働き給うことによって、御自身が神のただひとつの言葉であることを、自ら保証し給う」（同172頁）。だから事態は逆であって、われわれの方が問われるのである。「君は、イエス・キリストが御自身を、神のただひとりの預言者として実証し給うているのに気付かないのか。それが分からないのか」（同173頁）と。神の啓示そのものについてと同様に、その独一性についても、啓示自身が保証する。イエス・キリストが神のただひとつの言葉であるということは、彼自身のみが保証し、認識させるのである。ここでわれわれが思い起こさねばならないのは、イエス・キリストの光は彼の「生の光」だということである。彼の生は人間の生であると同時に神性における生だということであり、彼の生は僕となり僕である主の生であり、同時にまた、主となり主である僕の生である。すなわち、「和解の生」である。そして、この和解者なる彼の生はそれ自身、啓示であり、言葉であり、したがって彼の生は預言者の生でもある。イエス・キリストは「我々ノタメ」（pro nobis）に生き、語り、それによって「私ノタメ」（pro me）に生き、語り給う。イエス・キリストは、このような「生」であり、また「生の光」、「生の言葉」であることから、彼の光と言葉の唯一性が語られるのである。

（四）唯一の神の言葉と「真実な言葉」としての他のすべての言葉。唯一の神の言葉はイエス・キリストである。だが、神の言葉ではないけれども「真実（wahr）な言葉」が存在する。それは、旧新約聖書におけるイエス・キリストの証人たちの言葉、イエス・キリストを宣べ伝える教会とキリスト者の言葉である。

だがそれ以外に、「間接的に世俗的社会とその秩序と課題の様々な機能の行使を通じて」語られる「一般的な言葉」も真実の言葉と考えない理由はない。では、「真実な言葉」とはどのような言葉を指すのか、その尺度が示されなくてはならない。その尺度として一般的に言うべきは、（a）差し当たり、それらの言葉は神の唯一の言葉と「実質的・内容的に、極めて厳密に合致し・一致しなければならない」（同185頁）。（b）唯一の神の言葉との関係について言えば、それらの言葉は、神の言葉を証しし、これに奉仕しなければならない。（c）それらの言葉が「真実な言葉」であるために、それらの言葉にイエス・キリストの現実存在（Realpräsenz）の恵みが示されていなければならない。このような一般的なことから導き出されるのは、「一般的な言葉」はそれ自体では「真実な言葉」たり得ず、神の言葉そのものによって用いられることによって「真実な言葉」たり得る、ということである。このことは福音書におけるイエスの比喩、一例としてマルコ福音書4章を見ることによって明らかにされる。「種」はそのものとしては神の国の「譬え」ではない、ただイエス・キリストが語る言葉によって「譬え」とされるのである。

このような基準に基づいて、「真実な言葉」とされるのはどのような言葉なのだろうか。積極的に答えられることは、それはイエス・キリストの証言としての旧新約聖書であり、またこれに拠るキリスト教会の宣教である。では、これとは「別種の」真実な言葉があるのだろうか。これに対してバルトは、教団は、そのような言葉が存在して自分がそれを聞かなければならないということを、考えてよいというだけでなく、考えなければならない、と言う（同192頁）。彼は、人間的用語、世俗的な言葉の比喩によって実質的に聖書と一致し、聖書の世界へ導いていく言葉に対して、もし教会が耳を閉ざすとするなら頑迷固陋に陥ってしまうであろう、と警告もするのである。しかし、果たして、そのような「真実な言葉」が存在するのであろうか。和解者なるイエス・キリストはすべての人間の和解者であるのだから、この世は彼の和解の力の領域内にあり、また彼の言葉の領域内にある。彼の力と言葉の領域は預言者や使徒たちの領域よりも大きく、教会やキリスト者たちの領域よりも大きく、それらを包括するのである。このように述べて、バルトは「法的ニ」（de iure）は、事柄に即して言えば、「すべての人間が、否、全被造物が、彼（イエス・キリスト）の十字架に由来し、彼において起こった和解に由来し、彼の栄光の舞台として、また彼の言葉を受けまた担う者として、定められている」ということ、そして、このことを、イエス・キリストを信じ、証ししている教会とキリスト者は認識し、告白するのだと述べる（同195頁）。聖書の領域と教会の領域で自分の耳を持っている者こそ、イエス・キリストの「声を外部からも聞くことを期待して予期する」ことができるし、また世俗性の中においても「天国の比喩」で出会うという用意をしなければならない。そして、これらの言葉に対して、教会とキリスト者は高慢と怠慢を捨てて、むしろ「聖書への注解」、「教会的伝統を矯正するもの」、「新しい教会形成の動因」として受け容れる心構えを持つべきなのである。

では、このような「他の真実な言葉」を認めることは、いわゆる「自然神学」に当たるのだろうか。バルトは否と答える。なぜなら、ここでは、「人間的被造物そのものに、神あるいは神のただひとつの言葉を認識する能力を帰し、それにふさわしい信実な言葉を語る能力を帰したりすることとは、何の関係もない」（同197頁）からである。ここで肝要なことは、「聖書と教会によって限界づけられることのない、イエス・キリストの主権」なのであり、「石からでもアブラハムの子を起こすことのできるイエス・キリストの能力」なのである（同）。このような「他の真実な言葉」は神の啓示ではないが、神の啓示の徴また証しであり、そのようなものとして「真実な言葉」なのである。バルトはここで、具体的な言葉を例示したり、人の名前や出来事を例示したりはしていない。彼が強調したい事柄は、神の言葉は「教会ノ壁ノ外デ」も自己を証しすることができるというイエス・キリストの預言の力を論じることである。

以上、「生の光」論の前半部分、すなわちキリスト論的な領域における議論をみてきた。今度は後半部分の創造論的な領域において、被造世界の唯一の光の「舞台」についてみてみよう。イエス・キリストの和解の出来事とその啓示は具体的に被造世界において起こった。それは世界あるいは自然であって、和解の出来事の舞台、枠である。そこには被造世界の「輝き」、「もろもろの光」、「もろもろの言葉」、「もろもろの真理」が存在している。この被造世界におけるもろもろの光は人間の罪や和解の出来事と直接には関係はなく、イエス・キリストの生の光とは同じではない。それらを認識するためには信仰は必要ではなく、「常識」という神の賜物のみが必要である。しかし、もろもろの光はあの唯一の光と無関係ではない。

では、もろもろの光とはどのようなものであろうか。バルトはこれについて六点にわたって述べる。

（一）もろもろの光は被造世界において現実に存在する。この「現実存在」は、「知性によって理解され得る現実存在」と「知性によって知る現実存在」との「互いのための現実存在」である。これは、創造された光として、自らを知らせ、また知られるところの、もろもろの光に過ぎないが、しかしともかく光なのである。

（二）もろもろの光の現実存在は動的であり、そこには、多様ではあるが、しかし一定の「リズム」がある。種まきの時と刈り入れの時、暑い時と寒い時、夏と冬、昼と夜のように、循環し継続する。これは被造世界のリズムであって、このリズムによって動くのは神ではない。しかし、これはこの世の現実存在に与えられた性格であって、創造されたもろもろの光として、尊重されねばならない。

（三）もろもろの光のリズムは「対照性」という性格を持つ。これは世界内における被造物間の対照である。具体的には、昼と夜、大空の下の水と大空の上の水、陸と海というようにはっきりとしたアクセントを持ったものがある。また、然りと否、上昇と下降、喜びと苦しみ、建設と破壊、生と死のように互いに出会い、交代する対照性がある。これらは創造の光とそれが屈折した光の対照性と言える。これらは創造者と被造物の対照性や、恵みと罪の対照性、永遠の祝福と永遠の禍いの対照性とは、関係がない。また、このような対照性の中に認められる被造物間の平和も和解の出来事とは関係がない。被造世界におけるさまざまな光の対照性は、神の善き創造に属しているのであって、考慮すべきものとして尊重されなければならない。

（四）もろもろの光の一つの相として「法則」も挙げねばならない。自然世界と精神の存在と運動に関して、認識される世界・客体と認識する主体とが出会い、客体の経過・系列・継続・関連・

連結の中に一定の規則が認められる時に、法則が語られるのである。法則は被造世界に関する、特定の領域における認識の規則である。諸法則が認識されることによって科学が構成され、実際的に適用されて技術が生まれる。これらによって人間の生の営みがなされる。だが、法則は創造者である神については何事も語らず、また神と人間の関係についても何も語らない。また科学、技術は罪も和解も知らない。法則、科学、技術は神の光ではない。けれども、神が創造した世界の中にある或る種の光であって、もろもろの光として尊重しなければならない。

(五) もろもろの光は人間を「行為」へと促す。すなわち、被造物の世界が現存し、リズムと対照性と法則性を通して、やはり被造物である人間に出会うとき、人間はこれを認識する者として主体であることが求められ、世界に対して責任ある者として行動するように「招請・招待」されている。換言すれば、自由な歩みへと招かれているのである。したがって、人間の行為も「世界における一定の定数(Konstante)」である。世界の中での人間の行為は、確かに強力だったり無力だったり、成功や失敗もあり、また愚かで悪しきものだったりもするが、しかし人間の行為、人間の自由が世界の一定の要素として重要であることに変わりはない。また人間にとっても、行為することが生きることである。人間の行為は「永遠の光」ではないが、確かに一つの光なのであり、人間はそのことに感謝しなければならない。

(六) 被造物は「深み」とも呼ぶべき、神の秘密ではないが被造物の不可解な秘密を持っている。これは神の光ではないが、もろもろの光の一つである。これは、「被造物は被造物であって被造物以上のものではない」ということであって、「被造物の限界」を指す。すなわち、被造物は自分が被造物であるということを自分からは語ることはできないし、「何故に」という自分の存在根拠も語ることができない。被造物は、「在るから在る」のである。バルトはこう述べる。「神の永遠の秘密の開示によって語られる言葉において、被造物自身が自分の真理として開示できないことも、開示されるのである。すなわち、被造物が神の被造物であり、ただそのようなものであり、したがって基礎づけられてはいるが自分自身においてまた自分自身によって基礎づけられているのではなくて、神においてまた神によって基礎づけられているのだということも、開示されるのである」(同251頁)。こうして、被造物は自分が創造されているということを知り、したがって創造者を賛美することが許される。この事実も被造世界におけるもろもろの光の一つなのである。

それでは、次に、このような「もろもろの光」とあの「唯一の光」とはどのような関係があるのであろうか。後者はイエス・キリスト、神の栄光の勝利としての和解の主、神の唯一の光・言葉・真理であり、光源としての光である。前者は神の栄光の舞台・空間・場所つまり創造された世界のもろもろの光・言葉・真理であり、反射光である。両者の違いは明らかである。だが、「神の栄光」の主語もその「舞台」を創ったのも、同じ神なのであるから、両者の区別のみでなく積極的な関係も語られねばならない。その際に気を付けねばならないのだが、両者の真理が同一の真理の二つの違った側面であるとか、両者の光が同一の光の二つの違った屈折に過ぎないとか理解されてはならない。もしそう理解するなら、両者を越えた根源的な真理が別に存在することになるであろう。もしそうなら、イエス・キリストは真理の一つの現れ、せいぜい一段高い真理に過ぎないことになるだろう。だが、われわれはイエス・キリストにおいて神の自己告知、神の唯一の光に接するのであり、創造された世界における「もろもろの光」において「唯一の光」の「反映」に接するのである。それだから、唯一の光がもろもろの光を問題化・相対化し、また統合・回復するのである。このような基本的な理解からバルトは両者の関係を三つの観点に関して論述する。

(一) 神の言葉と人間の結びつきに関して。唯一の神の言葉・真の光であるイエス・キリストと人間との結びつきは、本質的・内面的・絶対的である。それに対して、もろもろの光・言葉・真理と人間との結びつきは、限界がある。例えば被造世界のリズムや法則は強力であるが、しかしいかに強力であろうとも、われわれはそれによって生きるのではない。確かにわれわれはそれらを知らねばならないが、しかしそれらが生命の根拠ではない。このような限界があるにもかかわらず、それらは神の言葉に奉仕せしめられ、唯一の光に統合される。そして、世界内的な力・尊厳・価値を示し、人間の思惟や行為の前提・条件を示してくれるのである。

(二) 神の言葉と人間の統一性に関して。神の言葉は聞く人間を散らさず、むしろ集める。すなわち、証言としての聖書を生み出し、教団・教会を建て、証人たちをして語らしめる。しかも、唯一の真理を証しし、語らせるのである。もろもろの光・言葉も真理を語る。しかし、そこで語られるのはもろもろの声であり、そこで聞かれるのはもろもろの声でありある。それは多数の真理であり、また真理の一部分だからである。もろもろの光は、このような限界があるにもかかわらず、唯一の神の光に用いられるならば、「神の証人となることができる」(同267頁)。神の言葉を聞く者は、創造のポリフォニー(多声曲)をシンフォニー(交響曲)として聞くのである。

（三） 神の言葉の究極妥当性（Endgültigkeit）に関して。イエス・キリストの生の光・言葉・真理は永遠の光、取り消し難い言葉、根源的な真理である。ここに神の言葉の究極妥当性がある。これと比べて、もろもろの光・言葉・真理は暫定的、相対的であって、究極妥当性を持たない。それにもかかわらず、それらは神の自己啓示に奉仕せしめられる時、輝き、語り、証しするのであり、「神の栄光の舞台」、「神の全能の愛の舞台」として用いられる。そして被造物の自己証示も、詩編19・1以下が歌うように、神を賛美することが許されるのである。「天は神の栄光を物語り、大空は御手の業を示す。昼は昼に語り伝え、夜は夜に知識を送る。話すことも、語ることもなく、声は聞こえなくても、その響きは全地に、その言葉は世界の果てに向かう」（同276頁参照）。

3 イエスは勝利者

バルトは「生の光」で、唯一の真の光としてのイエス・キリストによる和解の出来事の自己証示・啓示と、また被造世界の中での反映としての「もろもろの光」とを論じた。これに続く「イエスは勝利者」で啓示の行為について、つまり啓示の歴史性について述べる。和解の光はこの世に抗して輝き、闇に勝利する歴史なのである。

「イエスは勝利者だ」というブルームハルトの言葉によって、バルトは、和解の啓示である復活の光の動的性格、力動性（Dynamik）を述べる。この力動性とは、復活の光、つまりイエス・キリストの預言者としての働きが、この世の反対と遭遇する時にはこれと戦い、これに勝つ、ということである。ここではイエス・キリストが主体であり主役である。概念や原理ではない。バルトは、オランダのG・C・ベルコウワーが一九五四年に書いた『カール・バルトの神学における恵みの勝利について』に言及して、慎重さと好意と公明正大さで書かれたものとして評価しつつも、「恵み」という原理が勝利しているような印象を与えると批判する。イエスが勝利するときには、彼に現れる神の恵みが勝利するが、しかしその反対ではないとバルトは主張する。イエスの名を言い換えるのではなく、その御名を語ることが肝要なのである（ベルコウワーへの詳しい言及は『**和解論Ⅲ／2**』、17頁以下）。

イエス・キリストにおける和解は客観的な出来事であるが、この出来事が人間に知られ、人間に認識されるということも歴史的な性格を持つ。和解の出来事は客観的にすべての人間のため、まだ罪人であったすべての人間のために起こったのであるが、この出来事が啓示され伝えられる時、イエス・キリストが預言者として生きまた働く時、和解の「真理」がわれわれの「ここ」を包含する。「あそこで起こったことがここでわれわれの身に生じる」（同33頁）のである。バルトは、和解の出来事は「われわれ人間を……包括し侵食する歴史」であると言い、これを「和解の歴史性」と呼んで、さらに四点にわたって論じる。

（一）歴史的性格。神とこの世との和解であるイエス・キリストが、御自身を語り、人間に出会う。それによって、人間をして御自身に直面させ、認識させる。こうしてイエス・キリストとの直面が人間に起こり、彼との対決が人間に不可避とされるということ、「人間に自分自身を開示して、人間の認識の対象および内容となる」ということが、啓示の出来事の根本形式である。それゆえに、和解の出来事も和解の啓示も、また和解の認識も歴史的な性格を持つのである。また、ここにおいて和解の歴史は人間の救済史としても示されるのである。

（二）この世の反対との戦い。この世はイエス・キリストにおいて神との和解が与えられているが、しかしこれを見出しておらず、まだ足踏みしており、むしろこれに抵抗している。和解の言葉・啓示において和解の認識が問題となる場面では、抵抗は「人間の抗弁」という姿で表現される。神はこの抗弁に対しても答えを与え、反対者の虚偽を暴くであろう。そして戦いという性格を持つであろう。神が御自身を啓示し、認識せしめる時には、世と人間の側では、「悪魔が働き始める」のである（同42頁参照）。

（三）われわれ人間は「対立」の中に生きている。和解の出来事が自らをこの世に啓示し、認識せしめ、これに対してこの世が抗弁するという、「認識と無認識の対立」の中に、われわれ人間は生きている。われわれ人間はこのように「認識に基礎づけられて存在」し、また「無認識に拘束されて存在」している。こうしてこの世においては、キリスト者と非キリスト者、信仰者と非信仰者が存在することになる。ここには明確な境界があるが、この境界は流動的で変化し得る。したがってこの境界については、「一方では、認識がすでに優勢であって無認識はただ後退しつつ起こるにすぎないのに対して、他方では、無認識がまだ優勢であって、認識は依然として隠されている」と言うべきである（同50頁）。われわれ人間の間には、「天使のような認識」があるのでもなく、「悪魔のような無認識」があるのでもない。むしろ、その対立の中で生きているのであり、これが人間の具体的な歴史性なのである。

（四）対立の克服、「勝利者キリスト」。前述の対立は、和解の啓示においてまた現実の認識において永続しないのであって、むしろ克服へと向かう。それは、人間の義認に「義人」と「罪人」の「同時」（simul）は存在せず、人間の聖化に新しい人間と古い人間の「休戦」が存在しないのと同様である。和解の歴史は、「たしかに戦いの歴史であるが、そのようなものでありつつ勝利の歴史」である（同56頁）。イエス・キリストにおける和解の出来事の啓示は原型であり典型であって、われわれ人間は彼に従い、「無認識に対する認識の勝利に向かって進む」のである。「認識せぬこと」から「認識すること」へと経過する運動が、「勝利者キリスト」のもとにおける人間の歴史である。

和解の「出来事」はその自己証示・自己啓示によって、「真理」として人間に伝達される。これによって人間における認識が基礎づけられ、認識が起こる。換言すれば「預言者イエス・キリスト」、あるいは「和解の歴史性」は、キリスト教的認識（信仰）が出来事となる歴史を生み出し、つまり「救済史」を生み出すのである。

このような認識から、さらに四点ほどの帰結がもたらされる。

（一）「あの時あの所」での和解の出来事と「今ここ」での認識とは一体的関係にあるが、その関係においては区別がある。それは存在的要素と認識的要素との区別である。また、この区別を持った関係は、基礎づけることと基礎づけられることとして逆転不可能な関係である。換言すれば、イエス・キリストの歴史はすべての人間の歴史を包括するが、その逆はあり得ない。キリスト教信仰においては、イエス・キリストが先行するのであり、彼を認識するキリスト者は彼の後に従うのである。

（二）和解の出来事とキリスト教的認識・信仰とは、しかし分離はできない。そこには基礎づけと参与という「相互関係」がある。一方か他方かではなく、区別と順序を持った相互関連の中から救済史が起こる。「救済史は、タルソのサウロに出会い給うナザレのイエスの歴史であるが、それは、このようなイエスをキリストと認識しキリストとして宣教する使徒パウロの歴史を伴っている」（同90頁）。バルトは「かしら」と「からだ・すべての肢」から成る「全キリスト」（totus Christus）という言葉を用いて、この全キリストが勝利者キリストであると述べるのである。

（三）和解が認識を基礎づけ、呼び覚まし、形作るとき、人間に対する、また人間における和解が生起する、つまり神の救いの行為が現実的に生起するのである。キリスト教的認識すなわち信仰において、「あの時あの所」でのイエス・キリストは「今ここ」に現実的に御自身を現前させ、現れ給うのであり、一人の人間において和解が現実的に起こるのである。

（四）「キリスト教的認識」という概念が正しく理解されなければならない。否定的に言うなら、ここでいう認識とは、客観的内容に対する主体的な態度とか、様々な態度の中の一つとかではない。もし主体的態度だと捉えるなら、生活態度とか魂や道徳上の敬虔的訓練とかいう捉え方へと「平価切下げ」に陥ることになろう。積極的に言うなら、キリスト教的認識は対象によって引き起こされ、単なる知的行為ではなく、全面的な出来事として生起する。すなわち、対象によって主導権が握られ、人間が対象へと全人的に一八〇度転換させられ、引き寄せられる。聖書はこれを「悔い改め」と呼ぶのである。キリスト教的認識は人間の経験と行状のあり方そのものに関しており、イエス・

キリストの行為に参与する人間の行為として起こる。イエス・キリストがキリスト教的認識において現実的存在となるのである。これは、キリストによって人間がキリスト者になるということである。

以上はこうまとめられる。イエス・キリストの預言の業、つまり和解の出来事の啓示は、唯一の光である神から始まり、その経過は人間の拒みという「闇」との戦いの歴史であり、戦いを通して人間にキリスト教的認識を生ぜしめる。そのようにして、「イエスは勝利者」であり給うのである。

4　御霊の約束

イエス・キリストは死人の中から甦り、全ての人間の和解者として御自身を証示された。その職務に関して言えば預言者となり、世の光となり、全ての者への言葉、真理となられた。イエス・キリストの復活は「法的ニ」(de iure) は全ての人間のための出来事、しかし「事実的ニ」(de facto) はキリスト者によって、「我々ノタメ」(pro nobis)、したがって「私ノタメ」(pro me) の出来事として認識された。では、このキリストの出来事が人間生活の領域へと「移行」したのは、どのようにしてであろうか。

それについては、特にイエス・キリストの「復活の力」が強調されねばならない。それは復活者の現臨と活動であり、彼が御自身の場所から歩み出て、われわれの場所へ進入されるということである。そしてバルトは、復活者の自己証示に接して認識するのは、「驚き」という仕方以外では不可能であると述べる。これは、「哲学の始まりは驚き（タウマゼイン）である」として「驚き」を語った古代ギリシャの哲学者の言葉を思い出させる。しかし復活は神の新しい特別な行為の出来事であるから、この「驚き」は一瞬間の驚きではない。バルトはこう述べる。「われわれの認識の中にそのような驚きが含まれているかいないか……そのことで、教会と神学におけるキリスト者の真剣で実り豊かで建設的な思惟と言説の道が、表面的には建設的ないし学問的ではあるが根本的には……平凡で陳腐で退屈なキリスト者の思弁や饒舌の道と、分離するのである」（同212頁）。この「驚き」はまた「確信」でもある。すなわち、「驚き」の中に、活けるイエス・キリストの現臨と活動への確信が根を下ろしているのである。

バルトはここで復活節の使信について一般的な命題を述べる、「復活節の出来事は、それに先立つ彼の生と死におけるイエス・キリストの存在と行為の啓示として、先に来たり給う方としての彼の新しい到来である」（同219頁）。すなわち、イエス・キリストは地上で生き、最後に十字架で死なれた方として先に来たり給うたのであるが、今や彼は復活者として新しく到来された。これは「新しい到来」である。もちろん「新しい方」の到来ではなく、同じ方の別の仕方・新しい仕方での到来である。そしてバルトはこの新しい到来を「パルジー」（来臨）という概念で総括し、このパルジーには三つの異なった形があると述べる。それは復活、御霊の注ぎ、最後の再臨である。

復活はイエス・キリストの最初のパルジーである。それによって起こったことは、イエス・キリストにおいて世は神との和解を与えられた世とされ、またそれにふさわしい将来を与えられたということである。すなわち「死への傾斜からの救贖」が与えられたのである。「和解だけでなく和解に続く救贖も完成も……そこで（イエス・キリストの甦りにおいて）すでに出来事となった」（同263頁）。だが、まさにここで疑問が起こるであろう。すなわち、それなのに何故それがこの世において出来事とならないのだろうか、「救贖と完成におけるわれわれのいのちとして、なぜ起こらないのか」（同264頁）という疑問である。この疑問に対しては、それはまだ「神のうちに隠されている」と答えられ、また復活節におけるパルジーは、最初の形、つまり出発点であって、まだ最終的な形、つまり完成ではないと答えられる。

そうすると、ただちにまた次の疑問も起こるであろう。すなわち、復活はどうして出発点に過ぎず、目標・完成ではないのかという疑問である。つまり、「なぜ、世におけるまたわれわれの生に向けてのイエス・キリストの自己啓示は、あそこでだけ起こったのか。……どうして、それは、あそこではただ開始にすぎなくて、直ちに至るところで完全にその目標に達するという風になりえなかったのか」（同275頁）。これに対してバルトは、「彼（イエス・キリスト）はその所（復活）から、その出発点から前進し給う」（同279頁）と答える。すなわち、「その預言者としての職と業において、彼（イエス・キリスト）は、ひとつの復活日から……終末の日に向かって、彼の最後の終結的な再臨の日に向かって進み給う」（同）のである。イエス・キリストは復活において目標・終末を先取し給う。しかし、その目標は彼の外部においては、世や人間の状況においてはまだ達せられていない。そのような終結に関しては、彼は、御自身にとってまだ「将来」であり、あの出発点とこの目標の間では「途上に」にいます。そして彼は途上においてわれわれに出会い、われわれは彼と共に勝利の確信をもって目標を目指して歩むのである。よく注意しなければならないが、被造物全体が捕えられ、苦しめられており、悪や禍いや死が人間を苦難に陥れているのは事実であるが、この事実に先ず最初に出会う者はわれわれではない。それはイエス・キリストである。彼が、「全被造物の初穂としての彼」が、まだ途上にあり、まだ戦いの中にあり、目標に向かって進まれるのである。だからこういう具合ではない、すなわち、「まだようやく自分たちの救贖と完成へと進みつつある人類および世と共に、神の子たちの解放を待ち望みあこがれているわれわれと共に、彼もまたまだ途上にあって戦い給う」という具合ではない（同283頁）。事情は逆である。われわれすべての者にとって重要なことは、イエス・キリストの歩む道を共に歩み、彼の戦いを共に戦い、彼に従うこと以外にない。彼と共に、救いの完成を待つ人類と世が途上にあり、対立と抗争の中にあるのである。

事態がこのようであれば、さらに次のような疑問が出てくるであろう。すなわち、「なぜ彼（イエス・キリスト）は、御自身の出発点と御自身の目標の間に、その様々は『まだ』と『まだ…でない』を伴ったあの道、あの戦い、あの時間を、挿入することを欲し給うのか」、「なぜ彼は、その預言の歴史を、勝利をもって終結する代わりに、継続させることを欲し給うのか」（同286頁）。それに対する答えは、われわれ人間が神の自由な被造物として神との和解に積極的に参与するためだ、ということである。神は孤高の存在として、人間を無視して人間抜きで働くのではない。また人間は神の働きの対象であるだけではないし、傍観者ではない。神との和解を与えられた人間が、独立した能動的で自由な主体として、人間の方でも神の業に参与するように、神は場所と時間を備えられた。神は、一人一人の人間が和解の証人であることを欲し、和解の出来事を認識し告白する集まりとして、教団・教会を欲し給うのである。

このように、復活はイエス・キリストのパルジーの最初の形、「起点」であること、これはまた、「到達点」、最後の形であるイエス・キリストの終結的な現れを先取りしていることを見た。それに従って、われわれの時間は「起点」と「到達点」、「すでに」と「やがて」の中間にあるのであって、前者から後者へと進行する時間として「力動性」(Dynamik)の中にある。この力動性において、われわれ人間は自由な主体として和解の証人となるように召されている。これに応えて和解の業を認識し、信仰と愛に生きる人間がキリスト者であり、その認識が未だ起こらず、したがって信仰と愛が未だ起こっていない人間が非キリスト者である。このような区別は確かに存在する。しかし両者に共通にするものがある。それは、彼らが創造者の用意した場所に良き本性をもって存在することが許され、彼らのために時間も与えられているということである。「神の太陽は、正しい者の上にも正しくない者の上にも輝く」(同294頁)。また、これとは別の面も両者に共通する。それは、被造物は依然として悪の力、悪による試練と誘惑と支配に晒されているということである。被造物とは、与えられた時間に終わりがあり、また死があるような存在であって、自分の自由をどのように実証するにしても死の線のこちら側で行うより他はないのである。

このようにキリスト者と非キリスト者の共通点はあるが、両者の現実存在と状況には相違が確かに存在している。それについては四点が示される。

(一) キリスト者はイエス・キリストについての認識を、復活節の出来事に、復活者の自己告知に負うている。また、彼ら自身の現実存在や状況も復活の事実に基礎づけられ、ここに「出発点」があることを知っている。

(二) キリスト者は出発点においてすでに「目標」を認識し、和解を与えられた世界の救贖に目を注いでいる。この目標を目指すという大きな緊張の中で、様々な小さな緊張を排除はしないが相対化し、批判的に縮小し、純化する。

(三) キリスト者はあの出発点から目標に向かって進む「途上」にある。

(四) キリスト者は自分の現実存在を自己目的としてではなく、「召された者たち」として生きる。それはイエス・キリストの業の証人として、彼の自己啓示に参与するということである。キリスト者はこのようにして非キリスト者とは区別された現実を生きるのであるが、これはイエス・キリストが自分の希望であるということによって支えられている。確かにイエス・キリストはキリスト者にとっても非キリスト者にとっても希望である。しかし非キリスト者はこれを知らないが、キリスト者は知っているのである。

現在を生きるわれわれは、イエス・キリストの復活から出発し、救いの完成の目標へと進む途上にある。その際われわれにとって、イエス・キリストはすべての者の希望であり給う。この過去と将来に囲まれた中間にある現在に、イエス・キリストのパルジーの「第二の形態」が存在する。ここは決して「真空」ではない。バルトはライマールス以来の「宣教するイエスから宣教されたキリストへ」というスローガンを意識しつつ、「イエスがもたらされたのは神の国であった。ところが、やがてやって来たのは教会であった」という教説を、「悲しむべき言い方」として退ける（同315頁）。現在の中間時におけるイエス・キリストのパルジーの形態をバルトは「御霊の約束」（Verheißung des Geistes）と言い表すのである。

イエス・キリストは「御霊の約束」において来たり給う。これには二重の意味がある。一方においては、「御霊」がイエス・キリストの現臨と活動の特別な様態（Modus）であるということ、もう一方においては、われわれの領域内で彼が実質的には希望として現臨し給う限り御霊は「約束」として存在するということである。この御霊の約束はすべての人間に向けられているのであるが、その意味はキリスト者と非キリスト者にとって相違がある。それはいったいどういうことであろうか。先ず、キリスト者にとって、御霊の約束は「御霊は約束する」ということを意味している。御霊の約束を受けてそれを承認する者として、キリスト者は、未だ救贖されず完成されないこの世において、時間的な道の上で将来に向かって進むのである。キリスト者は、「彼らの肉がどれほど弱いものであっても、霊的人間である」（同324頁）。次に、非キリスト者にとって、御霊の約束は「御霊は約束されている」ということを意味している。彼らにとってもイエス・キリストは現臨し働き給うのであるが、彼らはそれを認識せず、イエス・キリストがいまさないかのごとく存在している。彼らは与えられた自由を失い、自由を用いることができない。しかし、彼らにも御霊は約束されているのである。「御霊を持たない」者として生きるという「運命」は、復活を出発点とする領域においては存在しない。イエス・キリストにおけるすべての人間のための和解の事実は、非キリスト者のいかなる離反によっても、反乱・抵抗・不法によっても、変わることはない。「わたしたちがまだ罪人であったとき」(ローマ5・8)、キリストはすべての人間のために十字架にかかり、死んで甦り、救い主となられたのだから、御霊は非キリスト者にも約束されているのである。非キリスト者とはこれを「未だ」認識しない者である。このように、認識するキリスト者のためにも、認識しない非キリスト者のためにも、聖霊の約束という在り方においてイエス・キリストは現臨し、働いておられる。

では、御霊の約束は人間の生活にとって、いったいどのような意味を持っているのだろうか。これについてバルトは、それは「直ちにあきらかになる」と言って、「そのような(御霊の約束のもとにある)生活は、無比な一つの積極的徴候のもとにある」と述べる(同339頁)。すなわち、「われわれの今日の日」は「活けるイエス・キリストの日」だということである。われわれの今日は、われわれが罪を犯す日、闇と死が迫りくる日、悪魔と悪霊の日、そういう日であるかもしれない。「しかし」とバルトは述べる、「それらすべてのことのうちの何一つとして、決定的なものはない。決定的なのは、そのような日も、イエス・キリストの日であるという事実である」。つまり「彼の現臨の日、彼の生命の日、彼が働き語り給う日だという事実である」(同)。われわれは第一には、世界史上の大小の人物や、新聞やテレビの報ずる有名人たちと同時に生きているのではなく、先ず第一には能動的であれ受動的であれ、イエス・キリストと同時に生きている者であり、彼の証人である。彼はわれわれの道の上を進み、われわれは彼の道の上を進む。彼の今日はわれわれの今日であり、われわれの今日は彼の今日である。これはすべての人々、非キリスト者、異教徒、無神論者にも当てはまる。イエス・キリストはわれわれが非キリスト者、「敵であった時」(ローマ5・10)すでに、われわれのためにいました。イエス・キリストは非キリスト者の希望でもある。彼らは未だこれを認識しない。しかしキリスト者はこれを知り、この認識に基づいて生活している。そしてまた、これを知っている者として、キリスト者には特別な課題が与えられている。キリストはゴルゴタへと十字架を担っていかれたのだから、この道の上を自覚的に生きるキリスト者の道には「厳しさ」が不可避的である。また、イエス・キリストの死からの復活がキリスト者をこの道の上に立たせたのだから、キリスト者の歩む道は「光栄」ある道である。このような厳しくかつ光栄ある彼の道の上に、彼のために、和解者なる神は共にいまし、キリスト者の生活を意味あるものとなし、キリスト者をあらゆる状況のもとで「積極的な人間」にするのである。キリスト者の生活は、「われらの父よ。御名をあがめさせ給え。御国を来たらせ給え。御心の天に成るごとく地にもなさせ給え」と神を呼び求めるという点において、積極的な生活である。また、キリスト者はこの呼び求めを、未だ神を呼び求めない人たちのために代理的に行う。その人たちを締め出すのでなく、むしろ包みこむ。そして、そのように呼び求める者の声を神は聞き入れ給うのである。キリスト者は「弱ることなく、また疲れること」がない。「主に望みをおく人は新たな力を得、鷲のように翼を張って上る。走っても弱ることなく、歩いても疲れない」（イザヤ40・31）のである。

5　人間の虚偽と断罪

御霊の約束においてイエス・キリストは和解の「真の証人」としてわれわれに出会い給う。その時に何が起こるのであろうか。先ず、人間の罪が明らかにされるということが起こる。「福音において活けるイエス・キリストが人間に出会い給うとき、人間の罪は……仮面をはがれ、暴露され、審かれる」（『和解論Ⅲ／3』、6頁）。和解論の第一の局面において罪は高慢と堕落として、第二の局面においては怠慢と悲惨として論じられた。この第三の局面においては、預言者イエス・キリストにおいて顕となる罪として「虚偽と断罪」が論じられる。それは、イエス・キリストが「真の証人」として真理を語るとき、人間の答えは虚偽であり、そのようなものとして断罪されるからである。

では、ただひとりの人間イエス・キリストが「真の証人」であり、真理を語るということが、何を根拠にして言えるのか。バルトはそれに対して、イエス・キリストの現実存在の「基本構造」としての両性論から主張する。「真の神の（すなわち人間のために自由な神の）真の人との（すなわち神のために自由な人間との）出会い・統一が、真の証人であり給うこのひとりの方の現実存在を構成する。自由な神と自由な人間が彼において出会い、一者であることによって、彼は真理であり、それに対比しては他のすべての人間は虚偽者として示される真理を語り給うのである」（同29頁）。このように、イエス・キリストにおいて、神を正しいとし神の前で正しいことを行うことによって、神に生を捧げるという、人間から神への関係と、これに対して神が然りを語ることによって、この人間に冠がかぶせられるという、神から人間への関係とが、二重の仕方で生起しているということが、イエス・キリストを真の証人たらしめている（バルトはここで旧約聖書のヨブ記を講解しつつ、ヨブを「イエス・キリストの証人」として詳細に論じている）。

イエス・キリストは真の証人であるが、具体的にどのような姿においてであろうか。もし真の証人の地上における現実の具体的な姿を語らないなら、一種の仮現論（ドケティズム）が生ずるであろう。これについて、バルトは、真理はたやすく人間に納得されるような仕方においてではなく、良い印象を与えず歓迎すべきものではないような仕方で出会ってくると言い、またこう述べる。「彼（イエス・キリスト）は、単にあの時だけでなく……今日この所でも、神の苦しむ僕であり、茨の冠をかぶらせられた王であり給う。彼は、まさに真の証人としてこそ、そのような異様な姿の中にいますのである」（同41頁）。

この真の証人の苦難の姿とならんで、バルトは第二の観点を挙げる。それは、イエス・キリストがわれわれ人間に出会う時間的・歴史的領域である。それは、第一のパルジーとしての復活を後にし、第三のパルジーとしての神の業の完成を将来にもっているような、「中間的な領域」である。この領域は積極的な性格を持っている。それは「御霊の約束」である。これについては先に論じた。しかし、また、この領域は「極めて重大で脅威的な消極的性格」をも持っている。この領域はイエス・キリストの生の光が輝く場であるのみでなく、なおも抵抗の止まない闇の場でもある。バルトは言う、「それは、人間を神から分離する罪が……その権利を奪われその力を奪われはしたが、そのような状態にありながらも実際には脅威また誘惑として、様々なその破壊的な結果をともないつつ働いている――そのような場である」（同45頁）。このような場に立ち向かうのは第一にわれわれではなく、イエス・キリストである。彼はゲツセマネとゴルゴタで試練を受け、苦しまれたが、「しかし彼は、やはりそのような方として、今日も、真の証人として戦い勝利し」給うのである（同47頁）。

第三の観点は「すべての人間」、すなわち、その一人一人は個人であるが、その個人でありつつ総体を形作っている「すべての人間」である。イエス・キリストは、わたしの、あなたの、われわれの不遜と不義に対して、神の前での義認と聖化の証人であり、光と解放を与える証人であり給う。「われわれの集団的生活の狭い意味でまたより広い意味でそのように呼ぶべきスラムの簡易宿泊所や牢獄や老人ホームや精神病院で――また、われわれの根拠のあるまた根拠のない希望の墓場で――また、あらわなまた隠された形での困窮・悩み・痛みの中で……彼はそれらのものの限界とそれらのものに近づきつつある終わりの証人であり、したがってわれわれの解放・救贖・完成の証人であり給う」（同49頁）。破滅した人間の群れ、悲惨の状態にある人間の間において、イエス・キリストはあの時ゲッセマネとゴルゴタで苦しみ試練を受けたその姿で、真の証人であり給う。キリスト者は世におけるイエス・キリストの現臨を十字架につけられた方の現臨として理解し、宣べ伝えるのである。

バルトがこのように真の証人について語るとき、「彼がわれわれに現臨し給うのは、その苦しみの姿においてである」（同73頁）と述べるように、バルトにおいて真の証人とは十字架のイエス・キリストである。「イエス・キリストが証人として語るとは言っても、十字架につけられた無力な彼がいったい語ることができるのか」という疑問が上がるかもしれない。これに対して、バルトは、「（イエス・キリストは）まさにこの姿においてこそ語り、御自身を聞かしめ給う」、「彼は、語るべきことを持ち、それを語り給う」と答える（同76頁）。御霊の約束においてイエス・キリストは十字架にかけられた方として、神御自身がこの世と共に苦しむその共苦（Mitleiden）の姿において、今日、われわれのもとに来られる。まさにそのような姿において彼は真理であり、真理を語り、真の証人として現臨されるのである。

真の証人であるイエス・キリストが人間に出会うとき、人間の「虚偽」（Lüge）があからさまにされる。虚偽は「イエス・キリストの真理」との対応で言えば「人間の非真理」である。

人間が嘘をつくという行動はどのようなものであろうか。それについてバルトは、「人間の虚偽は回避運動である」（同121頁）と言う。それは、人間が自分に出会ってくる真の証人を回避したいという願いである。人間はイエス・キリストの和解の出来事によって神に結ばれ、神の恵みによって義とされ聖とされているという事実を聞こうとせず、尻込みする。人間は真理を回避することを願うのみである。しかし、実際には回避できない。それにもかかわらず回避運動は巧妙な仕方で起こる。すなわち、真理の味方とかキリストの代役とかを演じるという仕方において、たとえばドストエフスキーの「大審問官」の姿においてである。人間の虚偽は真面目で立派で尊厳を帯びた姿で現れる。「本物の手強い虚偽は、いつも真理の匂いを放つ」のである（同126頁）。この邪悪な仕事をする嘘つきは、「あらゆる善良な人々から拍手喝采と追随を期待できるような感じのよい人物であり、極めて説得力があって人を信服させるに足る人物なのである」（同127頁）。われわれにはこのような虚偽と真理を区別することはできない。虚偽自身はもちろん自分を真理と区別しない。しかし、真理自身は、虚偽を確実に真理と区別するのである。虚偽は、真理なるイエス・キリストが罪なる人間に出会うとき初めて暴露されるからである。

では、この虚偽の本質とは何であろうか。それは、「虚偽が回避したいと願う真理とは何か」を問うことから明らかにされる。イエス・キリストが証しするのは神とこの世の和解の真理であって、彼は御自身を証しすることによって真理を証しするのであるが、この証人の「人格と真理の同一性」こそが、罪の人間が回避したいと願う躓きである。「この人間（イエス・キリスト）が真理と同一であり、この真理がこの人間と同一であることによって、この真理との出会いは、したがってこの人間との出会いは……まったく真剣で拘束力のある決定的な――否、革命的な事柄となる。それゆえにこそ、罪の人間は、この事柄から逃れたいと願う」（同132頁）のである。一方でも他方でも、もし分離された状態なら人は喜んで「然り」を言うであろうが、しかし両者の同一性についてはこれを否定する。したがって虚偽の本質は、この同一性が分離された状態で、抽象的に真理が語られることであり、また、そのような真理の表示・象徴に過ぎない人間が声高に真の証人として称賛されることである。すなわち、虚偽の本質はイエス・キリストの人格と真理との同一性を否定することに存するのである。

ここで確認しておかねばならないが、人間の様々な不信・迷信・誤信における非真理、および真の証人イエス・キリストの光の中での非真理、この二つの非真理の関係について、バルトは両者は直ちに同一ではないと言う。前者は後者の「二次的な現象」と呼ぶべきものだとする。また、一般的な虚偽や道徳的虚偽についても、「その（人間の邪悪な）世俗的虚偽は、そのキリスト教的虚偽に根ざしている。人間がイエス・キリストとの出会いの中で虚偽者となるときには、全面的に虚偽者になるのである」（同149頁）と述べる。それだから、キリスト者は先ず自分自身の胸を打って、その上で初めて世の一般的な虚偽を虚偽と呼ばねばならない。この世がキリストの光の中にもたらされるために、先ずキリスト者自身の中が光に照らされなければならない。同時にまた、あらゆる福音の宣教と伝道活動が求められているのである。

人間の虚偽が必然的にもたらすものは人間に対する「断罪」（Verdammnis）である。われわれ人間の時間は、第一と第三のパルジーの中間にある第二のパルジーの時間、すなわち御霊の約束におけるイエス・キリストの現臨の時間であるが、この時間における人間は生の光の中にいるのみでなく、死の蔭の中にもいる。すなわち、虚偽を行う人間は断罪されるべき者、破滅すべき者として脅威と危険の中にいる。しかし、人間は時間の中にいるのであって、終局はまだ来ていない。人間はその罪に応じて断罪され、破滅させられるべきであるが、実際にそれはまだ出来事として起こっていない。とはいえ、「何ごとも起こらなかったかのように」歩き続けることはできない。虚偽において起こることは、人間が断罪された者となる斜面の上にあり、斜面を滑り落ちてゆくということである。このようなイエス・キリストにおける和解の真理に対して虚偽を行うことは、イエス・キリストにいまだ出会っていない人々の状態と同じである。つまりキリスト者が虚偽を行うなら非キリスト者と同じである。しかし非キリスト者は真理にまだ出会っていないのに対して、キリスト者は真理に出会ったにもかかわらずこれを非真理に変え、イエス・キリストが現実に存在しないかのように生きるのである。それゆえに、比較できないほどに苦しむのである。人間の虚偽とは、人間が真理を虚偽に変えることであるが、人間にはそれができない。真理は変化も消滅もせず真理であり続ける。まさにこの真理が人間を罰するのである。

このような虚偽を生きる人間は非常に「苦しい状況」、「真実でない姿」を生きざるをえない。その罪の人間の生には中心がない。そのような人間は、自分が何処から来るのか、また何処へ行くのかを知らないし、また他者との共存関係を知らず、対立関係を生きることになる。このような人間の生には確実性がなく、確かな歩みがない。また、彼の言葉は人間と人間を結び付けるのでなく、疎隔と不一致、またそれによって非人間性をもたらすのである。

しかし、罪の人間が虚偽の内に生き、非真理を語るといっても、人間は真理を非真理に変えることはできない。それのみでなく、真理は虚偽に対して積極的に攻撃的に働く。それに応じて、和解の現実は人間の状況の悪い事態と「苦しい状況」に対して「出撃し、戦う」のである。これをバルトは、「神との世の和解が……現実であることによって、人間の虚偽に対してと同様に、人間の崩壊と滅亡に対しても……限界が置かれ、……それらのものに対しても戦いが告げられ、停止が命じられる」と言う（同191頁）。それによって、「教会ノ壁ノ中デ」のみでなく「教会ノ壁ノ外デ」も、疑いの大海の中にも確実なものが存在し、言葉の迷路の中にも真理を語りまた聞くことが許されるのである。それが意味していることは、われわれは「希望」を懐くことが許されるしまた懐くべきであり、それゆえに「祈る」ことが許されるしまた祈るべきである、ということである。人間の苦しい状況に限界が置かれ、善いもの・美しいものについての経験が拒まれていないということは、われわれの予期しない神の自由な恵みである。この神の自由な恵みこそ、中間時にあるキリスト者を生かすのである。バルトはこう述べる、「キリスト者の群れが恵みと恵みの啓示という予期しなかったものを絶えず経験することが許され、自分たちの虚偽の一見不可避的なすべての帰結にもかかわらず……そのような予期しなかったものによって絶えず養われて、依然として生きることが許され、くり返し生きることが許されるということ――それが、彼らが脅かされつつ存在し続け彼らと共に人類全体が存在し続けることの秘義である」（同193頁）。

6 人間の召命

人間がイエス・キリストの真の生の光に照らされるとき、前述のように、人間は罪人であることが暴露された。これは生の光における人間の消極面である。次に、人間がこの光の中に立っているということが人間にとって積極的に何を意味するのかが問われなければならない。これに対してバルトは「人間の召命」と答える。

人間の召命の根拠はイエス・キリストの歴史にある。すなわち、和解の出来事は和解の言葉・告知をも含んでいるのだから、そこには人間の召命も含まれているのである。和解者なるイエス・キリストは、「人間を、人間が彼に聞く以前に、呼び給う。彼は、人間を、たとえ人間が彼に聞こうとしなくても――彼に従おうとしなくても、呼び給う」（同207頁）。人間の召命は人間に内在する能力や働きの成果を意味しない。そうではなく、すべての人間のためのイエス・キリストの現実存在と活動の意義と効力を示したものである。イエス・キリストはどのような場合でもすべての人間に近づき、呼びかけ、すべての人間の戸の外に立って叩き給う（ヨハネ黙示録3・20）。すべての人間がこの呼びかけを認識し、承認しているかはともかく、すべての人間は「法的ニ」、潜在的に、変化させられた新しい人間、御言葉を聞く者に任命されているのである。

このような人間の召命は、実際上、どのような結果・効果をもたらすのであろうか。それについてバルトは三点を挙げる。

第一は「開放性」である。人間の召命はイエス・キリストの中に根拠を持っており、すべての人間に当てはまるのだから、キリスト者とキリスト者でない者の区別は絶対的なものではない。この区別よりも大切なことがある。それは、「彼ら（非キリスト者）が誰であり何でありいかにあるにしても、イエス・キリストは彼らのためにも死んで甦えり給うたのである限り、キリスト者たるべしとの人間の召命が、彼らの行く手にあるという事実である」（同219頁）。非キリスト者は「まだ召された者たちではない」が、「なお召されるべき者たち」である。したがって、そこには「召されぬ者たちに対する召された者たちの真に無制限の開放性」がある。この開放性を基礎にして、「世におけるまた世に対するキリスト者の伝達・証し・奉仕が、直ちにまた必然的に、義務となり、課題となる」。

第二は「人間の責任」である。すべての人間は生の光の中に立っており、召されるべき者であるから、呼び給う方に対して責任を負う者とされている。人間の責任とは自分自身に対する責任ではなく、呼び給う方に対する責任である。キリスト者は自分を召された者として理解し、「まだ召されぬ者」としては理解しない。そして、「まだ召されぬ者」たちについても、その人たちが神に召されているという事実は否定しえないし、またその人たちも召命に対して責任を負っていることは否定できない。まさにそれ故に、キリスト者は非キリスト者のことも真剣に考えなければならない。すなわち、キリスト者は非キリスト者を単に人間仲間としてではなく、それ以上に「自分と共に将来キリスト者たりうる者」として理解し、責任を負わねばならない。

第三はキリスト者の「自己理解のあり方」についてである。キリスト者は召命を自分のこととして受け取る者であるが、これを抽象的・排他的に自分の個人的な枠に限定して認識すべきではない。イエス・キリストは先ずすべての者のために、「我々ノタメニ」(pro nobis)世の救い主であり、その上で「私ノタメニ」私の救い主であり給う。非キリスト者は召命を自分の行く手にもつ者であり、キリスト者は召命を自分の背後にもつ者であるが、両者においては「活けるイエス・キリスト」のみが第一義的に重要である。イエス・キリストはすべての者のために業をなし、御言葉を語る。彼は世の光であり、それゆえにキリスト者の光である。

では、「召命の出来事」とはどのようなものであろうか。人間の召命は一つの出来事であるが、それは「霊的な事象」である。聖霊は、或る種の自主的で独立的に働く力(Potenz)ではなく、イエス・キリストの霊であるから、召命においては活けるイエス・キリストが聖霊として働き、語り給うのである。また「事象」とは、人間の身に起こる変化を意味するが、これをキリスト教的実存の心理学的・伝記的な生成過程として理解すべきではない。バルトは、プロテスタント正統主義や敬虔主義や信仰覚醒運動などが主張する「救済ノ秩序」(ordo salutis)という見解に反対する。例えばダヴィト・ホラツ（一六四八～一七一三、ドイツ、ルター派の教義学者）は救済の諸段階を、「（1）教会への召し、（2）照明、（3）回心、（4）再生、（5）義認、（6）三一の神との神秘的合一、（7）革新（聖化）、（8）信仰と聖性における確立と保持、（9）永遠の栄光の身分への（終末論的）転置」と述べている。召命はこの段階の出発点に当たることになる。しかし、バルトはこのような生成過程の考え方には反対して、この考え方は「その（召命の）真に霊的な本性を損なっているのではないであろうか」と問う（同243頁）。というのは、そこでは神ではなく人間の能動的な振る舞いが、したがって一種の天へ上る梯子が問題とされているからである。これに対して、バルトは、召命は「人間の全面的な変化」の出来事であって、その出発点とか一部分とかについてではないと批判する。またバルトは召命を「照明」や「覚醒」という概念とも対比させる。「照明」に対して、召命は人間を単に照らすのみでなく人間の身に起こる出来事、「新しい創造」であるとして、召命は照明以上であるとする。また「覚醒」については、これが召命と照明の「力動的な性格」を強調したいとする点においては同意しつつも、バルトは、その力動性が「世俗的な」感情・興奮・爆発の力として示されることによって、福音による力動性が損なわれ、「主の啓示によるまた主の認識のための覚醒」を壊すという点で疑問を呈する。しかしながら、人間の召命が人間の覚醒を包含することは認めるのである。

「召命の出来事」としてバルトが強調するのは、その出来事の中で行動する主体であり、活ける主イエス・キリストがその主体だということである。では、この召命において何が起こるのか。召命の意図は何か。そう問うなら、バルトは、「あの（召命の）出来事において起こるのは、キリスト者の創造であり、（「継続的創造」の仕方で）キリスト者の保持と形成である」と言う（同269～270頁）。では、キリスト者になり、キリスト者であるとは、具体的に何を意味するのか。つまり、召命の目標は何であるのか。これに対して、キリスト教に固有なエトスや道徳主義を挙げることも出来よう。バルトはこれを否定はしないが、しかしこれが最後的な答えであるとはしない。キリスト教的エトスはその根拠をキリスト者の特別な存在の中に持っている。人間が召命を受けてキリスト者になるということは、「委託を与えられる」ということであり、キリスト者の存在とは「委託遂行の中での現実存在」である。そして、バルトにおいて、この委託を受けた者としてのキリスト者の存在は、つまり召命の目標は、神の存在と働きの「証人」となることである。バルトはキリスト者について、「被造物と共なる神、世と共なる神、すべての人間と共なる神、『われらと共なる神』、インマヌエルとして、過去・現在・将来にわたっています神の証人である」（同363頁）と述べる。神に召された者たちは、神の言葉を聞き、この世に神の言葉を語る、「神ノ御言葉ノ仕エ人」なのである。

証人としてキリストに奉仕するときに、キリスト者には独特の「困窮」が生じる。この困窮は、キリスト者が証人であるということ、キリストに奉仕しつつこの世に置かれているということによって、敵対的・脅威的な環境の中から、キリスト者の外から加えられる重圧、患難である。この困窮は、救いの経験や救いの確信と同様に、キリスト者の現実にとっては二次的な、しかし必然的な規定である。個人的な救いの経験・確信はキリスト者の「証人としての奉仕に対して与えられる素晴らしい添え物」、「ただ神に基づく贈物」であるが、この困窮はこの世の働き、この世からの圧迫としてあるのであって、キリスト者はこの外界から加えられる困窮に耐えねばならない。キリスト者をこのような困窮に導くのは、根源的なこととしては、「キリストとの共同関係」（Gemeinschaft）から来るところのイエス・キリスト御自身にあると言うより他ない。このことをバルトは、「キリスト者が困窮の中で感じる世の反抗と反撃は、その預言者的職務を遂行し給うイエス・キリストの活動に対する反動であって、それ以上のものではない」（同466頁）と述べる。キリストの預言者的証しは、「十字架の言葉でありつつ、和解の言葉であり、全世界のまた一人一人の人間の救いについての喜びのおとずれ」であるが、この世はこれを理解せず、自己保存のために不審と嫌悪の態度で立ち向かうのである。この意味で、キリスト者の困窮は「ゲッセマネとゴルゴタでのあのただ一人の方の苦難の反映と比喩における苦難」（同472頁）である。キリスト者のキリストとの共同関係はこの困窮をも包含しているのである。ヨハネ福音書はまさしくこのことを示している。「世があなたがたを憎むなら、あなたがたを憎む前にわたしを憎んでいたことを覚えなさい。あなたがたが世に属していたなら、世はあなたがたを身内として愛したはずである。だが、あなたがたは世に属していない。わたしがあなたがたを世から選び出した。だから、世はあなたがたを憎むのである」（ヨハネ15・18以下）。同時にまた、キリスト者の困窮は、死者から甦った方の反映・比喩でもある。それだから、キリスト者の困窮は「幸いなこと」、「良いこと」であり、さらに「甦り活き給う方との共同関係」において「りっぱな戦い」であり、困窮の中で希望する「前方へと進む運動」として、「将来の（世にあって苦しめられる証人の現在を、単に外から照らすだけでなく、それを内から規定する将来の）重要な徴候」を意味するのである。困窮の中にあってもキリスト者は守られている。その生は神の中に隠されているのである。「羊を脅かす狼には、神は決して彼らの味方ではあり給わないのであるから、守られていない。しかし、彼らに脅かされた羊は、彼らが羊にどのような害を加えようと、守られている」（同485頁）。ここにキリスト者への不可侵性があり、またこの点でキリスト者の優越性がある。だから、キリスト者は困窮の中にありつつも、弟子・証人・キリスト者であるべきなのであり、「立派な戦い」を戦うという課題を持つのである。困窮の中にあるキリスト者について語られるべき最後の言葉はこれである。すなわち、「わたしたちは、信仰を捨てて滅びる者ではなく、信仰に立って、いのちを得る者である」（ヘブル10・39）。

キリスト者の存在は自己目的ではない。目的は奉仕と証しである。その際に付随的に起ることとして困窮があることを見たが、同様にキリスト者に特別な「恵ミト救イノ状態」というものがある。イエス・キリストにおいて起こった神の恵みの行為はすべての人間のために起こったのであるが、イエス・キリストの証人たちの召命においては、第一に、彼らの身に特別な解放が起こったのである。それは、神の恵みの行為を聞き、見て、認識するということへの解放であり、経験である。バルトはこう記す。「彼らは、無知と真理に対する誤謬から解放され……個人的に、知らぬ者から知る者となり、経験せぬ者から経験した者となり、見えぬ者から見える者となり、聞こえぬ者から聞こえる者となり、歩めぬ者から歩む者となったのである」（同494頁）。さらに第二に、召された人間の存在の変化が挙げられる。それはキリストと自分との一体化（Vereinigung）であり、「両者（召し給う方と召される者）の存在と共に両者の行為の完全な共同関係と一致の確立」である（同495頁）。またさらに第三に、キリスト者は証人であるということの付随現象として、「特別な」「自分の解放」という経験がある。正統主義は本質的なものを強調するあまりこの付随現象を無視しようとし、反対に神秘主義的・自由主義的・実存主義的キリスト教は付随現象を強調するあまり、本質的なものをないがしろにしている。本質的なものと付随的なものとの正しい関係において、キリスト者の個人的な解放が起こる。このキリスト者の解放は次のような出来事において起こるのである。すなわち、(一) 孤立状態から共同関係へと導かれること、(二) 偶然性の大海を行くのではなく確実なただ一つの必然的なものへと方向づけられること、(三) 事物 (Sache) の力の支配から人間および人間的なものの自由な国へ移行すること、(四) イエス・キリストの証人として「際立った人間になるという要求」を持った人間でなく、神の恵みの純粋な受領者として新しく生まれること、(五) 途方に暮れた状態から、主の僕として召し出された者として小さくても決然として一歩を踏み出すこと、(六)「道徳と不道徳の弁証法」から解放されて「赦しと感謝の弁証法」の中で生きること、(七) 不安から祈りへ、祈りにおいて主に向かって歩むこと、以上のような出来事において解放が起こるのである。

ただしここでキリスト者の解放について確認しておかねばならないことがある。すなわち、(一) キリスト者の解放は完成した出来事ではなく端緒だということ、だからキリスト者の状態は「巡礼の状態」だということである。(二) キリスト者の解放はすべての人間の解放の先取りであり、模範である。ヤコブ書に次のようにある通りである。「御父は、御心のままに、真理の言葉によってわたしたちを生んでくださいました。それは、わたしたちを、いわば造られたものの初穂となさるためです」(ヤコブ1・18)。(三) キリスト者の解放は彼の召命に対する必然的な付随現象であり、またキリスト者の証人としての奉仕の不可欠な前提ではあるが、しかしキリスト者の個人的な解放が証しの内容ではないし、そうであってはならない。十九世紀の福音主義神学が犯した、「キリスト者であるわたし」、「再生・回心・生の更新におけるわたし」が証し・宣教・神学の対象であるということではないのである。(四)人間の「召命」と人間の「解放」の関係について言えば、解放は召命の脈絡の中で起こるのである。召命とは、「弟子としての、また証人としての、イエス・キリストに対する随従への召命である」(同542頁)。これが第一のことである。召命においては個人的な生活や状態、個人の資格・適性・能力は第一には問われない。したがって個人的な生活や状態の変化は、確かに「主の賜物」として起こるであろうが、これは第二のこととしてである。だが、この第二のことは無視しても良いということではなく、まさしくキリスト者の解放として肯定されるものなのである。

以上を総括しつつ、バルトは「人間の召命」についての論述を次の文章で締めくくる。「神の壮大な秩序は、(一方では)神が決定し遂行し給うた御自身との世の和解、そのような神の業の啓示、そして(他方では)そのことの召された証人としての彼(キリスト者)自身の働き(という二つのこと)を、共に包括する。そして、この壮大な秩序の中で、彼も、個人的に正常な状態に達することができるし、達せざるをえないし、達するであろう。彼は、恐れ戦いて自分の個人的救いの達成に努め力を尽くすことを許されるであろう。すなわち、そのための意思と遂行を(付随的にではあるが確実に)彼の中にかならず作り出し給うのは神であるということに基づいて、そうすることを許されるであろう。キリスト者が自分の個人的な救いを、そのような脈絡の中に、そのような秩序の中に、見・理解し・体験するのを許されるということ、そのこと自身が、解放を意味しないであろうか」

（同545頁）。

7　聖霊とキリスト教団の派遣

人間に対するイエス・キリストの召命はキリスト者となるための召命であるが、それは単独の、私的な存在としてではない。そうではなく、キリストの召命は、各個人に対する同じ召命によって「多数の各個々人を召し集め、さらに彼らを互いに結合し給う」（『和解論Ⅲ／4』、5頁）のである。すなわち教会へと召す召命である。このようにしてバルトにおいては、教会論は和解論に包括されるのであるが、教会論に関して言えば和解の出来事の第一局面においては「存在」が論じられ、第二局面においては「建設」が論じられた。この第三局面においては「派遣」が論じられる。

教団・教会の派遣は、単純に、教会が神の民としてこの世に存在していることに基づくのだから、はじめに「世の出来事の中にある神の民」について論じられることになる。そしてここでは、先ず教会はこの世の出来事をどう理解するのか、次に教会はこの世において自分自身をどう理解するのか、そして教会はこの世のただ中でどのように存在し、生き、存続するのか、ということが論じられる。

教会はこの世の出来事を神学的にどう理解するのであろうか。一般的に言わねばならないのは、教会の主は誰か或る一人の主ではなく、主の主、王の王であるのだから、教会の外部の世界もこの唯一の主のものであるということである。もしも教会が、神は外部の世界では別の意図と別の精神で支配し、「左手の国」が問題になると考えるなら、それはこの主を誤認することになる。確かにこの世において起こっている歴史は教会の歴史とは別ものである。だからと言って、これを「世俗の歴史」と言ってしまうことはできない。それは思慮のないことである。教会がこの世の出来事を自分とは無関係の独立した歴史として理解するなら、教会はイエス・キリストの王的支配に対して、また自分自身に対して、さらに自分の召命に対して、不信実にならざるを得ないであろう。

旧約聖書の表象によれば、神の支配は神の民イスラエルとこれと共存する諸民族に及び、両者の歴史は極めて際立ったものでありながら、分離されずに相互に作用し合っているのである。

このようなことを神の王的支配、主としての神の支配について言わねばならないが、しかし、「人間ノ混乱ト神ノ摂理ニヨッテ、（スイスハ）支配サレル」との言葉があるように、「人間ノ混乱」という見逃し得ない現象が存在する。「人間ノ混乱」とは人間が主体として行う行為・働きのことである。この人間の行為には二面性があって、一方では神の善き被造物としての善き行為があり、他方ではこれを否定するような害悪・混乱を引き起こす行為がある。このような事態について、バルトが次のように述べているのは興味深く、彼の神学の状況連関性を示している。すなわち、「（このような）事態の範例として、否応なく心に浮かぶのは、原子核研究から核兵器の発明と製造に至る発展における近代歴史学の歴史である。世界において新しく発見された素晴らしい提供物、また同様に素晴らしく発展した新しい人間の能力という形での、神の善き創造。神の善き創造を、しばらく躊躇した後で虚無と結合し、虚無のために用いる人間。神の善き創造が、まったく素晴らしいものでありつつ、人間を絶滅するものとして脅かす人間の敵に変じてしまうという逆転。そのような『人間ノ混乱』のありとあらゆる要素が、そこでは同時に現れている」（同36頁以下）。今や神の善き創造が否定的にだけ働く。人間の救いのための道具であるはずのものが、滅びの手段になる。神の善き創造の否定的作用は真に恐るべきものになる。

善き被造物の善き創造者としての神が存在し、神の支配が全世界に及ぶ、しかし他方では「人間ノ混乱」という現実が存在する。この二つの現実について、この矛盾・対立について、教会はどう理解すべきであろうか。どちらか一方のみを主張することは抽象的である。では、二つの現実について、ヘーゲル的弁証法の定立・反定立・総合（ジンテーゼ）に従って止揚し、第三のものがあると言うのだろうか。それなら神と世界の背後に、さらに高次の第三者が存在することになろう。教会は、しかし、この第三者を認めることはしない。そうではなく教会は総合ではなく、「新しいもの」を見かつ理解する。あの総合という第三者は神の積極的意志と人間の混乱のそれぞれ或る部分を取り出して合わせた総合なのだから、「新しいもの」ではない。教会が見る「新しいもの」は教会の存在根拠でもあるのであって、それは一つの名、一人のイエス・キリストである。教会はイエス・キリストの光の中でこの世界をも見るのである。では、教会は何を見るのだろうか。それは、世界と人間との新しい現実であり、それは神との和解における世である。

ここで注意しなければならないのは、イエス・キリストの和解の出来事において人間の事柄と神の事柄という二重の相が消滅するのではないということである。そうなれば「キリスト一元論」（Christomonismus）が生じるであろう。そうではなく、「人間ノ混乱ト神ノ摂理」という二重の見方から毒が取り除かれるのである。今やこの二重性は積極的な良い意味を持つ。そしてこの二重性はイエス・キリストのペルソナ、すなわち、彼の人間性と神性と相関的になる。

神と人間の間の秩序回復・和解を、教会はただイエス・キリストにおいてのみ認識する。しかしイエス・キリストの認識にあずかっていないこの世はまだ和解を認識し得ていない。問題は和解の現実ではなく、その認識である。イエス・キリストの十字架の死と復活においてすべては成し遂げられた。教会はこれを肉眼で見ることによってではなく、信仰において認識し、告白するのである。そうすることによって、教会は「今はまだ現われていないものを、先取する」のであり、「御国の証人」になるのである。

教会がこのようなものであるから、教会はこの世を他の人々とは違った仕方で見る。それはどのようなものであろうか。これについてバルトは三点を挙げる。（一）この世の歴史は、「何がどうあるにしても、すでに神との和解を与えられた世の歴史」である（同64頁）。それだから、教会は世の歴史に対して「信頼」を懐くのであり、恐れを懐くことも憎むこともあり得ない。（二）教会はイエス・キリストを信じることによって、世の出来事に対して「然りと同時に否」、「あれもこれも」という態度ではなく、責任を負う者として、「明確な決断を伴う決然たる姿で」存在する。（三）教会は世の歴史の新しい現実性であるイエス・キリストに目を注ぐことによって、楽観主義からも悲観主義からも自由になって前方を見る。そして「イエス・キリストに対して希望を懐くゆえに、敢えて世のために希望を懐く」（同70頁）。教会は世の歴史の現在の姿に面して、最善のものを希望し、「栄光の中にイエス・キリストが来たり給うのをも待ち望まざるをえない」（同）のである。

今まで、教会はこの世の出来事をどう理解するのかについて論じた。さらに今度は、教会はこの世において自分自身をどう理解するかが問題となる。教会はこの世においてどのようなものであろうか。先ず一般的に確認するなら、教会は目に見える「可視的教会」である。それは十六世紀に挙げられた例で言うと、「フランス王国やヴェネツィア共和国と同様に」、一般世界の領域に存在する。教会の可視性は教会にとって本質的なことである。被造世界に存在することによって教会は証人たり得るのである。また次に確認すべきは、教会は目に見えない仕方で存在するということである。「教会の不可視性」も教会の本質に属する。教会はイエス・キリストによって選ばれ、召された神の民であり、イエス・キリストの教会である。だからと言って、教会は本来的には不可視であるが非本来的には可視的である、ということではない。教会の存在に関しては、プラトンの教説が言うイデアと現象という範疇には対応しない。むしろイエス・キリストの存在に対応しているのである。すなわち、教会の不可視性とイエス・キリストの神的本質、教会の可視性とイエス・キリストの人間的本質には対応、類比が存在する。しかし同等性や同一性はない。だから教会はイエス・キリストの延長、あるいは受肉の継続のようなものではないし、また教会はイエス・キリストのように人間的本質における神の言葉でも、人となった神の子でもない。そうである限り言えるのは、教会はイエス・キリストの「からだ」であるということである。教会に相応しい不可視性の本質は、教会がイエス・キリストのもとにあり、また共にある群れとして選ばれ召喚されたことに基づいて存在しているという事実である。

教会のこの世における存在は本質的に可視的であり、また本質的に不可視的である。このことをさらに見てみよう。先ず、教会とその環境世界との依存関係という点に関してはどうか。教会は可視的教会であることによって、その用いる用語・言語において、また社会学的な構造において、周りの環境に依存している。しかし同時に不可視的教会であることによって、環境から自由であると言わねばならない。次に、教会の世の出来事に対する弱さと強さという点に関してはどうか。教会はイエス・キリストの証人として選ばれた存在であり、被造物の中に根源を持たず、被造物の力によって存在しているのではない。したがって、イエス・キリストが宿屋に泊まる場所を見出さず、狐や空の鳥のような枕する所を持たなかったように、見える教会はこの世ではよそ者であり、「さすらう神の民」であり、したがって天幕を張り、野営するのである。ここに教会の弱さがある。だが教会がこの弱さを棄てようと願うなら、一つの世俗的形成物になるであろう。バルトはこう述べる、教団・教会が、「周囲の社会の中に天幕を張る代わりに、家屋、大聖堂、場合によっては聖ペトロ大聖堂のようなものの建設に取りかかり、世の出来事の他の諸要素や構成要素と同様に、あるいはそれと似た仕方で、注目すべき宗教団体という役割を演じ、さらには国家の中にある神聖な国家という役割をさえ演ずることによって、周囲の社会に対して自分を推薦して畏敬の念を起こさせることが許されており可能であるかのように、振舞うこともある。しかし、そのような場合に生じるのは、いよいよ悪い外観に過ぎないであろう。そのような役割は、教団にふさわしいものではないし、教団が実際にそれを演じ抜くことは、できないであろう」(同113頁)。しかし、まさに教会の弱さの中にこそ、その力と能力が存在しまた生じるのである。なぜなら、教会の弱さにおいて、神の力が示されるからである。

この世の出来事の中にある教会がこの世の出来事をどう理解するのか、またこの世にあって教会はどうあるのか、ということを見た。さらに、教会はこの世のただ中で「どのように」（wie）存在するのか、ということを見てみよう。

一般的に言うべきは、教会は秘義によって存在している、ということである。この秘義は二つの名と結びついている。すなわち、イエス・キリストと聖霊である。この両者の関係について言えば、「イエス・キリストは聖霊を通して」働き、「聖霊はイエス・キリストに基づいて、彼の真理と力によって」働く（同127頁）。

キリスト論的・教会論的に言えば、教会はイエス・キリストの証人の群れとして彼の召命によって存在する。このイエス・キリストは、第一次的に神との関係において、神が外に向かって出発するという出来事（Aufbruch）において存在し給い、これに基づいて第二次的に、人間との関係において存在し給う。そして、イエス・キリストに基づいて教会は存在する。イエス・キリストは孤立的には存在されないからである。イエス・キリストは「人間のために」存在し、また「人間と共に」存在し給う。したがって教会は第一に「イエス・キリストが存在するときにだけ存在する」のであり、第二に「イエス・キリストが存在するときには存在する」のである。その意味で教会の存在はイエス・キリストの存在の一つの述語であると言えるのである。

このキリスト論的な基礎づけは聖霊論的にも語られる。イエス・キリストの存在の教会の存在に対する関係は静的関係ではなく、聖霊論的に動的関係として明言されるのである。だから、「教団は、イエス・キリストが教団をその聖霊によって生ぜしめ給うときに、存在する」（同139頁）と語られる。キリスト論的な語り方と聖霊論的な語り方とは同一の現実を言い表している。聖霊は「イエス・キリストの存在に固有な神の力」（同140頁）であって、この力・聖霊が人間に証しをする能力を与え、また証人の群れを生まれさせるのである。ただ信仰においてのみ認識されるのだが、「自ら神であり、主であり、『生カス』方であり、『父ト子と共ニ礼拝サレ崇メラレル』方である聖霊の恵みの働きによって、彼の証人たちの群れは、世の出来事のただ中に、存在し、存続する」（同144頁）のである。

「世のための教団」としてイエス・キリストの教団・教会は存在する。この観点は伝統的な教会論では欠損部分であったし、カトリック教会においては「世のための教会」とはまったく逆の「教会のための世」が語られた。これに対してバルトは、神が世のためにいますのだから、教会が神のために存在するときには世のために存在するより他ないと主張する。確かに教会は世から呼び出され、世と分かたれた群れであるが、しかし世の中へと派遣された群れなのである。そして教会と世との関係について確認するならば、教会はイエス・キリストを通して世を知っており、また教会はイエス・キリストにおいて世と連帯的であり、そして教会は世に対して世と共同責任を負っているのである。このような確認の上で、教会は何を根拠にして「世のための教会」なのかについて問うなら、バルトはその答えとして四点を挙げる。（一）教会はその存立と存続を自分自身の力によってではなく、神の力によっている。教会は神の力によって、自発的な行動の自由へと入れられ、能動的な主体とされるのであるから、この神の力は「聖霊の力」と呼ばれる。(二)教会が聖霊の力によって権能を与えられて自発的に行うことができるのは、総括的に言って、イエス・キリストに対する告白以外のことではない。したがって教会はただひとりイエス・キリストに対して義務を負うことによって、すなわち教会自身の根柢からして、世のための教会なのである。(三)教会の行為が総括的に言ってイエス・キリストの告白であるということは、イエス・キリストに対する教会の感謝と従順の行為であるということ、したがって教会においてはイエス・キリストが第一次的主体である。(四)教会は神人的現実性(真の神であり真の人である方の現実性)を事後的にまた暫定的に模写し表示するものであり、イエス・キリストの比喩である。そのような比喩として、教会はイエス・キリストのからだである。教会は、自らをこのような比喩として理解するとき世のための存在であると認識せざるを得ないのである。以上のような理由に基づいて、教会は「世のための教会」であると主張される。

世のために存在している教会は、では、何を為すべきなのか。「教会への委託」はどういうものだろうか。これについてバルトは三点ほど挙げて論じる。

(一)委託の内容について。教会に委託されているのは福音であり、イエス・キリストの名である。彼において、神はご自身を人間の神とし、人間を神の人間とされた。したがって福音は神の慈しみ・「然り」であり、同時に、人間を価値あるものとされた。教会において一つとされた人々はそれぞれ状況、関心事、問い、努力目標は異なるが、そこに、委託を遂行する際のバリエーションや特徴が現れる。だがこれは委託の内容の統一性・全体性を危うくするものではなく、教会の働きを豊かで活き活きしたものとするのである。

（二）教会に委託された福音は「誰に対して」か。それは人間自身である。人間は福音を知らず、神なき存在であるが、しかし神の慈しみの対象である。教会は、「まだ自分の無知・困窮・不安の中に沈み死に至る病の中でありとあらゆる痙攣を起こしている人間とかかわりを持つが、しかしどれほどの悲惨の中でも神によって愛されこの神の愛によって反対の方向へと動かされている人間と、かかわりを持つ」（同226頁）。そしてバルトは、福音の宛先について、「教団に与えられた委託の名宛人の行く手にある将来は、彼の過去と現在が、また彼の無知が、どのように悲惨な状態であっても、喜びである」（同227頁）と述べる。それは、多くの人々が東から西から来て、アブラハム、イサク、ヤコブと共に宴会の席につく（マタイ8・11）あの神の国の喜びである。そして教会はこの大いなる喜びへの途上にあって前喜びの場所であり、また教会の「外部にいる人々のためにも、前喜びを懐かないわけにはいかないのである（同229頁）。

（三）委託の純粋性について。教会が「人間的、あまりに人間的」に働くことによって、教会の委託の純粋性が失われてはならない。委託の純粋性が危うくされるのは、（ⅰ）委託の内容に関して、また（ⅱ）委託の名宛人に関してである。

（ⅰ）福音が無時間的・中立的な一般的真理に変造され、それによって教会が今何を語るべきかを持たずに、「奇妙な中立性」（同236頁）に陥る場合がある。これに対しては、福音は活ける主の言葉であり、また今生きて働き給う主の語りかけであることが主張されねばならない。これとは反対に、福音が特定の時代・状況の気分・考え方・必要に適合させられて「違った福音」（ガラテヤ1・6以下）に変造され、福音の恒常性・同一性が危うくされる危険もある。これに対しては、福音は「時代に順応して」ではなく、「時代に対して」語られねばならないことが主張される。

（ii）委託の名宛人・宛先について、教会にはこれを無視する可能性がある。すなわち、教会が礼拝、牧会、交わり、神学等の自分の問題に忙殺されて、外部の人々を無視する逸脱である。これに対して、教会が主に従順である場合には、教会はこの世を無視することはできないと主張しなければならない。これとは逆に、教会が自分を教会の主であると思い、外に向かって主であるかのように振舞う危険もある。それは、教会が権能ある管理者、また「後見人」になろうとする逸脱である。これに対して、教会は「証人としての奉仕」を行うべきだと主張しなければならない。

「教団の奉仕」とは、どのような奉仕なのだろうか。それは、先ず、「規定・限定された奉仕」である。この規定性は教会が「神の側から人間に向けて」派遣されている、という点にある。イエス・キリストが神に奉仕しつつ人間に奉仕するために歩み給うのだから、これに関係づけられた教会の奉仕も「神奉仕」であると同時に、「人間奉仕」でもある（同262頁）。

教会の奉仕は、次に、「限界づけられた奉仕」である。すなわち、教会の奉仕は奉仕以下でも、奉仕以上でも、奉仕以外でもない。しかも「証しの奉仕」としてである。教会の証しは、人間の破滅的状況に対する批判や抽象的な救いの思想のようなものではない。これは証し以下であろう。また、ローマ・カトリック教会や東方正教会のように恩寵手段としてのサクラメント執行や地上におけるイエス・キリストの代理人としての在り方でもない。これは証し以上であろう。さらに、自然や文化についての解釈、特定の歴史哲学、社会哲学、国家哲学、何らかの世界観等の教示でもない。これらは証し以外であろう。

教会の奉仕は、さらに、「約束」を持っている。教会の奉仕は孤立しており、多くの権力や圧力に対峙しているが、しかしこれらに対抗する力が約束されている。この約束は奉仕に内在しているのではなく、証しの根源・対象・内容にある。それは「甦って生き給うイエス・キリスト御自身」である。教会はこの成就された約束によって生きる。バルトはこう述べる。「この約束に比べれば、教団を苦しめる問いや憂慮など、何を意味するであろうか。また、何ができるであろうか。この世の地位や権限に比べての教団の絶望的状態、教団自身の装備や達成の限られた（あまりにも限られた）限界、その際教団が必ずくり返し犯さざるをえない愚かさや誤り、その奉仕の疑わしい過去とみすぼらしい現在と極めて不確かな将来――そのようなものが、何を意味するであろうか。また、何ができるであろうか」（同283頁）。

教会の「奉仕の本質」とは何であろうか。それに対してバルトは言明・説明・語りかけの三つの要素を挙げる。これはまた福音の布告・解釈・適用とも言い換えられる。すなわち、（一）教会は神が啓示において語る言葉、つまり福音を人間の耳と心で、また人間の理性で聞き取り、そして聞き取ったことをこの世に対して「言明し、布告」しなければならない。教会は自分の告知を恥じる必要はない（ローマ1・16）のであって、福音告知は教会の奉仕の欠くべからざる本質なのである。また、（二）教会は告知する福音を「説明・解釈」することにおいて奉仕する。福音を形式的・機械的に受け入れ、何の展開もない空虚で曖昧な言葉として主張することは許されない。また教会は福音を自分自身の視点で、また自分自身の欲求や判断によって恣意的に説明することも許されない。教会の解釈は福音への奉仕であり、信仰によって開かれた理性の為すべきこと、つまり「信仰ノ知解」なのである。福音の説明は世の人々にとって必要である。福音を認識せしめるのは聖霊の働きによるのであり、教会の力の中にはないが、しかし教会は福音の中心が明瞭になるような道に人々を立たせることが必要である。（三）教会は福音を「語りかける」ことにおいて奉仕する。教会が福音を布告するのは空虚な場所にではなく、この世の人々との関係においてである。教会はその際前提として知らねばならないのだが、神は彼らをも創り愛し給うのであり、またイエス・キリストは彼らのためにも死んで甦り給うたのであり、さらに神の御言葉を聞いてそれに従うように彼らにも神の規定（Bestimmung）が与えられているのである（同296頁）。福音の「訴えかけ」は、また、彼らにとっても必要である。彼らは救いに向かって自分からは行くことができないのだから、外からの衝撃を受けて召喚される必要がある。つまり、彼らは信仰においてそうしなければならない。しかし、信仰を与えることは直接にはイエス・キリストの預言と聖霊の御業である。ただ教会にできることがある。教会は人々をそのような認識の道へと招き、救いと平和への方向に出発するための「間接的衝撃」を与えることはできる。これが教会のなすべき奉仕である。

教会の証しの奉仕には様々な「形式」（Form）があるが、その奉仕の形・形式はどのようなものだろうか。様々な形がある中でも、そこには具体的な統一があることは指摘しなくてはならない。その統一は証しの根源・内容・対象の統一であって、それは「神の国のあの偉大な比喩を示すということが、問題の中心である」（同301頁）という点にある。しかしこの統一は多様性における統一であって、画一性ではない。奉仕の形が多様なのである。この多様性は神御自身が父・子・聖霊として「ひとりの神」であり、「永遠に豊かな神」であるということに基づく。また教会の多様性にも拠る。確かに教会は「ひとつの教会」ではあるが、しかし、「個人に対するまったく特別の召命と賜物によって集められ引きつづき建設され神に奉仕させられる活きた人間集団」（同302頁）なのである。したがって教会は「聖霊の交わり」とも言えるのであって、ひとつの教会の中で様々な賜物を与えられた人々が召された特別な共同体なのである。これをパウロは「からだと肢体」の比喩で語っている（Iコリント12・4以下、他）が、これについてバルトはこう述べる。「パウロは、キリスト者全体の奉仕と証しの共同体としての教会を、からだと見、われわれがここで個々のキリスト者やキリスト者共同体において示されるその奉仕と証しの様々な形態と呼んだものを、このからだの肢体と見た」（同305頁）。こうして教会の奉仕の形は統一性と多様性という二重の形を持っているのである。

さらに教会の奉仕の多様性について言うならば、これも二重である。それはイエス御自身の働きに対応しており、「宣べ伝えること」と「癒し」あるいは「語ること」と「行動すること」である。「イエスは町や村を残らず回って、会堂で教え、御国の福音を宣べ伝え、ありとあらゆる病気や患いをいやされた」（マタイ9・35）とあるように、イエスは言葉と行為において、その統一における

『和解論Ⅲ／4』

二様の形で、神の国を告知した。教会の奉仕と証しも同様である。この二様の形には価値の問題としてではないが、しかし一定の順序がある。教会の奉仕と証しの目的は人々を認識へと呼び出すことであるから、教会は先ず語らねばならない。そして次にその言葉に相応しく行動しなければならない。

バルトによれば、このように教会の奉仕は「語ること」と「行動すること」に大きく分類されて、奉仕の形が挙げられる。語ることによる奉仕としては、礼拝、説教、教育、福音伝道、海外伝道・異教徒伝道、神学が挙げられる。次に行動による奉仕としては、祈り、牧会（魂の配慮）、模範・指針・規範の提示、ディアコニア（社会的・福祉的・奉仕活動）、預言者的行動、交わりの構築である。このような様々な形の奉仕において教会は存在する。教会は、「あらゆる種類の不信仰者・反抗者への奉仕の中に存在する。近くにいる脱落したキリスト者、あるいはまったく死んでしまったキリスト者から、遠くにいる本物の異教徒に至るまで、また、実際的で粗野な神否定者・人間敵対者から、原理的で繊細な神否定者・人間敵対者に至るまで――少なくも実際に神なく人間仲間なしに（したがって自分の自己をも喪失して）世に生きている人々に対する奉仕の中に、教団は存在している。そのような人々に対してこそ、教団は、派遣されている」（同265頁）。

8　聖霊とキリスト教的希望

バルトは、イエス・キリストにおける和解の出来事へのキリスト者の参与として、第一局面では信仰、第二局面では愛を述べた。この第三局面では希望について述べる。

イエス・キリストは復活において語り、聖霊において語り続けておられる。しかしまだ終局的には語らない。終局的な言葉は復活において告知されたし、聖霊の力において告知されてはいるが、しかしまだ語られてはいない。別言するなら、イエス・キリストは第一のパルジーとしての復活においで来られたし、第二のパルジーとしての聖霊降臨において来ておられるが、しかし第三のパルジーとしての終末においては未だ来ておられない。そして、これに対応してキリスト者の存在について言えば、キリスト者は復活を背後にして、聖霊の現在の中で生きているが、しかし終末の中にはまだ存在していない。したがってキリスト者はこの「まだ・ない」を前方にもって存在しているのである。これはキリスト者の存在に対して引かれた限界である。ここにおいてキリスト者には一つの問いが生じるかもしれない。それは、前方に向かって進んで行くというキリスト者の将来はどうなるのだろうか、という問いである。そこでキリスト者は二様の仕方で答えるかもしれない。一方では、キリスト者としての時間はやがて終わり、その存在と証しは虚しいものになるかもしれない、という答えである。他方では、キリスト者はキリストの復活の光を背後にして光の中にも立ち、聖霊の力によって規定された現在の光の中にも立っているのだから、将来の存在も受け入れられ肯定されるであろう、という答えである。このような二重の矛盾する答えに直面して、キリスト者は何を希望することができるのであろうか。

これに対してバルトは、このような問いは「暫定的な問いにすぎず、真剣な意味で提起された問いではありえない」(同390頁)と言う。なぜなら、矛盾する両義的なアンビヴァレントな将来を思い浮かべて、その上で自分の将来を問うような人は、自分をキリスト者たらしめているものを、すなわち、「自分がイエス・キリストの甦りから由来しているという事実を、また聖霊の領域の中に自分が現にいるという事実を、忘れ、あるいは否定」（同391頁）しているからである。なぜなら、聖書が語る希望は、「両面価値的な将来待望ではなくて、明確な将来待望、しかもはっきりと打ち砕かれることも分割されることもない積極的な将来待望」（同395頁）だからである。すなわち、キリスト者はあの復活のパルジーにおけるイエス・キリストを信じ、現在の聖霊のパルジーにおけるイエス・キリストを愛し、それ故に、新しい将来のパルジーにおけるイエス・キリストを希望するのである。

キリスト教的希望は将来待望の力を持つ。「希望は信仰が疲れ果てないようにこれを元気づけるのである。……希望は信仰をたえず更新し、刷新することによって、堅忍を全うするようにいつもいつも力を与えるのである（カルヴァン）」（同401頁）。希望が力を持つのは、信仰者が希望を持つことによるのではなく、またこの希望が自分の将来を保証することによるのではなく、希望の対象が力を持つことによるのである。だから、希望が持つ力とは、「希望の対象である方の力」（同403頁）である。

イエス・キリストが希望の対象である。彼は過去において存在し給うたし、現在において存在し給い、まさにそのような方として将来も存在し給うであろう。では、希望はキリスト者にとって何を意味するのであろうか。これについてバルトは三点ほど述べている。

（一）少数者の集団としてのキリスト教会は多数者を前にして希望するし、また希望すべきである。イエス・キリストは完全な啓示のために、すべての人々のもとに到来する。その時には「キリスト降誕以前とそれ以後に去来した生きている者も死んだ者も……必ず彼の『声を聞く』（ヨハネ5・25）」であろう（同410頁）。このことを希望することによって、キリスト者は失意落胆することなく、勇気をもって自分の奉仕に取りかかるであろう。したがって、キリスト者は、「イエス・キリストの証人として、少数者であるとか多数者であるとかいうことを問うことなしに、また自分の成功や失敗を問うことなしに、また世界の中でキリスト教が恐らく前進するであろうということ、あるいはむしろ前進しないであろうということなど、問うことなしに、自分の時代の中で、自分のいる場所で、自分の環境の中で、福音が知られるために自分がなしうることをするであろう。大きな謙遜をもって、また大きなユーモアをもって、しかしまたイエス・キリストに対するその希望の大きな確かさにふさわしい決然たる態度をもって、そのことをするであろう」（同411頁）。

（二）キリスト者が自分の現実の内部にある矛盾・葛藤に直面したとき、キリスト者の希望とは何であろうか。すなわち「同時ニ罪人ニシテ義人」であるが「同時ニ義人ニシテ罪人」でもある現実存在において、また前方にはイエス・キリストにおける義と聖があるが、背後には絶えず義ならぬもの・聖ならぬものが烈しく掴みかかろうとしている現実存在において、希望は何を意味しているだろうか。このような葛藤の中にあってもキリスト者は希望する自由を持っているのである。すなわち、完全な啓示のためのイエス・キリストの到来においては、前方にあるもの（義と聖）と後方にあるもの（不義と不聖）との間には完全な不均衡が支配しているということ、したがって前者が決定的であるということが明白になるであろう。キリスト者はこのように希望することによって、「葛藤の中にあって日毎になすべきことをなし、イエス・キリストの義と聖という事柄のために戦いをし、自分自身の不義と不聖という悪しき事柄に抗しての戦いをし、……（そのために）自分が召し出され、その力を与えられていることを知る」（同413頁以下）のである。

（三）第三のパルジーにおいてイエス・キリストは「生ける者と死ねる者の審判者」として到来される。すると、キリスト者は最後の審判に直面して何を希望することができるであろうか。また、キリスト者自身の将来に関する先鋭化した問題として、キリスト者自身の「終わり」・死の問題がある。死に直面してキリスト者は何を希望するのであろうか。

審判者の到来に直面して或る時は楽観的に、また或る時には悲観的に、しかし結局は中立的で曖昧な態度で将来に向かってゆくとすれば、それはキリスト者としての希望ではない。キリスト者は希望することが許されているが、自分自身に対して希望を懐くのではない。キリスト者はイエス・キリストに対して、ただ彼に対してだけ、希望を懐く。来るべき審判者としてのイエス・キリストに対して希望を懐くのである。そうして、キリスト者は、「彼（イエス・キリスト）の審く恵みを待ち、仮借ない鋭さを持つその審きにおいて徹底的な恵みを待つ。しかし、いずれにしても、彼の恵みを待つ」（同417頁以下）。この希望の中で審判者イエス・キリストが生き・思い・語り・働き給う。その場合には、キリスト者は、最後の審判が自分に敵対してではなく味方してなされるであろうと信頼する。こうしてイエス・キリストに判決を委ねることによって、キリスト者は「自分の奉仕を静かな確信をもって引き受け遂行することが許されるし、そうすべきである」（同419頁）。

キリスト者の将来に関する問題は自分自身の「終わり」、時間的存在の終結の問題として先鋭化される。「終わり」とは「ここまでだ、先はない」ということである。もし死が終わりそのものであるなら、抑えがたい恐怖をもって待つより他はないであろう。しかしキリスト者が希望を懐きつつ待望するのは、「終わりそのもの」ではなく、イエス・キリストの完全な啓示である。これは終局ではなく、目標である。しかも、目標でありつつ「新しい開始」である。すなわち、人間の「時間的存在とその全内容を永遠の光と永遠の生命へと高める開始」（同428頁）である。このような終わりをキリスト者は待望するが故に、「自分の終わりを恐れないという自由を持ち、むしろそれを楽しみとするという自由を持つ」のである（同）。そうであるなら、われわれは時間が与えられている限りは、「いかにかして奉仕に専念して生きることを許されている」（同429頁）のである。

「希望における生活」について、バルトは、キリスト教的希望の後で論じる。ここではそれへの展望すなわち和解論の倫理学への展望として、キリスト者が希望をもって生きるときの「普遍的な規定」として、三点が示される。

（一）キリスト者が懐く希望は「私的な希望」ではない。キリスト者は世に派遣された教会への参与者として、すべての人のための神の言葉と神の業の奉仕者である。キリスト者の奉仕は「私的な企て」ではなく、「公共的な奉仕」である。したがって、キリスト者は「他の人々のために希望を懐く。まだ希望を懐いていない人々」のために（同437頁）。

（二）キリスト者は時間的なものの中に究極的なものの「徴候」を見る。人々は現実の被造世界の中で希望を喪失するであろう。或いは、究極的なものに関しては希望を懐くが、しかし究極以前のものに関しては希望を懐かない、ということが起こるであろう。だがキリスト者は、時間的なものの中に「小さな光」を見出す。「キリスト者は、終わりの日に対して、永遠の年に対して、希望を懐くゆえにこそ、またそのときに、明日の日に対しても、その都度の新しい年に対しても、希望を懐く」（同447頁）のである。

（三）希望における生活は「神に基づく生活」（Leben aus Gott）である。自分自身からしては、自分の知的、道徳的、宗教的な努力によっては、あるいは心情や感情の高揚によっては、希望は生じない。自由な活ける神が希望する自由へと目覚めさせてくださることによって、希望を懐く自由が与えられるのである。人間を目覚めさせる神は、「聖霊なる神」と呼ばれる。バルトはこう述べる。「神は、人間自身の自発的行為としての人間の希望を、欲し給う。そして、神は、人間を、そのような希望へと、目覚めさせ給う。活ける神の息が、人間を、活ける人間へと目覚めさせ給う。なぜかと言えば、聖霊は、時間の中で肉となったその永遠のロゴスの力における神であり、イエス・キリストにおいて語られた御言葉の力における神だからである」（同453頁）。

4 和解論における倫理学――断片

バルトの巨大な『教会教義学』はついに未完に終わった。最後にくるはずの救贖論・終末論も、その手前にあたる和解論の倫理学も未完である。だがこの和解論の倫理学について言えば、構想と断片は存在する。構想によれば、これは「キリスト教的生」というタイトルのもとで、(一)キリスト教的生の基礎づけとしての「洗礼論」、(二)キリスト教的生の遂行・実践としての「主の祈り」の講解、(三)キリストの現臨に応え、将来を望みつつ感謝の行為の内に行うキリスト教的生の更新としての「晩餐論」という三つテーマにわたって展開される予定であった。最初の洗礼論だけは準備が整い、「キリスト教的生」の「断片」として『教会教義学』に収められた。次の主の祈りの講解は第二の祈願の箇所で中断されたが、その講義ノートが遺稿として全集に収録されており、邦訳は天野有氏によって『キリスト教的生Ⅰ、Ⅱ』として出版されている。

1 洗礼論

イエス・キリストの十字架と復活による和解の出来事は、彼の復活によって和解の福音として普遍的に告知され、これを受け入れるようにすべての人間に呼びかけられている。和解の出来事の客観的な現実性は、人間において受け入れられて主観的にも現実とならねばならない。それは一人の人間が和解の福音を受け入れて神に向かって方向転換するということである。しかし、この方向転換は人間の内的な可能性や力によってではなく、活ける内的な神ご自身の働きかけによって起こる。

神の人間への方向転換によって人間の神への方向転換が起こり、一人の人間がキリスト者となるということが起こるのは、イエス・キリストの出来事の力によってである。そして、人間が神に向かってこの方向転換をする最初の決断の行為が洗礼であり、キリスト教的生の基礎づけである。

では、洗礼はどのようにして起こるのか。バルトは「水による洗礼」よりも前に、これを基礎づける「聖霊による洗礼」を語る。イエス・キリストの復活によってすべての人間に啓示された和解の出来事は、内的な神の働き、つまり聖霊の働きによって個々の人間の主体において現実的となる。これをバルトは「聖霊による洗礼」と呼ぶのである。

神の人間への方向転換に続いて、またこれに対応して人間の神への方向転換が起こる。すなわち「聖霊による洗礼」に続いて、またこれに対応して「水による洗礼」が起こる。神への信仰を告白してキリスト者になることを願い、従順の道を歩み出す具体的一歩が洗礼である。バルトはその例証として一人の日本人女性の一文を引用している。「そのころわたしは、通学のかたわら、キリスト教の礼拝に出席しはじめていて、聖書の中には神様の御言葉が記されていることを知った。それは、わたしには、かわいた砂地に降る雨のようだった。神の御言葉は、わたしの中に染みこんでいった。……わたしは、自分の生涯を信仰に捧げようと決心した。それで、先生に、洗礼を受けることができますかと、尋ねた」（『**和解論Ⅳ**』、キリスト教的生〈断片〉、71頁）。この神に従う「第一の模範的な業」として洗礼を願うこと、これは神と人の前における大いなる出来事である。バルトが日本人女性を引用した思いは、滝沢克己の洗礼に対して書き送った書簡と同じであると感じさせる（バルトが洗礼論講義を書き始める前年のクリスマスに滝沢は洗礼を受けた）。

バルトはさらに水による洗礼について、その「根拠」を問う。彼は洗礼の根拠をヨルダン川でのイエスの洗礼に見る。また洗礼の「目標」について言えば、それはイエス・キリストに目を向け、彼に向って進み、彼に対する希望である。そして洗礼の「意味」は、人間の神へ向かっての方向転換の確証である。洗礼はキリストに従って歩み出す第一歩である。

バルトは洗礼についてこう主張することによって、二つの点で教会の伝統を批判する。第一は「水による洗礼」はサクラメント・救いの手段ではないとすることである。バルトによれば「聖霊による洗礼」はサクラメントであるが、「水による洗礼」はあくまでも人間の告白行為なのである。第二は幼児洗礼の否定である。洗礼志願者は自分で信仰を告白しなくてはならない。

バルトの洗礼論は教会と神学に大きな衝撃を与えた。出版されて間もなく、ヴッパータール神学大学のディーター・マルシュ教授は、その講義において、「バルトは神学のキャリアの出発と終わりにそれぞれ大きな騒ぎを起こした、それは『ローマ書』と洗礼論である」と語った。

2　「主の祈り」の講解

洗礼によって基礎づけられたキリスト者の生は、「神への呼びかけ」から始まる。バルトは「主の祈り」における「天にましますわれらの父よ」をそのように理解する。神への呼びかけは物理的なこだまでも受動的な絶対的依存でもない。むしろクラッパートが邦訳の後で解説しているように人間の最高度の活動性、つまり誠実な祈りと責任を負う行為を意味している。それはこの世界に対する神の働きかけに参加すること、来りつつある神の国に呼びかけつつ責任を負う者となることである。

「父よ」という呼びかけの後にくる第一の祈願は「御名を崇めさせ給え」である。神がご自身の名を聖化してくださるようにということの「純粋な祈り」は、バルトによれば、「大いなる情熱」をその本質とする。キリスト者は「神の誉れを求める熱心」において生きるようにと求められているのである。

「御国を来らせ給え」という第二の祈願は、祈りでありつつ倫理的重要性を持っている。それは、「人間の義を求める闘い」である。到来する神の国と神の義の光のもとで、キリスト者には世界の無秩序・人間的不義に対する「蜂起」が求められている。すなわち「主無き諸権力」、つまり国家のレヴィアタン化、資本主義のマモン化、宗教や世界観のイデオロギー化、モードやスポーツなどの地上的諸力の非合理化に抗して、「義が為されよ」と祈りつつ立ち上がることである。だから、キリスト教的生はブルジョア的倫理でも保守的倫理でもなく、正義と自由と平和を求める終末論的倫理なのである。

あとがき

個人的なことを記すのをお許し願いたい。わたしが初めてカール・バルトの『教会教義学』と出会ったのは神学校（西南学院大学神学部）三年生の時である。九州大学の滝沢克己先生が講師として講義とゼミを担当された。講義では井上良雄氏によって翻訳出版されたばかりの『和解論』が、ゼミではその原書がテキストとして使用された。その後わたしは先生の大学院研究室に進み、合わせて八年、先生の下でバルトを中心に学んだ。

さらに先生の勧めでボン大学に留学することになる。そこではバルトの弟子のクレック教授とガイヤー教授、それにクラッパート助手（後にヴッパータール神学大学教授）が共同でゼミを持たれ、『教会教義学』の各巻が次々に取り上げられた（そこにはハイデルベルク大学の新約学者タイセン教授も当時助手として積極的に参加していた）。

また当時ボンには村上伸、森田弘道、浜辺達男、上田光正等の諸氏も留学しており、日本人のために三人の先生たちが月一回「ヤーパン・アーベント」（「日本の夜」）と称する特別ゼミをクレック先生宅で開いてくださった。ある夜、わたしはバルトのキリスト論について発表した。ところがそれを聞いた先生たちが、それについて「どうもおかしい、それはバルトではない」と言われる。わたしは茫然とした。問われるままに自分は滝沢先生の指導の下でバルトを研究してきたこと、滝沢先生は西田哲学に出会われ、西田幾多郎の推薦でボン時代のバルトに学び、西田哲学と共通するものを見出し、そこからバルトを理解している、ということなどを話した。それを聞いた先生たちは、バルトを滝沢、西田から切り離して理解すべきこと、また『教会教義学』を全巻読むことを薦められた。ショックだった。それまでのバルト像が音を立てて崩れたのだ。それ以後、バルトを新しく読むことになる。またそれから間もなく、バルトが亡くなる四か月前の一九六八年八月下旬に自宅に訪問し、幾つかの疑問に答えていただいたことも、その切っ掛けとなった。

筆者は二〇一四年に新教出版社の月刊誌『福音と世界』に同じタイトルで一年間執筆した。小林望社長からその拡大版を依頼されたが、身辺の多忙さもあって、ようやく今日に至った。先ず、それまで忍耐して待ってくださった小林社長に感謝したい。また、筆者は、共に学び合う場としての現代神学研究会、バルト・ゼミ、和解論研究会、バイブルカフェ、また九州バプテスト神学校において、熱心な参加者に恵まれている。この方々が、拡大版を待つとの声をあげてくださった。嬉しいことであった。さらにその中で、高地京子牧師（粕屋バプテスト教会）と宮井武憲牧師（福岡城西キリスト教会）は原稿入力の段階で下読みと校正をしてくださった。心から感謝の意を表したい。

執筆に当たってはバルトの原書と共に、新教出版社から出された吉永正義氏と井上良雄氏の邦訳を用い、引用文は基本的にお二人の邦訳からとった。邦訳を読むほどに、感謝と共に、二人の訳者のご苦労を思った。また本書に先行する『教会教義学』の全体的あるいは部分的な概説としてオットー・ヴェーバー、ヘルムート・ゴルヴィッツアー、エーバハルト・ブッシュ、鈴木正久、井上良雄氏等の著書もあり、参考にさせていただいた。また聖書引用は、邦訳に引用されている日本聖書協会の口語訳また適宜新共同訳を用いた。

聖書個所索引

き

う・え

お

か

人名事項索引

著者　寺園喜基（てらぞの・よしき）

1939年鹿児島市生まれ。ラサール高校2年生時に受浸、西南学院大学神学部で学ぶ。その後、九州大学大学院、ヴッパータール神学大学、ボン大学で学ぶ。神学博士・ボン大学。1971年に帰国し、翌年より1998年まで九州大学で勤務。九州大学名誉教授。その後、西南学院大学で教授、院長、理事長、福岡女学院で院長を歴任。
著書に『カール・バルトのキリスト論研究』（創文社）、『途上のキリスト論』（新教出版社）他、訳書に『カール・バルト＝滝沢克己 往復書簡集』（新教出版社）他。

カール・バルト《教会教義学》の世界

2023年7月15日　第1版第1刷発行

著　者……寺園喜基

発行者……小林　望
発行所……株式会社新教出版社
〒162-0814東京都新宿区新小川町9-1
電話（代表）03 (3260) 6148
振替 00180-1-9991
印刷・製本……モリモト印刷株式会社

ISBN 978-4-400-32376-1　C1016

創造論 Ⅳ/2（KD Ⅲ/4）
第 12 章　創造者なる神の誡め〈ⅱ〉
吉永正義訳〈オンデマンド〉　7700 円

創造論 Ⅳ/3（KD Ⅲ/4）
第 12 章　創造者なる神の誡め〈ⅲ〉
吉永正義訳〈オンデマンド〉　8500 円

創造論 Ⅳ/4（KD Ⅲ/4）
第 12 章　創造者なる神の誡め〈ⅳ〉
吉永正義訳〈オンデマンド〉　5500 円

和解論 Ⅰ/1（KD Ⅳ/1）
第 13 章　和解論の対象と問題
井上良雄訳〈オンデマンド〉　5400 円

和解論 Ⅰ/2（KD Ⅳ/1）
第 14 章　僕としての主イエス・キリスト〈上〉
井上良雄訳〈オンデマンド〉　7300 円

和解論 Ⅰ/3（KD Ⅳ/1）
第 14 章　僕としての主イエス・キリスト〈中〉
井上良雄訳〈オンデマンド〉　9500 円

和解論 Ⅰ/4（KD Ⅳ/1）
第 14 章　僕としての主イエス・キリスト〈下〉
井上良雄訳〈オンデマンド〉　6000 円

和解論 Ⅱ/1（KD Ⅳ/2）
第 15 章　主としての僕イエス・キリスト〈上 1〉
井上良雄訳〈オンデマンド〉　7800 円

和解論 Ⅱ/2（KD Ⅳ/2）
第 15 章　主としての僕イエス・キリスト〈上 2〉
井上良雄訳〈オンデマンド〉　8500 円

和解論 Ⅱ/3（KD Ⅳ/2）
第 15 章　主としての僕イエス・キリスト〈中〉
井上良雄訳〈オンデマンド〉　9240 円

和解論 Ⅱ/4（KD Ⅳ/2）
第 15 章　主としての僕イエス・キリスト〈下〉
井上良雄訳〈オンデマンド〉　9400 円

和解論 Ⅲ/1（KD Ⅳ/3）
第 16 章　真の証人イエス・キリスト〈上 1〉
井上良雄訳〈オンデマンド〉　8600 円

和解論 Ⅲ/2（KD Ⅳ/3）
第 16 章　真の証人イエス・キリスト〈上 2〉
井上良雄訳〈オンデマンド〉　8000 円

和解論 Ⅲ/3（KD Ⅳ/3）
第 16 章　真の証人イエス・キリスト〈中〉
井上良雄訳〈オンデマンド〉　9500 円

和解論 Ⅲ/4（KD Ⅳ/3）
第 16 章　真の証人イエス・キリスト〈下〉
井上良雄訳〈オンデマンド〉　9500 円

和解論 Ⅳ（KD Ⅳ/4. Fragment）
キリスト教的生
井上良雄訳〈オンデマンド〉　9000 円

以上全 36 巻